22/12/18

Cymraeg yn y Gweithle

CYMRAEG YN Y GWEITHLE

Rhiannon Heledd Williams

www.gwasgprifysgolcymru.org

Mae cofnod catalog i'r llyfr hwn ar gael gan y Llyfrgell Brydeinig.

ISBN 978-1-78683-276-4
e-ISBN 978-1-78683-277-1

Datganwyd gan Rhiannon Heledd Williams ei hawl foesol i'w chydnabod yn awdur ar y gwaith hwn yn unol ag adrannau 77 a 79 Deddf Hawlfraint, Dyluniadau a Phatentau 1988.

Ariennir y cyhoeddiad hwn yn rhannol gan Brifysgol De Cymru.

Cysodwyd gan Eira Fenn Gaunt, Pentyrch
Argraffwyd gan CPI Antony Rowe, Melksham

i Cadi Fflur, ein henfys

Cynnwys

RHAGAIR

Mae galw cynyddol am weithwyr proffesiynol sy'n gallu trin a thrafod y Gymraeg yn hyderus. Yn sgil strategaethau iaith Llywodraeth Cymru a'r safonau, mae dirfawr angen adnoddau sy'n paratoi unigolion ar gyfer gyrfa yn y Gymru gyfoes. Mae cyflogwyr mewn gweithleoedd dwyieithog hefyd yn mynnu sgiliau cyflogadwyedd o'r radd flaenaf. Yn ddiweddar, mae termau megis 'Cymraeg Proffesiynol', 'Cymraeg Byd Gwaith' a 'Chymraeg yn y gweithle' wedi ennill eu plwyf wrth i rai sydd wedi derbyn unrhyw fath o addysg Gymraeg ofyn am arweiniad pellach ynghylch sut i ddefnyddio'r iaith mewn cyd-destun proffesiynol yn y gweithle.

Bwriad y llawlyfr ymarferol hwn yw cynnig canllawiau iaith ac arweiniad i'r sawl sy'n dymuno defnyddio'r Gymraeg mewn amrywiol ffyrdd yn eu byd gwaith. Gall fod yn addas ar gyfer ystod eang o gefndiroedd ieithyddol a phynciol gan fod y pwyslais ar ddatblygu sgiliau iaith ymarferol a chyffredinol. Mae'n addas ar gyfer disgyblion ysgol, myfyrwyr gradd sy'n dilyn ystod eang o bynciau trwy gyfrwng y Gymraeg, graddedigion sy'n bwriadu gweithio mewn amgylchfyd dwyieithog, unigolion sydd eisoes yn gweithio mewn sefydliadau dwyieithog neu'n dymuno gwneud hynny, a'r sawl sy'n astudio cymhwyster Cymraeg i Oedolion. Gall hefyd gynorthwyo athrawon, darlithwyr, tiwtoriaid a chyflogwyr sy'n cynnig arweiniad yn y maes hwn.

Mae strwythur yr adrannau yn cynnwys cyfarwyddiadau, pwyntiau trafod, tasgau i'w cyflawni ac enghreifftiau neu dempledi. Ceir adnoddau ieithyddol mewn atodiad. Rhoddir cyfle i'r sawl sy'n defnyddio'r llawlyfr ddatblygu amrywiaeth o sgiliau megis dadansoddi enghreifftiau a'u hefelychu, ysgogi trafod a chyfathrebu, gweithio'n annibynnol a chydweithio mewn grwpiau. Rhennir y gyfrol yn dair rhan:

1 Y broses ymgeisio am swydd
2 Tasgau byd gwaith
3 Ymarfer proffesiynol

Wrth gwrs, mae'n rhaid ystyried bod anghenion a gofynion pobl yn dra gwahanol i'w gilydd, ac felly ni chyfyngir y gyfrol i un sector penodol. O'r herwydd, cadwyd natur y tasgau yn benagored fel y gellir eu haddasu yn ôl trywydd neu ddiddordeb personol y darllenydd. Nid bwriad y gyfrol yw cael ei darllen o glawr i glawr – adnodd ydyw yn hytrach i gyfeirio ato fel bo'r galw.

Mae'r atodiad yn cynnwys rhestrau ac awgrymiadau yn y meysydd a ganlyn. Gellir defnyddio pob adran ar gyfer amrywiaeth o dasgau sy'n ymwneud â byd gwaith, ac maent wedi'u seilio ar batrymau defnyddiol ar gyfer dibenion penodol:

1 Geirfa
2 Ansoddeiriau
3 Berfenwau
4 Ymadroddion cyffredinol
5 Cywair
6 Patrymau defnyddiol (hysbysebion swydd, llythyr cais, llythyrau ffurfiol, cyfarfod busnes, arfarnu a gwerthuso)
7 Sgiliau

CYDNABYDDIAETHAU

Hoffwn ddiolch i Brifysgol De Cymru am nawdd i gyhoeddi'r gyfrol, ac i staff Gwasg Prifysgol Cymru am eu cefnogaeth wrth ei llywio drwy'r wasg. Diolch i nifer o gyflogwyr am eu cyfraniad gwerthfawr wrth lunio'r llawlyfr, yn enwedig John Woods, ac yn arbennig i'r sawl sydd wedi rhoi caniatâd i gyhoeddi eu hysbysebion swydd. Diolchaf i Gruffydd Jones ac aelodau eraill o staff Cynulliad Cenedlaethol Cymru, a Gwenith Price ac eraill o swyddfa Comisiynydd y Gymraeg am gyfarfodydd buddiol. Carwn ddiolch hefyd i'm cydweithwyr, yn enwedig Catrin, Gwawr, Angharad, Cyril, Judith a Cris. Mawr yw fy nyled i'r Gwasanaeth Gyrfaoedd a Chyflogadwyedd, ac adran Sgiliau Astudio Prifysgol De Cymru am eu cymorth a'u hadnoddau, a hefyd gwefan Gyrfa Cymru.

Gwerthfawrogaf unrhyw gymorth a gefais gan fy ffrindiau, fy nith Cadi Fflur a'm chwaer Annes Fflur. Cyflwynaf fy niolch pennaf i Llion Iwan am fy nghynnal ar bob cam o'r daith.

CYFFREDINOL: LLUNIO DOGFEN BROFFESIYNOL

Mae'n rhaid cwblhau nifer o ddogfennau amrywiol yn y gweithle. Dyma rai pwyntiau cyffredinol i'w hystyried wrth fynd ati i greu testun safonol a phroffesiynol:

- Beth yw'r nod/pwrpas ac i ba ddiben y caiff y ddogfen ei defnyddio?
- Beth y dylid ei gynnwys, a pha bwyntiau sy'n berthnasol?
- Sut y gellir cyflwyno'r wybodaeth mewn dull clir, syml a dealladwy?
- Pwy yw'r gynulleidfa a beth yw eu hanghenion/disgwyliadau?
- A ydynt yn gyfarwydd â'r maes ac, os felly, faint o wybodaeth sydd ganddynt eisoes?
- Beth yw arddull a chywair y ddogfen?
- Beth yw ei hyd disgwyliedig? A oes modd crynhoi'r wybodaeth mewn pwyntiau bwled?
- A yw hyd y brawddegau a'r paragraffau yn ddigon byr er mwyn hwyluso'r gwaith darllen? Ystyriwch eich dulliau atalnodi.
- Defnyddiwch frawddegau cyflawn, cadarn, gan osgoi ailadrodd a geiriau benthyg o'r Saesneg.
- Defnyddiwch eirfa eang ac amrywiol.
- Sut y dylid strwythuro'r ddogfen – a oes angen penawdau a/neu rifo adrannau neu baragraffau? A oes angen tudalen gynnwys, crynodeb, mynegai neu atodiad?
- Sut fydd y ddogfen yn edrych? Ystyriwch y gofod rhwng y llinellau a'r paragraffau.
- A yw'r diwyg yn cynorthwyo'r darllenydd i ddeall a dilyn y wybodaeth yn rhwydd?

- A oes angen ychwanegu lluniau/siartiau/diagramau/graffiau/ tablau er mwyn cyfleu elfennau o'r wybodaeth mewn modd gweledol?

Beth yw Pwrpas y Ddogfen?

Perswadio

Gwerthu Holi Cwyno

Tanlinellu Argymell Diweddaru

Cyfarwyddo Ymateb i gŵyn Crynhoi

Gweithredu Cadarnhau Disgrifio Egluro

Gwahodd Cynnig Cymharu

Esbonio Cyfiawnhau Dadlau

Amlinellu Rhestru Braslunio

Adborth

Gan fod disgwyl i'r gweithiwr weinyddu trwy gyfrwng y Gymraeg a'r Saesneg yn aml, cynhwysir ymarferion cyfieithu brawddegau fel paratoad at ddrafftio dwyieithog fel sgìl hanfodol yn y gweithle.

ADRAN 1

Y BROSES YMGEISIO AM SWYDD

PENNOD I:
HYSBYSEBION SWYDD

Mae'r adran hon yn cynnwys enghreifftiau o hysbysebion swydd amrywiol sy'n gofyn am sgiliau Cymraeg. Maent yn dangos i'r sawl sy'n chwilio am swydd yr ystod eang o yrfaoedd sy'n gofyn am y gallu i weithio'n ddwyieithog, a chynigir templed ar gyfer yr unigolion sy'n gorfod llunio hysbyseb fel rhan o'u gwaith. Gellir canfod rhagor o hysbysebion trwy edrych ar y gwefannau a ganlyn:

www.lleol.cymru
www.golwg360.cymru
www.swyddle.com
www.safleswyddi.co.uk

Isod, ceir canllawiau ar sut i lunio hysbyseb, ac mae geirfa a phatrymau defnyddiol yn yr atodiad 'Iaith' yng nghefn y llawlyfr. Gall y pwyntiau trafod a'r tasgau fod o ddefnydd i'r darllenydd wrth ystyried sut i fynd ati i greu hysbyseb, neu gellid eu defnyddio fel sail i weithgareddau dosbarth ac ymchwil pellach. Ceir patrymau defnyddiol yn yr atodiad (gw. adran 6(i) a (iv)).

Fel arfer, mae tair rhan i hysbyseb swydd:

1 Disgrifiad cryno o'r swydd.
2 Rhestr fanwl o ddyletswyddau/cyfrifoldebau er mwyn cyflawni'r swydd.
3 Manyleb person (rhestr o nodweddion hanfodol a dymunol yn disgrifio'r math o berson sydd ei angen ar gyfer y swydd).

Gall yr hysbyseb hefyd gynnwys gwybodaeth am gefndir y sefydliad, ei werthoedd a'i genhadaeth, pwrpas neu ddiben y swydd, ei chyddestun a thelerau neu amodau'r swydd – er enghraifft, hawliau, gwyliau, manylion y tîm/adran waith y cyflogai, ac i bwy y bydd yn atebol.

(i) Swydd-ddisgrifiadau

Canllawiau: llunio hysbyseb swydd

- Manylion: teitl y swydd, cyflog, lleoliad, cytundeb, telerau, dyddiad cau, manylion cyswllt ar gyfer gwybodaeth bellach.
- Amlinellu natur/pwrpas y swydd, gan gynnwys braslun o'r dyletswyddau/cyfrifoldebau.
- Disgrifio'r math o berson sy'n gymwys ar gyfer y swydd, neu ddisgwyliadau'r cyflogwr ar gyfer y sawl a benodir.
- Gellir darparu cefndir y sefydliad yn fras a/neu nodi gyda phwy y bydd y sawl a benodir yn cydweithio/yn atebol iddynt.
- Crynhoi nodweddion y swydd.

Canllawiau: dyletswyddau

- Defnyddio amrywiaeth o ferfau i nodi'r dyletswyddau.
- Rhestru dyletswyddau penodol/arbenigol sy'n ymwneud â'r swydd, a rhai mwy penagored sy'n cwmpasu unrhyw ddyletswyddau cyffredinol. Gellir eu blaenoriaethu a'u gosod mewn trefn benodol.

Canllawiau: manylebau person

- Gellir defnyddio categorïau ar gyfer disgwyliadau'r cyflogwr er mwyn blaenoriaethu pa nodweddion perthnasol sydd eu hangen ar gyfer cyflawni'r swydd – er enghraifft, hanfodol/dymunol/manteisiol.
- Gellir defnyddio penawdau er mwyn gosod anghenion y cyflogwr mewn grwpiau perthnasol – er enghraifft, profiad,

gwybodaeth, sgiliau, cymwysterau, hyfforddiant, priodoleddau, rhinweddau, arall.

- Defnyddio amrywiaeth o ansoddeiriau ac ystod o ymadroddion, gan fanylu ar lefel y gallu/profiad/sgiliau angenrheidiol – er enghraifft, 'Mae angen sgiliau cyfathrebu *o safon uchel*'.

Pwyntiau trafod

- Crynhowch brif nodweddion hysbyseb swydd.
- Dewiswch dair hysbyseb swydd a'u cymharu. Pa un sy'n apelio fwyaf atoch? Eglurwch pam. Sylwch ar y wybodaeth a roddir, patrymau'r brawddegau, strwythur, arddull a geirfa.
- Edrychwch ar ddisgrifiad o un swydd yn unig. Lluniwch restr o ddeg dyletswydd bosibl a deg nodwedd ar gyfer manyleb person a fyddai'n gweddu i'r swydd. Defnyddiwch y penawdau a ganlyn: sgiliau, profiad, gwybodaeth, cymwysterau, rhinweddau personol.
- Dewiswch swydd y byddech yn debygol o ymgeisio amdani a darllenwch yr hysbyseb ar ei chyfer. Ystyriwch bum dyletswydd y byddech yn eu blaenoriaethu ar gyfer y swydd honno, a nodwch ddeg nodwedd bersonol y byddech yn tybio sydd eu hangen ar gyfer y swydd o dan y penawdau hanfodol/dymunol.
- Dewiswch hysbyseb swydd ac ystyriwch addasrwydd pob sgìl ar gyfer y swydd trwy eu gosod yn y categorïau a ganlyn: angen-rheidiol, manteisiol, ddim yn angenrheidiol (gellir defnyddio cardiau ar gyfer gêm fwrdd; gw. rhestr o'r sgiliau a'r categorïau yn yr atodiad).
- Edrychwch ar dair hysbyseb swydd. Pam fod angen sgiliau Cymraeg ar gyfer y swyddi hyn?

Tasgau/ymarferion

- Darllenwch hysbyseb swydd o bob un o'r gwahanol wefannau recriwtio Cymraeg a restrir uchod, gan sylwi ar nodweddion pob un.

- Lluniwch hysbyseb swydd sy'n cynnwys disgrifiad byr, rhestr lawnach o ddyletswyddau/cyfrifoldebau a manyleb person llawn.
- Nodwch bum nodwedd sy'n angenrheidiol i gyflawni eich swydd bresennol/yn y gorffennol.
- Edrychwch ar dair hysbyseb swydd: crynhowch y nodweddion y mae cyflogwyr yn chwilio amdanynt, gan sylwi ar sgiliau, profiad a chymwysterau.
- Mae nifer o swyddi yn cynnig gwersi Cymraeg yn y gweithle. Dewiswch un gweithle, a pharatowch wers ail iaith iddynt (30 munud o hyd) neu gyflwyniad ar bwynt gramadegol penodol (10–15 munud). Ystyriwch y patrymau iaith a geirfa a allai fod yn ddefnyddiol i'r gweithle hwn yn benodol.
- Cywirwch yr hysbyseb swydd isod:

Ysgol Llanycil – swydd gwag

Rydym yn chwilio am athro/athrawes feithrin erbyn y 15eg o Medi.

Mae'r ysgol yn chwilio am rywun Sydd yn medru'r iaith Cymraeg, ond siaradir Saesneg yma hefyd. Mae angen sgiliau cyfathrebu dda.

Dylid ddysgu nifer o bynciau.

Swydd am ddwy flwyddyn i ddechrau.

Am wybodaeth bellach a ffurflen cais cysylltwch a prifathrawes yr ysgol.

Ceisiadau gan athrawon profiadol yr unig.

Enghreifftiau

Arbenigwr Materion Cymreig Tŷ'r Cyffredin

Tŷ'r Cyffredin

Mae tua 2,500 o bobl yn gweithio tu ôl i'r llenni yn Nhŷ'r Cyffredin, yn cefnogi'r broses ddemocrataidd mewn amryw o ffyrdd. Rydym yn wleidyddol ddi-duedd ac yn falch o'r gwerthoedd a'r weledigaeth sydd yn greiddiol i'n gwaith, gan gefnogi democratiaeth seneddol sy'n ffynnu.

Mae'r tîm Siambr a Phwyllgorau yn cefnogi busnes y Tŷ gan gynnig cymorth gweithdrefnol ac ysgrifenyddiaeth i Bwyllgorau.

Arbenigwr Pwyllgor Materion Cymreig

Mae'r Pwyllgor Materion Cymreig wedi'i benodi gan y Tŷ i archwilio gweinyddiaeth, polisi a gwariant Swyddfa Cymru (gan gynnwys ei berthynas â Chynulliad Cenedlaethol Cymru).

Rydym yn chwilio am Arbenigwr Pwyllgor i ymuno â'r Ysgrifenyddiaeth. Mae'r Arbenigwr yn gyfrifol am gynghori'r Cadeirydd ac aelodau eraill y Pwyllgor dan oruchwyliaeth y Clerc ar wleidyddiaeth a pholisïau Cymreig, cwblhau gwaith ymchwil, drafftio dogfennau briffio, ac yn cefnogi gweithgaredd y Pwyllgor yn ystod ymweliadau diplomyddol a sesiynau tystiolaeth.

Mi fydd disgwyl i'r Arbenigwr fod yn hyddysg ym maes y Pwyllgor ac mae disgwyl iddynt ddatblygu a chynnal cysylltiadau priodol. Mae didueddrwydd gwleidyddol a'r gallu i gynhyrchu gwaith o safon uchel dan bwysau yn hollbwysig.

Mae'r gallu i gyfathrebu'n ysgrifenedig ac ar lafar yn Gymraeg a Saesneg yn hanfodol.

Math o gytundeb: Parhaol. Llawn-amser, 36 awr yr wythnos.

SYLWCH sut mae'r hysbyseb yn blaenoriaethu'r nodweddion pwysicaf sydd eu hangen ar gyfer cyflawni'r swydd.

Swyddog Datblygu'r Gymraeg ym Mhatagonia
Cyflogwr: British Council Cymru
Lleoliad: Patagonia

Disgrifiad:
A oes gennych ddiddordeb mewn dysgu a datblygu'r Gymraeg ym Mhatagonia?

A ydych chi'n chwilio am her newydd a phrofiadau gwerth chweil?

Rydym yn chwilio am athrawon cymwys a phrofiadol i ddysgu plant (meithrin a chynradd yn bennaf) ac oedolion (pob safon) yn ogystal â threfnu gweithgareddau cymdeithasoli iaith ar ran Menter Iaith Patagonia.

Mae'r British Council Cymru yn ymrwymedig i bolisi cyfle cyfartal ac mae'n awyddus i adlewyrchu amrywiaeth cymdeithas y DU ar bob lefel yn y sefydliad. Rydym yn croesawu ceisiadau o bob rhan o'r gymuned. Yn unol â pholisi Amddiffyn Plant y British Council, rhaid i unrhyw benodiad fod yn amodol ar wiriadau trylwyr. Yn y DU, ac mewn gwledydd eraill lle mae systemau priodol yn bodoli, mae'r rhain yn cynnwys gwiriadau cofnodion troseddol.

Rydym wedi ymrwymo i gyflogi pobl anabl.

Sefydliad rhyngwladol y Deyrnas Unedig dros gydberthnasau diwylliannol a chyfleoedd addysgol yw'r British Council. Elusen gofrestredig: 209131 (Cymru a Lloegr) SC037733 (Yr Alban).

CYMDEITHAS CYMRU–ARIANNIN

Sut i ymgeisio
Am fwy o fanylion ac am ffurflen gais, cysylltwch â'r British Council Cymru gan ddefnyddio'r manylion isod.

SYLWCH Mae nifer o hysbysebion swydd yn pwysleisio eu polisi cyfle cyfartal. Hefyd, ystyriwch sut mae'r cwestiynau yn ehangu'r apêl i'r darllenydd trwy ddefnyddio arddull mwy personol ac uniongyrchol.

Rheolwr Cymru

Postiwyd gan: *Wici Cymru a Wikimedia UK*
Dyddiad Postio:
Dyddiad hysbyswyd:

Mae Wici Cymru a Wikimedia UK yn chwilio am Reolwr i Gymru i ddatblygu'r Wicipedia Cymraeg a Saesneg yng Nghymru, ac ysbrydoli a hyfforddi golygyddion newydd trwy gynllun y prosiect Llwybrau Byw!

Dylai'r Rheolwr fod yn brofiadol mewn: golygu prosiectau Wicimedia (Cymraeg a Saesneg), cefnogi ein gwirfoddolwyr, rheoli personél, gweithio o fewn cyllideb a chyflawni targedau mewn pryd. Bydd y gwaith yn cynnwys penodi a chefnogi hyfforddwyr a threfnu a chynnal sesiynau hyfforddi ledled Cymru.

Mae medru siarad Cymraeg a Saesneg rhugl yn hanfodol.

Mae'r swydd am ddeuddeg mis a bydd yr ymgeisydd llwyddiannus yn cael ei secondio i Wici Cymru a fydd yn goruchwylio'r gwaith (ar y cyd gyda WMUK, y cyflogwr) a Llywodraeth Cymru fel cyd-noddwr.

Mae'r swydd hefyd yn amodol ar ganllawiau a chytundebau WMUK ac am 4.5 diwrnod yr wythnos.

Ffurflen gais a rhagor o wybodaeth oddi wrth: *www.wikimedia.org.uk*

SYLWCH sut mae ychwanegu ebychnod yn peri i'r swydd swnio'n gyffrous.

(ii) Dyletswyddau a Manylebau

Gellir canfod rhagor o enghreifftiau ar y gwefannau a restrir uchod.

Enghraifft

Disgrifiad swydd

Y swydd:	Swyddog Prosiect Cymru–Tsieina (Rhan-amser, 2 ddiwrnod yr wythnos o Ionawr hyd at Medi 2018)
Gradd y cyflog:	C
Tîm:	Tîm Datblygu'r Celfyddydau (Celfyddydau Rhyngwladol Cymru)
Atebol i:	Pennaeth (Celfyddydau Rhyngwladol Cymru)
Lleoliad:	Hyblyg – gall weithio o unrhyw un o swyddfeydd y Cyngor Celfyddydau

Cyngor Celfyddydau Cymru

Elusen annibynnol yw Cyngor Celfyddydau Cymru, a sefydlwyd trwy Siarter Frenhinol ym 1994. Rydym yn Gorff a noddir gan Lywodraeth Cymru a phenodir ei aelodau gan Lywodraeth Cymru.

Gan Lywodraeth Cymru y cawn y rhan fwyaf o'n harian. Rydym hefyd yn dosbarthu arian o'r Loteri Genedlaethol ac yn codi arian ychwanegol ar gyfer y celfyddydau pan fo'n bosibl o amryw ffynonellau yn y sector cyhoeddus a'r sector preifat.

Mawr yw ein huchelgais dros gelfyddydau Cymru. Mae gennym weledigaeth ar gyfer Cymru greadigol lle y mae'r celfyddydau wrth wraidd bywyd a llesiant y genedl, gan wneud Cymru'n lle cyffrous a bywiog i'w thrigolion, ei gweithwyr a'i hymwelwyr. Dibynna llwyddiant ein gweledigaeth ar ddychymyg a chreadigrwydd ein hartistiaid, safon eu gwaith a'r ymdrechion a wneir i gyrraedd cynulleidfaoedd a'u hysbrydoli. Gweithiwn i greu amgylchedd lle y gall artistiaid uchelgeisiol a mentrus dyfu a ffynnu, a lle y gall cynifer o bobl â phosibl – o'r ystod ehangaf o gymunedau – gymryd rhan yn y celfyddydau.

Ein gwerthoedd

Rydym yn gorff cyhoeddus a ariennir gan y trethdalwr. Fel y cyfryw, mae disgwyl i ni gynnal y safonau uchaf o ran bod yn atebol ac yn agored. Mae ein Cod Ymddygiad Gorau yn diffinio'r safonau hyn.

Mae'r cyhoedd yn mynnu bod y sefydliadau y mae'n eu hariannu yn gweithredu'n effeithlon ac yn effeithiol. Darparu gwerth am arian yw un o'm hystyriaethau allweddol.

Rydym yn gwerthfawrogi creadigrwydd ac arloesedd hefyd. Mae ein staff yn gweithio'n aml gyda'i gilydd mewn grwpiau a thimau i gyflawni ein rhaglenni gwaith. Rydym yn rhoi pwyslais arbennig ar gydweithio hyblyg ac yn cefnogi'n staff i feithrin a datblygu'r sgiliau hyn.

Y swydd

Mae Celfyddydau Rhyngwladol Cymru yn annog ac yn cefnogi cydweithio rhyngwladol trwy ganfod cyfleoedd creadigol a'u datblygu. Mae'r tîm yn rhoi cyngor a chymorth i artistiaid a sefydliadau celfyddydol sydd am ddatblygu partneriaethau a marchnadoedd newydd ar lefel ryngwladol. Maent hefyd yn bwynt cyswllt ar gyfer artistiaid rhyngwladol a sefydliadau celfyddydol sy'n dymuno ystyried cysylltiadau gydag artistiaid sy'n byw yng Nghymru.

Ar hyn o bryd mae Celfyddydau Rhyngwladol Cymru wedi'u contractio gan Lywodraeth Cymru i hwyluso'r gwaith o gyflawni'r Memorandwm Cyd-ddealltwriaeth Diwylliannol rhwng llywodraethau Cymru a Tsieina a lofnodwyd yn 2015.

Bydd Swyddog Prosiect Cymru–Tsieina yn chwarae rhan allweddol trwy weithio ar y gweithgareddau sydd yng Nghynllun Gweithredu Cymru–Tsieina, gan gefnogi Pennaeth Celfyddydau Rhyngwladol Cymru.

Prif gyfrifoldebau

| **Cyfathrebu a rheoli cydberthnasau** – cefnogi Pennaeth Celfyddydau Rhyngwladol Cymru yn y gwaith canlynol:

- annog a chefnogi teithiau diwylliannol a chelfyddydol i Tsieina ac oddi yno
- gweithio ochr yn ochr â swyddogion Llywodraeth Cymru er mwyn datblygu a rheoli cydberthnasau gyda broceriaid allweddol rhwng gwledydd Prydain a Tsieina
- gweithio gyda'r tîm Cyfathrebu er mwyn datblygu'r gronfa ddata o randdeiliaid yng Nghymru trwy lwyfannau agored
- sicrhau bod gwybodaeth sy'n cael ei chasglu yn cael ei chofnodi a'i chynnal yn fewnol

2 **Rhagor o ymwneud gyda'r agenda Prydain–Tsieina** – cefnogi Cyngor Celfyddydau Cymru a'i bartneriaid:
   - i ddeall a chymryd rhan mewn rhaglenni a chynadleddau Prydain–Tsieina allweddol
   - i ymwneud â'r British Council er mwyn cyfrannu'n weithgar at lwyfan China Now, gyda'r nod o dderbyn gwybodaeth a rhannu gwybodaeth

3 **Datblygu capasiti Cymru i ymwneud â Tsieina** – gweithio gyda'n partneriaid ar y Grŵp Llywio:
   - i annog dysgu Mandarin yn y gweithle gan gynnwys ar gyfer staff Celfyddydau Rhyngwladol Cymru/Llywodraeth Cymru sy'n arwain ar y gwaith
   - i drefnu a chyfrannu at ddau weithdy ar lefel is-sector fydd yn cynyddu dealltwriaeth ymarferol ac yn datblygu capasiti i weithio yn Tsieina

4 **Cyfnewid Sgiliau (gyda Phrifysgol Caerdydd)** – goruchwylio'r interniaeth, yn ogystal â'r canlynol:
   - cefnogi'r gwaith o recriwtio ail intern o Brifysgol Caerdydd i'w leoli yng Nghyngor Celfyddydau Cymru o fis Ionawr 2018 ymlaen
   - cefnogi'r gwaith o gyflwyno rhaglen interniaeth i sefydliadau diwydiannau creadigol a diwylliannol eraill a'i defnyddio fel model ar gyfer sefydliadau Addysg Uwch eraill

5 **Teithiau diwylliannol a masnachol i Tsieina**
- arwain ar drefniadau ymarferol ar gyfer taith ddiwylliannol ochr yn ochr â thaith fasnach Llywodraeth Cymru ym mis Mawrth 2018
- gweithio gyda phartneriaid a'r tîm Cyfathrebu er mwyn cyfath-rebu â'r sector ynghylch teithiau masnach
- cynllunio tuag at daith fasnach ar gefn taith ddiwylliannol gyda Cherddorfa Genedlaethol Gymreig y BBC yn 2018

6 **Ymchwil** – ymwneud â Phrifysgol Caerdydd er mwyn cynnal gwerthusiad o weithgareddau a chyhoeddi adroddiad diwedd blwyddyn ar gyfer blwyddyn 2 erbyn mis Medi 2018

7 **Dyfarniadau Cymru Greadigol** – rhoi cymorth gweinyddol i gynllun Llysgenhadon Tsieina Cymru Greadigol, o gymorthfeydd i ddyfarniadau

8 **Rheoli cydberthnasau** – sicrhau gwasanaeth cwsmeriaid o safon uchel wrth ymdrin â'r cyhoedd

9 **Dyletswyddau ychwanegol** – unrhyw ddyletswyddau rhesymol eraill sy'n gyson â'r uchod

Gwybodaeth, profiad a phriodoleddau

Rydym am ddenu pobl i weithio i'n sefydliad sydd â diddordeb yn y celfyddydau, ymrwymiad i egwyddorion gwasanaeth cyhoeddus agored ac atebol, a'r gallu i weithio ag ystod amrywiol o gwsmeriaid. Credwn y dylid gosod y safonau uchaf ymhob agwedd ar ein gwaith. Felly mae pob aelod o'n staff yn llysgennad drosom a disgwyliwn i bawb barchu a chynnal ein henw da.

Ein huchelgais yw bod yn sefydliad arloesol a blaengar. Disgwyl-iwn i'n staff gydweithio i sicrhau ein bod yn effeithlon, effeithiol a defnyddiol.

Cymerwn yn ganiataol y bydd ein staff yn gymwys i reoli eu gwaith gweinyddu pob dydd ac y byddant wedi magu sgiliau trefniadol da. Felly mae gennym ddiddordeb arbennig mewn staff a all weithio'n

	HANFODOL	DYMUNOL
Gwybodaeth	Angerdd dros y celfyddydau, a'r creadigrwydd a'r gallu i ddatblygu, rheoli a gweithredu mentrau sy'n hybu blaenoriaethau rhyngwladol Cyngor y Celfyddydau. Gwybodaeth gadarn o ddarpariaeth a gweithgarwch celfyddydol yng Nghymru Gwybodaeth ynghylch gweithio yn Tsieina neu mewn cyd-destun rhyngwladol arall	
Sgiliau	Sgiliau gweinyddol a thechnoleg gwybodaeth medrus Sgiliau cyfathrebu llafar ac ysgrifenedig ardderchog Gallu meithrin a chynnal cydberthnasau, yn fewnol ac yn allanol Parodrwydd i ddysgu Mandarin ar lefel sylfaenol	
Profiad	Profiad proffesiynol eang ym maes y celfyddydau Profiad y gallwch ei ddangos o reoli prosiectau ar lefel ryngwladol	Profiad o weithio ar brosiectau rhyngwladol a/ neu yn Tsieina Profiad o weithio gyda sefydliadau llywodraethol
Nodweddion	Gallu cynnal sgwrs yn hyderus, yn ysgrifenedig ac ar lafar, er mwyn cynnal perthnasau effeithiol ar lefelau uwch, yn fewnol ac yn allanol Gallu gwneud penderfyniadau o fewn fframwaith a sefydlwyd a deall y prosesau a'r gweithdrefnau sy'n gysylltiedig â'r penderfyniadau hynny Gallu teithio ledled Cymru, gwledydd Prydain ac yn rhyngwladol	Rhugl yn Gymraeg (yn ysgrifenedig ac ar lafar) Gallu defnyddio Mandarin ar lefel ymarferol

greadigol a hyblyg i fynd i'r afael â'r heriau y byddant yn eu hwynebu – staff sy'n flaengar ac egnïol i ffynnu mewn gweithle prysur ac a gaiff foddhad o gyflawni targedau uchelgeisiol ac ymestynnol.

Yn ychwanegol, mae'r rôl hon yn gofyn am yr wybodaeth, profiad a nodweddion a restrir ar y dudalen flaenorol.

SYLWCH ar y defnydd o wahanol ferfau er mwyn cyfleu natur amrywiol y dyletswyddau sy'n rhan o'r swydd, ac ar eu manylder er mwyn cwmpasu union nodweddion y swydd. Ystyriwch hefyd pa mor benodol yw manyleb y person wrth bennu lefel y nodweddion, er enghraifft 'sgiliau cyfieithu rhagorol'. Gellir defnyddio graddfeydd gwahanol ansoddeiriau er mwyn nodi'n union beth a ddisgwylir gan yr ymgeisydd, er enghraifft da, da iawn, ardderchog, o'r radd flaenaf.

Ymateb i hysbyseb swydd

Gwelais hysbyseb am y swydd _____ yn _____ yn ddiweddar.

A fyddech mor garedig ag anfon pecyn gwybodaeth a ffurflen gais ataf, os gwelwch yn dda. Fy manylion cyswllt yw: _____

Hoffwn hefyd gael sgwrs anffurfiol am natur y swydd gyda [person] a nodir yn yr hysbyseb. Tybed a fyddai'n bosib trefnu dyddiad ac amser cyfleus?

Diolch ymlaen llaw am eich cydweithrediad parod.

Yn gywir, _____

PENNOD 2:
FFURFLEN GAIS/LLYTHYR CAIS

Mae mwy nag un ffordd o ymgeisio am swydd. Erbyn heddiw, y dull mwyaf cyffredin yw cyflwyno cais ar-lein trwy gwblhau ffurflen neu gyfres o gamau sy'n gofyn am wybodaeth gefndirol amdanoch. Fel arfer, gofynnir am eich manylion personol, cymwysterau, profiad a/neu hyfforddiant, sgiliau, swydd bresennol a swyddi blaenorol, aelodaeth o gyrff proffesiynol a manylion canolwyr. Gall rhai swyddi ofyn ichi anfon copi o'ch CV a llythyr cais, sef dogfen sy'n cyd-fynd â CV wrth ymgeisio am swydd, at gyfeiriad e-bost neu drwy'r post yn uniongyrchol. Os yw'r swydd yn nodi bod angen sgiliau Cymraeg, yna cwblhewch y ffurflen yn y Gymraeg. Os nad oes un ar gael ar y wefan, holwch am un.

Mae mwy a mwy o gyflogwyr hefyd yn cynnwys adran yn y ffurflen sy'n gofyn am enghreifftiau neu dystiolaeth o'r meini prawf ar gyfer y swydd. Mae cyfyngiad geiriau yn gyffredin ar gyfer ymarferion o'r fath ac felly mae'r ffocws ar deilwra atebion mewn dull cryno ac uniongyrchol.

Ceir cyfarwyddiadau i ddilyn ar sut i lunio ffurflen gais a llythyr cais, a cheir enghreifftiau ohonynt i'w hystyried a'u hefelychu. Gellir ystyried y pwyntiau trafod wrth astudio'n annibynnol neu fel sail ar gyfer gweithgareddau dosbarth, a cheir templed posib ar gyfer cyflawni'r tasgau. Yn yr atodiad, mae geirfa a phatrymau ieithyddol sy'n addas ar gyfer y broses recriwtio (gw. adran 6(ii)).

(i) Ffurflen Gais

Cyfarwyddiadau

Gofynnwch i chi eich hun: a ydych chi'n gymwys ar gyfer y swydd? A oes gennych chi'r profiad, y wybodaeth a'r sgiliau angenrheidiol?

Mae cyflogwyr yn derbyn nifer o geisiadau, felly mae'n hawdd iawn iddynt wrthod pobl sydd wedi gwneud camgymeriadau sillafu neu heb ddilyn y cyfarwyddiadau. Cymerwch eich amser ac edrychwch dros bopeth yn ofalus. Dyma'r enghraifft gyntaf o'ch gwaith y bydd cyflogwr yn ei gweld, felly sicrhewch eich bod yn creu argraff dda.

Gallwch wneud cais am nifer o swyddi ar-lein. Efallai bod dolen ar yr hysbyseb yn eich cyfeirio at ffurflen ar-lein, neu efallai bod yn rhaid i chi fynd i wefan y cyflogwr i wneud cais. Os felly, mae'n bur debyg y bydd y ffurflen gais yn adran 'swyddi gwag' y wefan. Mae rhai ffurflenni cais yn cael eu cwblhau i gyd ar-lein. Rydych chi'n mynd drwy'r ffurflen fesul cam, gan lenwi gwybodaeth ac ateb cwestiynau. Mae llawer o ffurflenni ar-lein yn cynnig i chi arbed eich gwaith a dychwelyd ati yn nes ymlaen, fel nad oes rhaid i chi gwblhau'r ffurflen gyfan ar unwaith.

Ar y diwedd, bydd botwm 'cyflwyno' ar gyfer anfon eich ffurflen. Peidiwch â phwyso'r botwm nes eich bod chi wedi darllen dros eich ffurflen a sicrhau bod pob adran wedi'i llenwi. Edrychwch am gamgymeriadau sillafu a gramadeg. Gofynnwch i rywun arall ddarllen drwyddi os yw hynny'n bosib. Byddwch yn glir ac yn gryno, gan ddefnyddio iaith gadarnhaol. Argraffwch eich ffurflen cyn ei hanfon – bydd yn rhaid i chi gofio beth rydych chi wedi'i ddweud os cewch gyfweliad.

Gyda ffurflenni ar-lein eraill, mae'n rhaid i chi lawrlwytho ac arbed y dogfennau. Rydych chi'n llenwi'r cais a'r ffurflenni monitro lleiafrifoedd/amrywiaeth ac yn eu hatodi gydag e-bost. Cofiwch nodi pa swydd rydych chi'n gwneud cais amdani, a chynnwys y cyfeirnod. Gallwch roi'r wybodaeth hon ym mlwch 'pwnc' eich e-bost. Mae cwblhau'r cais yn gallu cymryd cryn dipyn o amser, felly caniatewch ddigon o amser i'w wneud yn iawn.

Cyflogaeth/profiad gwaith

- Mae'n well nodi manylion eich swyddi/profiad gwaith gan ddechrau gyda'r diweddaraf yn gyntaf.
- Disgrifiwch eich cyfrifoldebau a braslun o'r dyletswyddau yn eich rôl gan sicrhau eich bod yn amlygu eich sgiliau. Os bydd gofod yn brin, rhowch fanylion y rhai mwyaf perthnasol gan grynhoi'r gweddill.
- Peidiwch ag anghofio ychwanegu manylion unrhyw waith gwirfoddol, cysgodi a swyddi rhan-amser.

Diddordebau a chyflawniadau

- Mae'r adran hon yn rhoi cyfle i chi ymhelaethu ar y pethau rydych yn eu mwynhau y tu hwnt i oriau gwaith neu astudio. Gallai'r diddordebau hyn fod yn gysylltiedig â'r swydd neu'r yrfa y mae gennych ddiddordeb ynddi, neu gallant roi syniad mwy cyflawn i'r cyflogwr amdanoch chi fel person, eich personoliaeth a'r hyn sy'n eich cymell.
- Weithiau byddwch yn gweld adran cyflawniadau ar ffurflen gais lle gallwch hyrwyddo'r pethau rydych yn ymfalchïo ynddynt. Gallai'r rhain fod yn gyflawniadau academaidd, chwaraeon neu entrepreneuraidd, cyfrifoldebau, bod yn aelod gweithgar o glwb, codi arian dros elusen neu gyflawniadau ym myd gwaith.
- Mae'n bwysig i chi amlygu eich cyflawniadau ym mhob rhan o'r ffurflen gais (ac nid yn yr adran gyflawniadau yn unig) gan y bydd hyn yn gymorth i chi wneud argraff arbennig ar y cyflogwr a rhoi tystiolaeth o'ch gallu i berfformio tasg neu rôl i safon uchel.

Addysg/cymwysterau

- Oni bai fod y ffurflen gais yn dweud fel arall, mae'n well nodi manylion eich addysg gyda'r cymwysterau mwyaf diweddar yn gyntaf.
- Os nad oes llawer o ofod, efallai bydd angen i chi grynhoi eich modiwlau/graddau, neu efallai bydd yn bosibl rhoi manylion amdanynt ar wahân.

Gwybodaeth bellach/datganiad personol

Fel arfer, blwch gwag yw'r datganiad personol ar gyfer gwneud cais am swydd neu gwrs sy'n gofyn i chi ysgrifennu am eich sgiliau, eich cryfderau a'ch profiad yn fanwl. Gall rhai cyflogwyr ofyn am ddatganiad personol yn ogystal â llythyr cais, ond dro arall mae'n rhan o'r ffurflen gais ac nid oes angen llythyr cais. Mae'n fodd i ddarparu gwybodaeth bellach amdanoch eich hun a thynnu sylw at y nodweddion perthnasol i'r swydd yn eich CV. Gall hefyd fod yn fodd i baratoi at gyfweliad ar lafar os gofynnir ichi sôn amdanoch eich hun.

Meddyliwch am enghreifftiau o'ch bywyd sy'n dangos bod gennych y sgiliau hynny – gwaith, ysgol, coleg, addysg, profiad gwaith, diddordebau a gwirfoddoli:

- eich profiadau yn y brifysgol/gweithle;
- yr hyn rydych wedi'i astudio ac unrhyw gyfleoedd arbennig rydych wedi'u cael yn ystod eich cyfnod yno;
- gwerthuso eich sgiliau a'ch rhinweddau personol, gan gyfeirio at ddiddordebau perthnasol sydd gennych;
- unrhyw rwystrau neu broblemau rydych chi wedi delio â nhw;
- a'ch gobeithion ar gyfer eich gyrfa/cynlluniau am y dyfodol.

Cwestiynau yn seiliedig ar sgiliau

Mae cwestiynau yn seiliedig ar sgiliau neu gymwyseddau wedi'u bwriadu i chwilio am dystiolaeth o sgiliau/ymddygiad (cymwyseddau) allweddol mae'r cyflogwr wedi'u nodi fel rhai sy'n hanfodol ar gyfer y swydd.

Mewn nifer cyfyngedig o eiriau, bydd y cyflogwr yn gofyn i chi roi enghraifft sy'n dangos y cymhwysedd, yr hyn wnaethoch chi a'r sgiliau roeddech yn eu harddangos – er enghraifft: 'Disgrifiwch sut rydych chi wedi cyflawni nod trwy ddylanwadu ar weithredoedd neu farn pobl eraill. Beth oedd yr amgylchiadau? Beth wnaethoch chi i wneud gwahaniaeth?'

Bydd y fframwaith **STAR** ar dudalen 28 yn eich helpu i wneud y defnydd gorau o'r geiriau hynny, ac yn eich helpu i roi ffocws uniongyrchol i'ch atebion. Nid oes marciau ar gyfer elfennau'r sefyllfa neu'r dasg, felly byddwch mor gryno â phosib ar gyfer y rhain er mwyn gadael mwy o eiriau i chi ar gyfer y gweithredu a'r canlyniadau. Defnyddiwch iaith sy'n seiliedig ar sgiliau, ac, os oes modd, y math o ieithwedd a ddefnyddir yn y fanyleb person.

Tystiolaeth

Bydd y swydd-ddisgrifiad, manyleb y person a'r hysbyseb swydd yn nodi'r cymwyseddau a'r ymddygiadau allweddol, y meini prawf hanfodol sy'n benodol i'r swydd a gwybodaeth berthnasol arall. Er enghraifft, efallai bod gofyn i'r ymgeisydd llwyddiannus fod yn barod i deithio neu i weithio patrwm oriau penodol. Fodd bynnag, rhoddir sylw i'r ddyletswydd ar gyflogwyr i wneud addasiadau rhesymol yn unol â Deddf Cydraddoldeb 2010.

Cyn gwneud eich cais, dylech ddarllen yr hysbyseb swydd, y swydd-ddisgrifiad a manyleb y person yn ofalus, a sicrhau eich bod yn gallu rhoi digon o dystiolaeth o'r ymddygiadau yn y cymwyseddau craidd a'r meini prawf sy'n benodol i'r swydd. Mae'n werth nodi na fydd unrhyw un sy'n methu â gwneud hyn ym marn y panel yn cael mynd ymlaen i gael cyfweliad. Dim ond ymgeiswyr sy'n bodloni pob un o'r meini prawf dethol (sef y gofynion sylfaenol o dan gynllun y tic dwbl) sy'n cael mynd ymhellach na'r cam sifftio.

Bydd y panel yn chwilio am dystiolaeth eich bod yn gallu bodloni'r rhain ar y lefel cymhwysedd addas a bod gennych chi gymhelliant i wneud y swydd. Nid yw'n ddigon i ddweud bod gennych sgil neu brofiad arbennig – dylech roi enghreifftiau i gefnogi hyn. Nid yw pobl sy'n recriwtio am ddarllen jargon na datganiadau niwlog; maent am weld tystiolaeth fod gennych chi'r potensial i wneud y swydd.

Gall y mathau o gyflawniadau y dylid eu hystyried wrth lunio eich ateb gynnwys prosiectau arbennig rydych wedi'u cwblhau'n bersonol, digwyddiad penodol neu ganlyniadau gwaith cyson a wnaed dros gyfnod. Gallwch chi ddefnyddio enghreifftiau o amrywiaeth o feysydd, a gallant fod yn rhai academaidd, profiad o fod â chyfrifoldeb, diddordebau allanol, profiad gwaith, gwirfoddoli neu swyddi rhan-amser. Dylai'r cyflawniadau fod yn rhai rydych chi'n bersonol wedi ymdrechu a rhoi o'ch amser i'w cwblhau. Gallwch ddefnyddio tystiolaeth o ffynonellau eraill heblaw am y gweithle, os gallwch brofi eu bod yn bodloni'r cymwyseddau neu'r ymddygiadau perthnasol.

Dylai disgrifiad da o gyflawniad fod yn benodol i'r cymhwysedd craidd a'r ymddygiadau perthnasol. Dylai nodi natur y dasg a'r hyn roeddech am ei gyflawni ac yna egluro pa gamau a gymerwyd gennych a pham. Ceisiwch nodi'r canlyniadau a'r manteision a rhoi amserlen a dyddiad bras, gan osgoi defnyddio talfyriadau a allai fod yn ddieithr i'r panel. Meddyliwch am enghraifft gadarnhaol sy'n dangos y sgìl angenrheidiol.

Gellir defnyddio'r fframwaith **STAR** i'ch cynorthwyo i strwythuro'r ymateb:

S Situation/sefyllfa – disgrifiwch yn gryno'r sefyllfa roeddech ynddi ar y pryd.

T Task/tasg – eglurwch natur y dasg/problem/gweithgaredd dan sylw, sef yr hyn roedd yn rhaid i chi ei wneud ar yr achlysur arbennig hwn.

A Action/gweithredu – disgrifiwch, gan roi cymaint o fanylion â phosibl, yr hyn a wnaethoch a pha gamau a gymerwyd gennych. Wnaethoch chi wahaniaeth i'r sefyllfa? Nodwch pa sgiliau a ddefnyddiwyd gennych.

R Results/canlyniadau – disgrifiwch ganlyniad eich camau a'r hyn y gwnaethoch chi ei ddysgu o'r profiad. A fu i chi gyf lawni'ch bwriad ac a fodlonwyd y cwsmer ai peidio?

Dyma enghraifft o rywun yn defnyddio **STAR** i ddadansoddi achlysur pan wnaethant ddelio â chwsmer anodd. Gofynnodd y cyflogwr y cwestiwn canlynol: 'Dywedwch wrthym am sefyllfa anodd neu broblem ddiweddar y gwnaethoch wynebu yn eich gwaith. Sut wnaethoch ei datrys, a beth ddysgoch chi o'r sefyllfa honno?'

Sefyllfa	Pan oeddwn i'n oruchwylydd dros dro mewn bwyty pizza amlwg, dechreuodd cwsmer gwyno'n uchel am wasanaeth araf.
Tasg (neu'r targed roeddech am ei gyflawni)	Bodloni'r person heb amharu ar gwsmeriaid eraill a oedd hefyd yn disgwyl am eu bwyd ac a oedd wedi cyrraedd yn gynharach.
Gweithredu (beth wnaethoch chi)	Gwrando'n ofalus ar safbwynt y cwsmer. Egluro'n dawel ac mewn ffordd ddiplomyddol bod prinder staff oherwydd salwch. Tawelu meddwl y cwsmer fod yr archeb yn derbyn sylw a chynnig diodydd am ddim tra ei fod yn aros.
Canlyniad (gallai hyn fod yn ddigwyddiad pendant, neu rywbeth y gwnaethoch chi ei ddysgu)	Tawelodd y cwsmer ac roedd yn gwerthfawrogi'r sefyllfa roeddem ni ynddi. Roedd yn sylweddoli nad oedd yn fwriadol, a phenderfynodd aros yn dawel oherwydd y cynnig o ddiodydd am ddim. Dysgais bwysigrwydd gwrando ar bobl a deall eu safbwyntiau.

Dylid hepgor

- Datganiadau cyffredinol ('Rwyf bob amser yn gwrtais gyda chwsmeriaid')
- Swydd-ddisgrifiadau ('Fel rhan o fy swydd/rôl rwy'n . . .')
- Prosesau ('I ddechrau, byddaf yn nodi manylion y cwsmeriaid ar y cyfrifiadur')
- Honiadau ('Mae'n bwysig iawn ymdrin â chwynion yn brydlon')
- Damcaniaethau ('Byddwn yn ymdrin â'r gŵyn i ddechrau trwy . . .')
- Disgrifiadau yn y stad oddefol ('Cynhaliwyd cyfarfod . . .')
- Datganiadau lle nad ydych chi'n bersonol yn cymryd cyfrifoldeb ('Penderfynom ni fabwysiadu opsiwn . . .')
- Aralleirio'r meini prawf ('Gweithiais yn bwyllog ac yn ddiplomyddol')

- Tystiolaeth amhenodol ('Pan fyddaf yn cael hwn, rwy'n bwriadu . . .')
- Enghreifftiau yn y dyfodol – mae'n rhaid i'r dystiolaeth fod wedi digwydd eisoes ac felly defnyddiwch amser gorffennol y ferf.

Pwyntiau trafod

Esboniwch eich profiad:

- Beth ydych chi'n ei wneud yn ystod diwrnod arferol yn y gwaith, profiad gwaith neu wirfoddoli?
- Pa feddalwedd TG, peiriannau, neu offer technegol ydych wedi'u defnyddio? Sut wnaethoch chi eu defnyddio yn eich swydd?
- Pa sgiliau newydd ydych chi wedi eu dysgu trwy eich gwaith, profiad gwaith neu wirfoddoli?

Tasg

1 Dewiswch bum nodwedd a nodir mewn manyleb person neu feini prawf ar gyfer swydd, a rhowch enghreifftiau neu dystiolaeth benodol o sut rydych yn eu bodloni.

2 Gwerthuswch eich sgiliau trwy eu gosod mewn dau gategori gwahanol: digonol/gwella. Gyda phob un, rhowch enghraifft benodol i ddangos eich bod wedi datblygu'r sgìl yn ddigonol ac awgrymwch sut y gellir gwella'r sgìl.

3 Meddyliwch am enghreifftiau o'ch bywyd sy'n dangos eich sgiliau a'ch profiad. Meddyliwch am dystiolaeth benodol i gefnogi'r pwyntiau uchod.

4 Defnyddiwch y cwestiynau uchod i ysgrifennu eich atebion eich hun.

5 Dewiswch hysbyseb swydd a chwblhewch y ffurflen gais sy'n dilyn ar ei chyfer. Ystyriwch nodweddion y swydd cyn mynd ati i'w chwblhau, a sicrhewch eich bod yn cyflwyno gwybodaeth sy'n ateb gofynion y swydd.

6 Llenwch y grid **STAR** wrth ddilyn y cyfarwyddiadau uchod.

7 Gallwch gwblhau mwy nag un er mwyn ymarfer disgrifio enghraifft o wahanol gymwyseddau yn gryno.

8 Cwblhewch y 'llyfryn tystiolaeth', gan roi enghreifftiau penodol sy'n cyfateb i feini prawf y swydd – gan gyfyngu nifer y geiriau ar gyfer pob un i 175.

FFURFLEN GAIS

SWYDD:

CYFEIRNOD:

Cwblhewch trwy **DEIPIO** neu os nad yw hynny yn bosibl, gydag INC DU, os gwelwch yn dda.

1. MANYLION PERSONOL

Cyfenw:	Enwau cyntaf:
Mr/Mrs/Miss/Ms/Arall	Rhif Yswiriant Gwladol:
Cyfeiriad:	Rhifau ffôn Cartref: Gwaith: Symudol: Cyfeiriad e-bost:
Nodwch unrhyw drefniadau arbennig a fyddai eu hangen os cewch eich gwahodd i gyfweliad:	

Trwydded yrru ddilys:
    Oes/ Nac oes
Perchennog car:
    Ydw/Nac ydw
Neu nodwch unrhyw drefniant arall:
	A oes unrhyw ddyddiadau nad ydych ar gael i ddod am gyfweliad?

Nodwch sut y daethoch i wybod am y swydd (pa gylchgrawn/ gwefan/papur newydd):	

2. CYMWYSTERAU ADDYSGOL

Dechrau	Hyd at	Ysgol/ coleg/ prifysgol	Cymwysterau (nodwch raddfeydd lle bo'n briodol)
Mae'n bosib y bydd angen i'r ymgeisydd ddarparu tystiolaeth o'r cymwysterau uchod.			

3. SWYDD BRESENNOL

Swydd:	
Cyflogwr:	
Dyddiad penodi:	Graddfa gyflog:
Cyflog:	Lwfansau/buddiannau:
Cyfnod rhybudd i adael y swydd:	
Disgrifiad byr o'r dyletswyddau a'r cyfrifoldebau:	

4. HYFFORDDIANT PERTHNASOL/DATBLYGIAD PROFFESIYNOL – y diweddaraf yn gyntaf

Manylion	Darparwr	Dyddiad

5. SWYDDI BLAENOROL – y diweddaraf yn gyntaf

Swydd a dyletswyddau	Dechrau	Hyd at	Cyflogwr	Rheswm dros adael
Dylech roi cofnod am bob cyfnod ers gadael addysg llawn-amser				

6. AELODAETH O GYRFF PROFFESIYNOL

7. SGILIAU IAITH GYMRAEG

Gallu	Deall	Siarad	Darllen	Ysgrifennu
Rhugl				
Canolradd				
Sylfaenol				

8. ENW A CHYFEIRIAD DAU GANOLWR

(disgwylir i'ch cyflogwr diweddaraf fod yn UN ohonynt). Nodwch statws eich canolwyr (er enghraifft cyflogwr, tiwtor, clerigwr ac yn y blaen).

I	2
Statws:	Statws:
Cyfeiriad e-bost:	Cyfeiriad e-bost:
Rhif ffôn:	Rhif ffôn:

Fel arfer, cysylltir â'r canolwyr yn sgil derbyn cynnig am y swydd. A fyddech yn fodlon i ni gysylltu â hwy cyn hynny?
Byddwn / Na fyddwn

9. DATGELU TROSEDDAU

Gofynnir i chi ddatgelu manylion unrhyw ddedfryd droseddol sydd gennych, gan gynnwys troseddau honedig sy'n disgwyl dedfryd. Fodd bynnag, nid oes rheidrwydd arnoch i ddatgelu unrhyw drosedd sydd yn dreuliedig.

Manylion troseddau:

Arwyddwyd:

Dyddiad:

10. GWYBODAETH BELLACH

Dylid ychwanegu isod unrhyw wybodaeth neu sylwadau a fyddai'n cryfhau eich cais. Gellir parhau ar dudalen arall. **Rhowch enghreifftiau o sut mae eich sgiliau, eich gwybodaeth, eich rhinweddau a'ch profiad yn cyfateb i ofynion y swydd.** Cyn belled â bod hynny'n bosibl, cyfeiriwch at bob pwynt yn y drefn y mae'n ymddangos yn y disgrifiad swydd.

Gall rhoi gwybodaeth anwir neu gamarweiniol ar y ffurflen gais hon arwain at atal penodiad neu derfynu cyflogaeth.

Llofnod yr ymgeisydd:
Dyddiad:

SYLWCH Mae'n bosib na fydd angen llythyr cais gyda ffurflen o'r fath gan fod yr adran 'Gwybodaeth Bellach' yn cynnwys y wybodaeth angenrheidiol.

Sefyllfa	
Tasg	
Gweithredu	
Canlyniad	

Enghreifftiau

Enghraifft o ddatganiad personol ('Gwybodaeth Bellach' ar ffurflen gais)

Mae gyrfa ym maes addysg yn werth chweil am ei fod yn cyfrannu at ddyfodol pobl ifanc.

Credaf fy mod yn unigolyn sy'n meddu ar sgiliau cyfathrebu o safon uchel. Rwy'n gallu uniaethu â phlant yn dda, ac mae'n hanfodol bod y plant yn cael eu trin fel unigolion ifanc, a gwerthfawrogaf fod pob plentyn yn unigryw. Mae gennyf agwedd greadigol a chadarnhaol iawn tuag at addysgu. Rwy'n frwdfrydig dros fy mhwnc dewisol, sy'n cael ei adlewyrchu hefyd wrth addysgu plant mewn gwersi Cymraeg.

Ar ôl derbyn profiad gwaith yn wythnosol mewn ysgol uwchradd, rwy'n sicr mai swydd addysgu fydd yn fwyaf addas i mi. Mae gen i'r cymhelliant i gyflawni gofynion y swydd, ac rwy'n barod i ymrwymo i yrfa ym maes addysg.

Ers i mi fod yn yr ysgol uwchradd, rwyf bob amser wedi bod yn angerddol dros yr iaith Gymraeg. Y prif beth rwyf wedi ei sylweddoli ers dechrau gweithio mewn ysgolion Cymraeg yw'r diffyg hyder sydd gan blant i siarad Cymraeg. Mae'n well ganddynt siarad Saesneg yn hytrach na gwneud camgymeriadau yn y Gymraeg. Mae ymateb i hyn yn ysbrydoliaeth i mi fod yn athrawes a cheisio codi hyder disgyblion i siarad yr iaith yn gyson.

Mae gen i brofiad helaeth o weithio mewn ysgolion cynradd ac uwchradd, yn enwedig ysgolion cyfrwng Cymraeg fel aelod staff cyflenwi. Mae hyn wedi bod yn brofiad gwych o ran dysgu gwahanol dechnegau a dulliau er mwyn addysgu grwpiau o oedrannau a galluoedd gwahanol. Mae'n bwysig ystyried beth sydd ei angen er mwyn cynnal y wers, megis adnoddau priodol a pha dechneg sy'n addas ar gyfer cyflwyno'r wers honno. Mae ymddygiad da yn allweddol, a byddwn yn ceisio sicrhau bod hyn yn cael ei reoli. Rwyf wedi gweld ymddygiad gwael unigolion yn cael effaith negyddol pan fod diffyg rheolaeth yn y dosbarth. Credaf fod gen i'r cydbwysedd angenrheidiol er mwyn sicrhau mwynhad a disgyblaeth yn ystod y wers.

Datblygais amryw o sgiliau wrth astudio ar gyfer fy ngradd a fydd yn fuddiol ac yn effeithiol wrth ehangu fy nulliau addysgu – megis sut i strwythuro gwaith a thechnegau darllen, ymchwil, dadansoddi a gwerthuso.

Mae gennyf brofiad amrywiol o weithio gyda phlant mewn gwahanol sefyllfaoedd. Rwyf wedi arwain tîm pêl-rwyd dan bymtheg oed. Yn ogystal, rwyf wedi cynnal sesiynau tiwtora ar gyfer plant sy'n sefyll arholiadau TGAU Cymraeg a Saesneg. Mae hyn yn adlewyrchu fy ngallu i arwain grŵp o blant, a hefyd hyfforddi unigolion mewn modd academaidd a chymdeithasol.

O safbwynt rhinweddau personol, rwy'n berson gweithgar a threfnus. Mae gennyf y gallu i ddatrys problemau, gweithio'n annibynnol a chydweithio'n synhwyrol. O ganlyniad i weithio mewn ysgol, rwyf wedi arfer â sut i drefnu fy amser. Mae fy niddordebau'n cynnwys chwaraeon, cerddoriaeth, darllen a theithio. Gallai'r rhain fod yn fuddiol o ran gweithgareddau'r ysgol – er enghraifft, cystadlu yn yr Eisteddfod, cystadlaethau chwaraeon a theithiau ysgol.

Fy mhrif fwriad yw bod yn athrawes lwyddiannus sy'n addysgu'r Gymraeg, a gobeithiaf fod yn berson sy'n hawdd mynd ato os oes pryder neu gwestiwn gan unrhyw ddisgybl. Mae bywyd ysgol yn rhan hanfodol o ieuenctid, ac am hynny bydd yn fraint bod yn rhan ohono.

SYLWCH sut mae'r ymgeisydd yn amlinellu prif nodweddion ei gyrfa hyd yn hyn, a'r modd y mae'n defnyddio ansoddeiriau safonol.

Llyfryn tystiolaeth

Adran 1: Meini prawf penodol i'r swydd

Sicrhewch eich bod yn ymateb i bob un o'r meini prawf hanfodol yn eich ateb, gan ddefnyddio eich profiad, eich gwybodaeth a'ch cyflawniadau, oherwydd cewch eich asesu ar sail y dystiolaeth a roddwch ar gyfer pob maen prawf.

Disgwylir i chi gyfyngu eich tystiolaeth i 175 o eiriau ar gyfer pob maen prawf penodol i'r swydd. Bydd unrhyw dystiolaeth dros 175 o eiriau yn cael ei diystyru, felly nodwch nifer y geiriau ar gyfer pob un.

1: Y gallu i weithio'n annibynnol, ond hefyd fel aelod o dîm ehangach er mwyn cynhyrchu gwaith o safon o fewn amserlenni tyn

2: Sgiliau iaith
Y gallu i weithio trwy gyfrwng y Gymraeg a'r Saesneg yn hyderus

3: Sgiliau technoleg gwybodaeth cryf

Adran 2: Meini prawf dymunol

Nid yw'r rhinweddau canlynol yn hanfodol ar gyfer y swydd benodol hon, ond ystyrir eu bod yn ddymunol. Dim ond os bydd dau (neu ragor) o ymgeiswyr yn cael yr un sgôr am eu cais neu mewn cyfweliad y caiff y rhain eu hystyried.

1: Profiad a sgiliau ymchwil
Profiad o gyflwyno ymchwil neu wybodaeth yn ysgrifenedig ac ar lafar, gan gynnwys y gallu i ddehongli gwybodaeth dechnegol a'i adolygu'n feirniadol.

Adran 3: Llwyddiannau yn erbyn cymwyseddau craidd

Nodwch isod bob un o'r cymwyseddau craidd sy'n ofynnol ar gyfer y swydd (fel y nodir ym manyleb y swydd a'r person), yna rhowch enghreifftiau o'ch cyflawniadau sy'n dangos pob un o'r ymddygiadau a nodir (gall fod mwy nag un ymddygiad wedi ei nodi ar gyfer pob cymhwysedd craidd).

Disgwylir i chi gyfyngu eich tystiolaeth i 175 o eiriau ar gyfer pob maes cymhwysedd. Bydd unrhyw dystiolaeth dros 175 o eiriau yn cael ei diystyru – nodwch nifer y geiriau.

1: Defnyddio arbenigedd
Y gallu i ymchwilio, i ddadansoddi a chyfleu gwybodaeth gymhleth yn effeithiol ac yn gywir ar lafar ac yn ysgrifenedig.

2: Sicrhau canlyniadau i'n cwsmeriaid
Y gallu i feithrin perthynas effeithiol ag eraill gan ennyn ymddiriedaeth a hyder amrywiaeth eang o randdeiliaid a gweithwyr proffesiynol allanol.

3: Gweithio gydag eraill a'u gwerthfawrogi
Y gallu i drin pobl a sgiliau cyfathrebu rhagorol sy'n eich galluogi i weithio'n adeiladol ac yn hyblyg fel rhan o dîm ehangach i gyflawni amcanion cyffredin.

4: Arweinyddiaeth
Y gallu i weithio'n annibynnol ac ar eich liwt eich hun. Y profiad i'ch galluogi i gymryd cyfrifoldeb am rai agweddau ar amcanion strategol yr adran.

5: Dysgu a gwella
Agwedd gadarnhaol a pharodrwydd i addasu wrth i flaenoriaethau'r sefydliad newid, a'r gallu i feithrin arbenigedd mewn meysydd newydd.

(ii) Llythyr Cais

Cyfarwyddiadau

Mae'r llythyr eglurhaol sy'n mynd gyda'ch cais am swydd yr un mor bwysig â'ch CV. Dyma'r peth cyntaf y bydd cyflogwr yn ei ddarllen a bydd yn rhoi cyfle i chi amlygu eich prif sgiliau a'ch profiadau. Mae hefyd yn rhoi cyfle i chi ddangos i'r cyflogwr eich bod wedi eich cymell i wneud y swydd, yn ogystal â dangos bod y nodweddion cywir gennych ar gyfer cyflawni'r swydd.

Dylech deilwra eich llythyr yn ôl y swydd/cyflogwr. Ni fydd anfon llythyr sy'n edrych fel rhywbeth rydych yn ei anfon at bawb yn creu argraff dda iawn ar gyflogwyr – pam ddylent gymryd amser i ddarllen eich cais os nad ydych chi wedi rhoi unrhyw ymdrech amlwg i'w ysgrifennu? Ymchwiliwch i'r cyflogwr a'r rôl dan sylw, gan amlygu eich sgiliau, eich gwybodaeth, eich profiad perthnasol ynghyd â'ch rhinweddau personol. Cyflwynwch dystiolaeth i gefnogi hyn.

Beth?

Dylech gynnwys llythyr sy'n cyd-fynd â'ch CV, oni bai fod yr hysbyseb swydd yn dweud wrthych beidio. Mae'n gyflwyniad i'ch CV, ac mae'n gyfle i chi gysylltu â'r cyflogwr mewn dull mwy personol. Mae cyflogwyr yn darllen y llythyrau hyn yn gyntaf wrth asesu eich cais, a'ch nod felly yw hoelio eu sylw a'u darbwyllo i edrych ar y CV. Pwrpas y ddogfen yw rhoi argraff ohonoch i'r cyflogwr trwy gyfeirio at nodweddion arbennig (selling points) yn eich CV. Gall hefyd fynegi eich diddordeb yn y cwmni a dangos eich bod yn deall natur y sefydliad.

Gall llythyr cais da roi'r blaen i chi dros ymgeiswyr eraill, a dylai beri i'r darllenydd fod eisiau gwybod rhagor amdanoch. Mae diben llythyr cais yn wahanol i CV gan ei fod yn rhoi cyfle i chi ddweud pam yr ydych eisiau gweithio iddynt, gan ysgogi cyfathrebu pellach. Mae hefyd yn cynnig cyfle arall i hyrwyddo eich hun i'r cyflogwr.

Dylech gyfeirio'r llythyr at rywun penodol – os nad oes enw ar yr hysbyseb swydd, cysylltwch â'r cwmni i gael gwybod pwy yw'r cyflogwr. Mae hyn yn gwneud y llythyr yn fwy personol ac yn darparu pwynt cyswllt.

Cynnwys

- Dylai nodi beth gallwch chi ei gyfrannu – ystyriwch hyn o safbwynt y cyflogwr.
- Amlinellu unrhyw brofiad, gwybodaeth, sgiliau a rhinweddau sy'n berthnasol i'r swydd.
- Gwybodaeth ar lefel bersonol: yr hyn y gallwch chi ei gynnig iddynt.

Arddull

Gall yr 'arddull' y byddwch yn ei defnyddio ddibynnu ar y math o swydd neu'r sector rydych yn gwneud cais ar ei gyfer, ond yn gyffredinol, dylech ddilyn y canlynol:

- Sicrhewch fod eich llythyr a'ch CV yn dilyn yr un arddull – dylent edrych fel pecyn.
- Defnyddiwch ffont proffesiynol clir fel Arial neu Calibri, a defnyddio maint darllenadwy (pwynt 10, 11 neu 12).
- Cadwch y llythyr yn glir ac yn gryno a sicrhau bod y cynllun yn rhesymegol. Mae un ochr A4 gyda thri neu bedwar paragraff yn ddelfrydol. Gallwch ddefnyddio pwyntiau bwled i dynnu sylw at wybodaeth bwysig.

Cofiwch

- Byddwch yn greadigol – dylai'r frawddeg agoriadol dynnu sylw eich darpar gyflogwr.
- Ysgrifennwch fel petaech yn siarad â'r darllenydd – byddwch yn naturiol.
- Defnyddiwch ffurf llythyr busnes.
- Cyfeiriwch at eich CV ond peidiwch ag ailadrodd ei gynnwys.

Templed llythyr cyflwyno/cais

[Eich cyfeiriad]

[Enw'r cyflogwr]
[Teitl swydd]
[Enw'r sefydliad]
[Cyfeiriad]
[Dyddiad]

Annwyl [teitl ac enw teuluol],

[Gwnewch eich ymchwil ac osgoi defnyddio 'Syr' neu 'Madam' – ffoniwch y sefydliad os oes rhaid. Cofiwch nad yw 'Annwyl Ioan Evans' ac 'Annwyl Mr Ioan Evans' yn ffurfiau priodol o gyfeirio at rywun]

[Enw'r swydd rydych chi'n ymgeisio amdani a'r cyfeirnod]

Paragraff 1
- Cyflwynwch eich hun yn gryno, gan nodi'r rheswm dros gysylltu â'r cwmni.
- Nodwch pa swydd rydych chi'n ymgeisio amdani, a sut y clywsoch amdani.
- Esboniwch pa ddogfennau sy'n amgaeedig (er enghraifft CV neu ffurflen gais).

Paragraff 2
- Esboniwch pam fod y math hwn o waith yn eich denu, ac yna'r swydd benodol hon.
- Dangoswch i'r cyflogwr eich bod wedi gwneud ymchwil amdanynt, er enghraifft amcanion y cwmni, cleientiaid, gwerthoedd, llwyddiannau.
- Dangoswch eich cymhelliad trwy egluro beth sy'n apelio atoch am y cyflogwr, gan bwysleisio sut mae ei ddiwylliant a'i ethos yn cyfateb i'ch amcanion a'ch gobeithion chi.
- Dangoswch eich bod yn frwdfrydig a'ch bod yn deall natur y swydd.

Paragraff 3

- Esboniwch yn glir sut rydych yn addas ar gyfer y swydd.
- Cyflwynwch eich CV a thynnwch sylw at eich prif sgiliau, gwybodaeth, nodweddion personol a phrofiad sy'n berthnasol i'r swydd (heb ailadrodd pwyntiau gair am air).
- Cyfeiriwch at rai o'r meini prawf hanfodol yn y swydd-ddisgrifiad/ manyleb person, gan ddarparu enghreifftiau penodol fel tystiolaeth i'w cefnogi, er enghraifft gwaith cwrs/prosiect a phrofiad gwaith blaenorol.
- Ceisiwch ddangos sut mae eich CV yn cyfateb i'r hyn mae'r cyflogwr yn chwilio amdano ac yn cyd-fynd ag ethos y cwmni.
- Ychwanegwch unrhyw beth arall sy'n bwysig yn eich barn chi, er enghraifft agwedd bersonol/yr hyn sy'n eich cymell.
- Nodwch pa swydd rydych chi'n ymgeisio amdani, a sut y clywsoch amdani.
- Esboniwch pa ddogfennau sy'n amgaeedig (er enghraifft CV neu ffurflen gais).

Paragraff 4

- Gorffennwch y llythyr mewn ffordd gwrtais a chadarnhaol trwy ddiolch i'r cyflogwr am dreulio amser yn ystyried eich cais.
- Dylech hefyd nodi pryd y byddwch ar gael am gyfweliad.
- Manteisiwch ar y cyfle i egluro unrhyw wendidau yn eich cais, gan gyfeirio atynt mewn modd cadarnhaol.

Yn gywir,

[Llofnod]

Pwyntiau trafod

- Darllenwch y ddau lythyr cais sy'n dilyn a'u cymharu. Pa un sy'n haeddu cyfweliad yn eich barn chi? Pa un sy'n gwneud yr argraff orau arnoch?
- A yw cynnwys a strwythur y ddau lythyr cais yn addas? A allwch chi awgrymu unrhyw welliannau?
- Pa fath o arddull ac iaith y dylid ei defnyddio ar gyfer ffurflenni/ llythyrau cais? Pa fath o iaith fydd yn apelio at y cyflogwr?
- Beth, yn eich tyb chi, fydd cyflogwyr yn chwilio amdano? Sut gall llythyr cais ennyn diddordeb y cyflogwr?

Tasgau

1   Dewiswch hysbyseb swydd, a gwnewch ymchwil ar wefan y cyflogwr. Edrychwch ar ei gefndir, ei weledigaeth, llwyddiannau ac unrhyw gynlluniau ar gyfer y dyfodol.
2   Lluniwch lythyr cais ar gyfer y swydd honno.

Enghraifft I

[Cyfeiriad yr ymgeisydd]

[Cyfeiriad y cyflogwr]

[Dyddiad]

Annwyl [enw'r cyflogwr],

Ar hyn o bryd rwy'n fyfyriwr ail flwyddyn Gradd BSc (Anrhydedd) mewn Peirianneg Fecanyddol a Gweithgynhyrchu ym Mhrifysgol _____, ac rwyf yn dymuno trefnu lleoliad peirianneg am flwyddyn ar gyfer 2018–19. Rwyf yn ymgeisio am y lleoliad dylunio peirianyddol (cyfeirnod 105982) a hysbysebwyd yn ddiweddar ar wefan Gwasanaeth Gyrfaoedd y Brifysgol, ac amgaeaf fy CV.

Rwyf yn gwneud cais i gwmni _____ gan ei fod yn cael ei gydnabod fel arweinydd ym maes datrysiadau peirianneg weithgynhyrchu a rheolaeth ym Mhrydain. Ar ôl ymchwilio ar eich gwefan, mae agwedd 'ymchwil a datblygu' eich gwaith yn apelio ataf yn fawr, ynghyd â'r ystod o brosiectau y mae eich cwmni wedi ymgymryd â nhw. Byddai cael lleoliad gwaith yn rhoi cyfle i mi nid yn unig ddefnyddio'r dechnoleg ddiweddaraf, ond hefyd weithio gyda thîm o bobl broffesiynol sy'n arbenigwyr ym maes peirianneg.

Fel y gwelwch o'r CV amgaeedig, mae fy nghwrs gradd wedi rhoi cefndir technegol cadarn i mi gan gwmpasu modiwlau mewn peirianneg, thermodynameg, CAD, offer a rheoli, gweithgynhyrchu a deunyddiaeth. Rwyf hefyd wedi ymgymryd â phrosiect ail flwyddyn sy'n cynnwys dylunio a chreu lifft hydrolig gyda synwyryddion. Roeddwn yn ymwneud â phob cam o'r cylch datblygu, o'r dylunio i'r prototeip terfynol. Cefais 70% ar gyfer yr aseiniad hwn, yn ogystal â phrofiad rheoli prosiect gwerthfawr.

Rwyf yn berson sy'n dysgu'n gyflym, yn gweithio'n galed ac yn hyblyg, ac mae gennyf agwedd broffesiynol a chyfrifol. Rwyf ar gael am gyfweliad ar ddyddiad ac amser sy'n gyfleus i chi. Os hoffech ragor o wybodaeth, mae croeso i chi gysylltu â mi trwy anfon e-bost at: _____. Edrychaf ymlaen at glywed gennych yn y dyfodol agos.

Yn gywir,

[Enw'r ymgeisydd]

Enghraifft 2

[Cyfeiriad yr ymgeisydd]

[Cyfeiriad y cyflogwr]
[Dyddiad]

Annwyl ____,

Rwyf wedi cael ar ddeall ar eich gwefan bod [y cwmni] ar fin ehangu'n sylweddol iawn, a'ch bod yn ystyried agor swyddfeydd mewn gwahanol wledydd yn Ewrop. Mewn cyfarfod â'ch cydweithiwr [enw] yn ddiweddar, awgrymodd y dylwn ysgrifennu atoch.

Fel y gwelwch o'm CV, tra oeddwn yn fyfyriwr bûm yn gweithio mewn amrywiaeth eang o wahanol fannau a wnaeth gadarnhau fy mrwdfrydedd dros weithio ym myd busnes, a hefyd datblygu fy hyder mewn cyfathrebu a delio â phobl.

Rwyf wedi gweithio i sefydliadau lle creais wefannau dwyieithog, ac rwyf hefyd wedi cael cyfle i gysylltu ag asiantaethau a chwmnïau tramor wrth drefnu i gynrychiolwyr ddod i gynhadledd _____ yn flynyddol. Rwyf hefyd wedi gweithio yn yr Almaen am gyfnod, a datblygodd hynny fy sgiliau llafar Almaeneg ymhellach.

Rwy'n gobeithio y gwnewch ystyried fy nghais am swydd gyda [y cwmni]. Byddaf yn cysylltu â chi yn yr wythnos nesaf i drafod hyn ymhellach, ac efallai i drefnu cyfarfod. Diolch yn fawr am ystyried fy CV amgaeedig.

Yn gywir,
[Enw'r ymgeisydd]

SYLWCH ar ffurfioldeb y ddau lythyr enghreifftiol, gyda defnydd o ferfau cryno fel 'rwyf' a chymalau perthynol, er enghraifft 'fel y gwelwch'. Mae'n rhaid i'r ddogfen gael ei hysgrifennu mewn cywair ffurfiol a safonol.

PENNOD 3:
CV

Mae angen i'ch CV fod yn ddogfen farchnata rymus sy'n anelu at eich marchnata chi i ddarpar gyflogwr. Mae'n bwysig sylweddoli nad diben CV yw i gael swydd, ond i gael cyfweliad.

Er bod rhai rheolau i'w dilyn, mae pob CV yn wahanol am ei fod yn adlewyrchiad o'r unigolyn. Os byddwch yn anfon CV at wahanol gyflogwyr, yna dylid teilwra pob CV i'r sefydliad hwnnw a'r swydd wag rydych yn ymgeisio amdani. Y gyfrinach yw gwneud i'ch CV sefyll allan, felly mae'n hanfodol paratoi yn drylwyr os ydych am i'ch CV fod yn effeithiol. Mae CV yn gyfle i chi 'werthu' eich hun i gyflogwr. Mae'n hysbyseb o'ch sgiliau a'ch profiad, felly mae'n bwysig creu argraff dda!

Dylai'r cyflogwr allu darllen y darn yn gyflym. Faint o amser mae cyflogwr yn ei dreulio yn darllen CV ar gyfartaledd? Dangosodd ymchwil gan *TheLadders.com* mai'r amser mae cyflogwyr yn ei dreulio yn darllen CV ar gyfartaledd yw 6.25 eiliad yn unig! Felly mae'n rhaid ichi geisio rhoi argraff mor gynhwysfawr â phosib ohonoch eich hun mewn cyfnod byr.

Ceir cyfarwyddiadau manwl i ddilyn ar sut i lunio CV, yn ogystal ag enghreifftiau i chi eu dadansoddi. Gellir eu trafod mewn grwpiau, neu ddefnyddio'r pwyntiau i ystyried eich argraff ohonynt yn annibynnol. Bydd y tasgau yn eich galluogi i ymarfer a pharatoi ar gyfer llunio CV personol. Yr yr atodiad, ceir rhestrau o eirfa, ansoddeiriau, berfenwau a sgiliau sy'n addas i'w defnyddio yn y broses ymgeisio am swydd (gw. adran 1, 2, 3 a 7).

Cyfarwyddiadau

Ac eithrio'r llythyr cais, y CV yw'r peth cyntaf y bydd cyflogwr yn ei ddarllen amdanoch, felly sicrhewch ei fod yn denu ei sylw ac yn cymell ynddo'r awydd i gwrdd â chi. Defnyddiwch y gofod i amlygu eich gwybodaeth, sgiliau a'ch profiadau allweddol.

Dylai eich CV fod

- yn glir ac yn gryno
- wedi'i osod a'i gyflwyno'n dda
- yn uniongyrchol ac yn ffeithiol

Mae ysgrifennu CV yn rhoi rhyddid i chi ddewis pa fformat i'w ddefnyddio a pha wybodaeth i'w chynnwys. Y brif neges y byddwch yn ceisio ei chyfleu yw 'gallaf wneud y swydd hon', felly mater i chi yw dewis y darnau o wybodaeth amdanoch eich hun (sgiliau, medrau a nodweddion) i argyhoeddi'r cyflogwr i gynnig cyfweliad. Eich nod fydd sicrhau bod cynnwys eich CV yn cyfateb i anghenion y sefydliad rydych yn anfon cais ato – dylai amlygu eich addysg, hanes academaidd, sgiliau ac unrhyw brofiad gwaith a gawsoch, a defnyddio tystiolaeth i ddangos bod gennych y sgiliau sydd eu hangen ar y cwmni.

Gall fod yn demtasiwn i or-liwio neu ddweud ambell gelwydd golau ar eich CV – ond peidiwch â gwneud hynny ar unrhyw gyfrif! Mae'n debygol iawn y cewch eich dal.

Beth mae cyflogwyr yn chwilio amdano?

Bydd gan gyflogwyr 'restr siopa' o feini prawf perthnasol i'r swydd, a byddant yn llunio rhestr fer o ymgeiswyr ar sail y fanyleb person. Mae angen i chi ddeall yr hyn maent yn chwilio amdano a theilwra eich CV i ymateb i'w gofynion. Gwnewch ymchwil i'r cyflogwr ac i'r rôl, gan amlygu eich sgiliau, eich gwybodaeth, eich profiad perthnasol a'ch nodweddion personol. Edrychwch yn ofalus ar y swydd-ddisgrifiad a manyleb y person, os oes un ar gael. Cofiwch – bydd angen i chi addasu'r wybodaeth ar eich CV i bob swydd rydych yn ymgeisio amdani.

Bydd cyflogwyr yn chwilio am bobl sy'n debygol o fod yn weithwyr da. Fel canllaw, mae llawer o gyflogwyr yn dweud eu bod yn gosod gwerth mawr ar y nodweddion canlynol:

- Sgiliau cyfathrebu da
- Y gallu i weithio fel rhan o dîm
- Y gallu i weithio ar eich pen eich hun os oes angen
- Sgiliau trefnu da
- Brwdfrydedd
- Dibynadwyedd
- Prydlondeb a'r gallu i reoli amser yn dda
- Y gallu i ddilyn cyfarwyddiadau
- Y gallu i weithio'n dda dan bwysau
- Cymhelliad

Dylech gefnogi unrhyw sgiliau penodol trwy roi enghreifftiau o sut a phryd rydych wedi eu datblygu neu eu defnyddio nhw. Gall tystiolaeth gynnwys swyddi rhan-amser, gwirfoddoli a gweithgareddau allgyrsiol, yn ogystal â lleoliadau ffurfiol a phrofiad gwaith

Pryd mae CV yn cael ei ddefnyddio?
- Ceisiadau am swyddi
  Bydd llawer o gyflogwyr yn gofyn am gopi o'ch CV pan fyddwch yn gwneud cais am swydd.
  Peidiwch ag anfon CV yn unig – cofiwch anfon llythyr eglurhaol hefyd. Os ydych yn anfon eich CV trwy e-bost, cofiwch gynnwys neges yn yr e-bost.

- Llenwi ffurflen gais
  Bydd CV cyfredol yn eich helpu i lenwi ffurflenni cais. Bydd yn cynnwys yr holl fanylion a dyddiadau o'ch hanes addysg a gwaith. Copïwch y manylion yn ofalus ar y ffurflen.

- Chwilio am swydd
  Os ydych yn cysylltu â chyflogwyr i weld a oes ganddynt unrhyw swyddi ar gael, cewch anfon eich CV neu alw heibio gyda chopi.

Cofiwch gynnwys llythyr eglurhaol gyda'ch CV.

Cysylltiadau ffôn

Bydd rhai cyflogwyr yn rhoi cyfweliad cychwynnol ar y ffôn. Byddant yn gofyn i chi am eich sgiliau a phrofiadau, a bydd CV wrth law yn darparu'r holl wybodaeth sydd ei hangen arnoch i ateb cwestiynau.

- Cyfweliadau
  Gall eich CV eich helpu i baratoi am gyfweliad. Edrychwch ar yr hyn rydych yn ei ddweud yn y CV cyn mynd i'ch cyfweliad.

Fformat CV

Nid oes un fformat penodol i CV, ond mae'n bwysig eich bod yn dewis un sy'n addas i chi. Yn sylfaenol, ceir dau brif fath:

- Cronolegol – hanes eich gyrfa hyd yma sy'n rhestru gwybodaeth mewn trefn gronolegol (y gweithgaredd diweddaraf yn gyntaf). Mae'n addas ar gyfer y mwyafrif o sefyllfaoedd.
- Swyddogaethol/seiliedig ar sgiliau – rhoi pwyslais ar eich sgiliau a'ch cryfderau, sy'n dangos sut y gallwch gyflawni gofynion y cyflogwr. Mae'n arbennig o ddefnyddiol os ydych wedi cael profiad o'r byd gwaith ac eisiau newid swydd neu lwybr eich gyrfa.

Pwyntiau i'w hystyried

- Dylech fformatio eich CV a'ch llythyr yn yr un arddull – dylent edrych fel pecyn.
- Ni ddylai'r CV fod yn hirach na dwy ochr A4.
- Defnyddiwch ffont proffesiynol clir fel Arial neu Calibri, mewn maint darllenadwy (pwynt 10, 11 neu 12).
- Dylai eich CV edrych fel dogfen broffesiynol a safonol, felly defnyddiwch gynllun cyson, rhesymegol a hawdd ei ddarllen.
- Defnyddiwch y cywair ffurfiol.
- Cadwch eich brawddegau yn gryno ac yn effeithiol gan osgoi paragraffau hir.
- Defnyddiwch benawdau ac is-benawdau, gan bwysleisio elfennau pwysig trwy ddefnyddio print trwm neu italig.

Arddull

Gall yr 'arddull' y byddwch yn ei defnyddio ddibynnu ar y math o swydd neu sector rydych yn gwneud cais ar ei chyfer, ond yn gyffredinol, dylech ddilyn y canlynol:

- Defnyddiwch iaith gadarnhaol, gan roi sylw arbennig i sillafu a gramadeg. Dyma'r enghraifft gyntaf o'ch gwaith y bydd cyflogwr yn ei gweld, felly sicrhewch eich bod yn creu argraff dda trwy olygu a phrawfddarllen yn drwyadl.
- Peidiwch â defnyddio byrfoddau – dylech ysgrifennu'r geiriau'n llawn y tro cyntaf, a nodi'r byrfodd mewn cromfachau. Ar ôl hynny, defnyddiwch yr acronym.
- Peidiwch â gorddefnyddio'r gair 'rwyf'.
- Defnyddiwch eiriau gweithredu/geiriau grym ar ddechrau'r datganiad.
- Defnyddiwch eiriau allweddol sydd yn y disgrifiad swydd.

Cyffredinol

- Gwnewch ddatganiadau – pwyntiau bwled sydd fwyaf effeithiol.
- Peidiwch â phoeni am adael gofod gwyn.
- Mae'r argraff gyntaf yn bwysig – a yw eich CV yn eglur a chryno ac yn hawdd ei ddarllen? Sut mae'r diwyg a'r gofod yn effeithio'r darlleniad?
- Peidiwch â rhoi gormod o wybodaeth ar y dudalen. Meddyliwch am y darllenydd!
- Dewiswch y wybodaeth bwysicaf i'w chynnwys, a defnyddiwch eiriau sy'n rhoi'r argraff eich bod yn flaengar.
- A yw eich CV yn amlygu eich sgiliau a'ch llwyddiannau?
- Edrychwch ar yr hyn rydych wedi ei ysgrifennu o safbwynt y cyflogwr.
- Byddwch yn benodol am eich cyflawniadau, er enghraifft defnyddiwch ffeithiau a ffigurau ('Wedi gwneud ceisiadau am gyllid hyd at £5,000').
- Ystyriwch ddiwyg eich CV yn ofalus, yn enwedig gofod a strwythur y paragraffau. Mae'n rhaid iddo edrych yn ddeniadol er mwyn apelio at y cyflogwr, a rhaid iddo fod yn rhwydd i'w ddarllen.

- Ceisiwch osgoi bylchau ar eich CV trwy esbonio pob cyfnod nad oeddech mewn addysg neu'n ddi-waith – er enghraifft, teithio, gwirfoddoli, cyfnodau mamolaeth.
- Cofiwch ddiweddaru eich CV yn rheolaidd.

Peidiwch â chynnwys ...
- y geiriau 'curriculum vitae'
- ffotograffau
- swydd-ddisgrifiadau
- gwybodaeth bersonol nad yw'n hanfodol
- brawddegau hirfaith

Strwythur CV
Fel rheol, dylai eich CV gynnwys y canlynol:
- eich enw a manylion personol ar frig y dudalen gyntaf (nid oes rhaid i chi roi eich dyddiad geni)
- proffil personol neu nod o ran gyrfa (dewisol)
- addysg
- cyflogaeth a phrofiad gwaith
- sgiliau a diddordebau
- gwybodaeth arall os yw'n berthnasol
- ganolwyr

Templed CV

Manylion Personol

Dylent gynnwys eich enw, cyfeiriad, rhif ffôn a'ch cyfeiriad e-bost proffesiynol. Ysgrifennwch eich enw mewn print trwm a ffont fwy o faint er mwyn cynorthwyo'r cyflogwr i'w gofio. Gallwch ysgrifennu eich enw ar ganol y dudalen neu ar yr ochr dde er mwyn creu effaith.

Proffil personol neu nod (dewisol)

Addaswch eich datganiad personol i gyfateb i'r swydd rydych yn gwneud cais amdani, gan ei lunio fel cyflwyniad byr i'ch CV. Meddyliwch am eich prif gryfderau gan roi crynodeb byr a bachog o'ch sgiliau, profiad a rhinweddau personol. Gallwch hefyd nodi eich nod neu ffocws o ran gyrfa (os yw'n gysylltiedig â'r hyn rydych yn gwneud cais amdano), a dylech nodi'n fras yr hyn sy'n eich gwneud yn addas ar gyfer y swydd. Dylech swnio'n frwdfrydig ac yn hyderus. Gallwch ddefnyddio geiriau cadarnhaol, er enghraifft cymhelliant, ymroddedig, teyrngar, blaengar, ac ati.

Addysg

Dechreuwch â manylion diweddaraf eich addysg. Nodwch y sefydliad, lefel y cymhwyster, y radd neu'r canlyniad disgwyliedig. Gall yr adran hon gynnwys mwy na rhestr o'ch cyraeddiadau – gallwch hefyd gyfeirio at unedau, modiwlau a phrosiectau o'ch cwrs gradd sy'n berthnasol i'r swydd rydych yn gwneud cais amdani. Rhowch fanylion teitl prosiect a nodwch fethodoleg/proses a chanlyniadau yn gryno. Mae'n syniad da amlygu eich prosiect yn nhrydedd flwyddyn eich cwrs gradd, yn enwedig gan ei fod yn darparu tystiolaeth o'ch diddordeb personol a'ch gallu i reoli prosiect, sgil sy'n bwysig iawn i gyflogwyr. Nid oes rhaid ichi restru eich holl gymwysterau – er enghraifft, wyth gradd TGAU C ac uwch, gan gynnwys Saesneg a Mathemateg. Gallwch gynnwys unrhyw gyrsiau perthnasol eraill hefyd, gan nodi'r dyddiad a'r sefydliad.

Cyflogaeth/Profiad Gwaith

Nodwch fanylion eich holl brofiad gwaith, gan gynnwys swyddi rhan-amser a gwirfoddoli. Dechreuwch â'r gwaith mwyaf diweddar, gan roi teitl y swydd, enw'r cyflogwr a'r dyddiadau roeddech chi'n gweithio. Rhowch fanylion eich dyletswyddau, eich cyfrifoldebau, eich llwyddiannau a'r sgiliau y gwnaethoch eu datblygu pan oeddech chi'n gweithio. Canolbwyntiwch ar y sgiliau y mae'r cyflogwr yn chwilio amdanynt – hyd yn oed os nad yw eich swyddi rhan-amser yn berthnasol, gallwch amlygu'r sgiliau trosglwyddadwy rydych wedi eu meithrin. Defnyddiwch eiriau gweithredu/grym.

Gall yr adran hon arwain at ragor o gwestiynau mewn cyfweliad, er enghraifft 'Dywedwch ragor wrthym am eich gwaith fel ...', felly sicrhewch eich bod yn ymwybodol o'ch cyflawniadau a'ch swyddogaethau. Cofiwch esbonio unrhyw fylchau yn eich hanes gwaith. Dylech flaenoriaethu pwyntiau perthnasol, a defnyddio geiriau sy'n adlewyrchu'r math o swydd rydych yn chwilio amdani. Os nad oes gennych brofiad gwaith perthnasol, gallwch ddefnyddio enghreifftiau yn y brifysgol, gweithgareddau allgyrsiol neu brosiectau os ydynt yn cefnogi eich nod.

Hyfforddiant

Cofiwch gynnwys unrhyw hyfforddiant rydych wedi'i wneud sy'n berthnasol i'r swydd rydych yn ymgeisio amdani – er enghraifft, dosbarth nos, cwrs byr, sesiynau datblygiad proffesiynol fel rhan o'ch swydd.

Nodwch hefyd unrhyw aelodaeth o gyrff proffesiynol. Os yw eich cwrs wedi'i achredu gan gorff proffesiynol, nodwch hyn hefyd.

Sgiliau

Ceisiwch gyfateb eich sgiliau i'r swydd/sefydliad. Er mwyn gwneud hyn, mae'n rhaid ichi fod yn gwbl glir beth yw gofynion y cyflogwr ar gyfer y rôl benodol hon. Rhowch dystiolaeth o'r sgiliau hyn yng nghorff y CV. Gallwch eu crynhoi mewn CV cronolegol – er enghraifft, ieithoedd a rhuglder, TG, rheoli, hyblygrwydd, defnyddio cyfarpar technegol, trwydded yrru. Cofiwch, os ydych yn dweud bod gennych sgil benodol, mae'n bosibl y bydd rhywun yn gofyn am dystiolaeth neu ragor o wybodaeth yn y cyfweliad. Gall y sgiliau amrywio o rai cyffredinol i rai mwy technegol a chymhleth sy'n berthnasol i rai sectorau.

Gwybodaeth ychwanegol

Defnyddiwch yr adran hon i ychwanegu unrhyw wybodaeth arall sy'n berthnasol yn eich barn chi. Cadwch yr adran hon yn fyr, gan amlygu'r sgiliau a'r nodweddion personol rydych wedi'u datblygu oherwydd eich diddordebau. Dylech wneud mwy na rhestru gweithgareddau yn unig, felly dewiswch rai ohonynt a nodi eich cyfraniad – er enghraifft, 'Fel aelod o dîm pêl-droed rwyf wedi arfer cydweithio â phobl eraill.' Eich nod yw ennyn diddordeb y cyflogwr, gan osgoi ysgrifennu am eich bywyd cymdeithasol. Ceisiwch gynnwys diddordebau amrywiol sy'n datgelu rhywbeth am eich personoliaeth a'ch profiadau chi. Gallwch sôn am eich gweithgareddau allgyrsiol, gan gynnwys chwaraeon, rhai cymunedol, diddordebau, llwyddiannau.

Canolwyr

Fel arfer, mae angen dau ganolwr – yn ddelfrydol eich cyflogwr mwyaf diweddar neu ddarlithydd/tiwtor. Sicrhewch eich bod yn gofyn am eu caniatâd ymlaen llaw, a'u bod yn gallu darparu geirda effeithiol ar eich cyfer. Gallwch nodi 'darperir ar gais' yn hytrach na chynnwys manylion canolwyr ar y CV. Cofiwch roi copi o'ch CV i'ch canolwyr. Mae'n bosib hefyd y bydd yn rhaid i chi ddweud sut rydych yn adnabod y canolwr – er enghraifft, 'rheolwr llinell'.

Pwyntiau trafod

- Darllenwch bob CV a'u cymharu. Pe baech chi'n gyflogwr, pa un fyddai'n apelio atoch? Pa un sydd wedi gwneud argraff arnoch?
- Trafodwch eu cynnwys, strwythur, cywair, iaith ac arddull.
- A fedrwch chi awgrymu sut i wella pob CV?
- Dewiswch dair sgìl, a rhowch enghreifftiau penodol o sut ydych chi wedi eu datblygu. Ystyriwch neu drafodwch gydag eraill a ydy'r dystiolaeth yn darlunio'r sgìl yn ddigonol.

Tasgau

1 Cyfieithwch y brawddegau canlynol:
- I can speak six languages
- I can type 30 words a minute
- I cannot organise the work
- I cannot answer all the questions
- I possess a clean driving licence
- I possess excellent IT skills
- I possess good communication skills
- I have the ability to listen to others

2 Ysgrifennwch ddeg brawddeg yn disgrifio eich gallu/medrau a'r sgiliau rydych yn meddu arnynt.
3 Ysgrifennwch broffil personol byr ar gyfer eich CV.
4 Rhestrwch eich cymwysterau, unrhyw hyfforddiant a phrofiad gwaith.
5 Cwblhewch adran sgiliau ar gyfer eich CV, gan ddewis enghreifft-iau penodol fel tystiolaeth.
6 Lluniwch CV llawn, gan ddilyn y strwythur ar dudalennau 55–7.
7 Ysgrifennwch lythyr cais yn cyd-fynd â'ch CV.
8 Edrychwch ar hysbyseb swydd ac enghraifft o CV; lluniwch lythyr cais i gyd-fynd â nhw.

Enghraifft 1

[Enw]
[Cyfeiriad]
[Rhif ffôn]
[Cyfeiriad e-bost]

Cenedligrwydd: ____
Statws Trwydded Gwaith: Haen 4
Ieithoedd: Rhugl mewn Saesneg, Cantoneg a Mandarin

Proffil proffesiynol

Rwy'n fyfyriwr graddedig brwd gyda diddordeb penodol mewn dylunio gwefannau ac amlgyfryngau. Rwyf wedi cael profiad o arwain wrth reoli prosiect llwyddiannus yn y flwyddyn olaf a oedd yn seiliedig ar brofiad 'byw' gyda chyflogwr, sef cwmni cyfathrebu. Bellach, rwy'n chwilio am swydd neu leoliad gwaith 'lefel mynediad' i raddedigion, lle gallaf ddechrau fy ngyrfa TG mewn cwmni aml-gyfrwng sy'n cynnwys dylunio/datblygu gwefannau.

Sgiliau Allweddol

- Cymwys mewn HTML ac XHTML, CSS, Javascript a Flash
- Profiad o Dreamweaver a Visual Studio
- Profiad o ddefnyddio pecynnau dylunio graffeg fel Fireworks a Photoshop
- Gwybodaeth am systemau rheoli cynnwys gwefannau
- Defnyddio pob pecyn meddalwedd Microsoft yn fedrus ac yn rheolaidd
- Sgiliau rheoli prosiect da – wedi rheoli prosiect 'byw' o'i ddyfeisio i'w gwblhau, gan ddatrys problemau, cyflawni'r prosiect yn brydlon ac oddi mewn i'r gyllideb
- Agwedd broffesiynol, arloesol a chymhelliant brwd tuag at waith

Aelodaeth Broffesiynol
Aelodaeth Myfyriwr o Gymdeithas Cyfrifiadura Prydain

Addysg
Cyfrifiadureg Amlgyfrwng BSc (2:1) Prifysgol _____ 2013–16
Roedd y cwrs yn cynnwys:
- Systemau cyfrifiadurol a thechnoleg rhwydweithiau
- Peirianneg gwybodaeth
- Datblygu cymwysiadau rhyngrwyd
- Datblygu cyfryngau digidol
- Pensaernïaeth rhwydweithiau a systemau gweithredu
- Cymwysiadau rhyngrwyd amlgyfryngau rhyngweithiol a'r we sy'n datblygu systemau e-fasnachu
- Prosiect trydedd flwyddyn: 'Datblygu ac ailddylunio gwefan gorfforaethol gan osod nodweddion newydd ac ymarferol'. Roedd y prosiect 'byw' hwn yn cynnwys lleoliad gwaith gydag asiantaeth cyfathrebu leol i ailddatblygu a gwella eu gwefan.

Bagloriaeth ryngwladol 64% Ysgol Ryngwladol Sianghai 2011–13
(cyfateb i Safon Uwch)

Profiad Gwaith TG
Datblygwr gwefan Cwmni Cyfathrebu Gorffennaf–Awst 2015
(prosiect trydedd flwyddyn/lleoliad gwaith)

Tasgau yn cynnwys:
- Ailddylunio gwefan bresennol y cwmni gan wella'r diwyg gweledol, y graffeg a'r llywio
- Datblygu system rheoli cynnwys i gynyddu ymarferoldeb y wefan
- Ar ôl gwella'r optimeiddio chwilotwyr, cafwyd cynnydd o 20% yn yr ymweliadau â'r wefan a chynnydd dilynol o 15% mewn busnes dros gyfnod o 6 mis
- Mynychu cyfarfodydd briffio gyda'r uwch-dîm rheoli, cyflwyno gwybodaeth a diweddariadau ar y prosiect yn hyderus

Gwefan y cwmni *www.cwmnicyfathrebu.com*

Swyddi Rhan-amser
Cynorthwyydd Gwasanaethau Cwsmeriaid JK Electronics
Medi 2015–Ionawr 2016

- Cynghori cwsmeriaid ar amrywiaeth o nwyddau trydanol ac electronig, cynnig gwybodaeth dechnegol berthnasol i'w hanghenion
- Aelod hyblyg a dibynadwy o'r tîm, â'r gallu i gyrraedd targedau misol

Gwaith Gwirfoddol
Gwirfoddolwr Oxfam Tachwedd 2013–Chwefror 2014
- Gweithio fel cynorthwyydd mewn siop Oxfam leol am un prynhawn yr wythnos. Roedd hyn yn golygu didoli a pharatoi eitemau dillad, gosod arddangosfa yn y ffenest a gwasanaethu cwsmeriaid.
- Mwynheais y profiad hwn yn fawr ac roeddwn yn teimlo fy mod wedi gwneud cyfraniad cadarnhaol i'r gymuned leol. Roedd hefyd wedi fy helpu i setlo yn yr ardal a datblygu fy sgiliau siarad Saesneg.

Cyflawniadau
- Cynrychiolydd Cwrs BSc Cyfrifiaduraeth Amlgyfrwng 2014–15, yn cynrychioli carfan o 40 o fyfyrwyr, mynychu a chyfrannu at gyfarfodydd gydag uwch-academyddion
- Gwobr Myfyriwr Amlgyfryngau y Flwyddyn 2014, derbyn gwobr y gyfadran am y perfformiad academaidd gorau ym mlwyddyn gyntaf y BSc

Diddordebau
- Aelod o'r clwb athletau lleol, yn arbenigo mewn rhedeg 800 metr ar y trac
- Cystadlu'n rheolaidd yng 'Ngemau'r Prifysgolion' – pencampwriaeth athletaidd Prydain

SYLWCH ar ddiwyg ac edrychiad y CV. Mae hyn yr un mor bwysig â'r cynnwys wrth apelio at gyflogwr. Hefyd, sylwch sut mae'n nodi ei lwyddiannau wrth ddisgrifio'r gwaith fel datblygwr gwefan.

Enghraifft 2

Enw:
Cyfeiriad:
Ffôn:
Symudol:
E-bost:

Rwyf yn berson graddedig dwyieithog a brwdfrydig, cryf fy nghymhelliad ac yn ddibynadwy bob amser. Datblygais ystod eang o sgiliau a'r gallu i weithio'n fanwl, ac rwyf bob amser yn anelu at y safon uchaf posib. Rwy'n brofiadol wrth weithio trwy gyfrwng y Gymraeg a'r Saesneg, ac ar hyn o bryd rwy'n chwilio am swydd weinyddol o fewn awyrgylch ddeinamig a chreadigol.

ADDYSG
Prifysgol _____: BA (Anrhydedd) Cymraeg Proffesiynol a Hanes (2:1)
2005–8

Modiwlau yn cynnwys:
Cymraeg Proffesiynol
Taith yr Iaith
Datblygu Sgiliau Cyfieithu

Traethawd estynedig y flwyddyn olaf:
Chwedl neu realaeth: ymchwiliad o chwedl Meddygon Myddfai a'u lle mewn diwylliant Cymreig.

Ysgol _____: 3 Lefel A – Cymraeg (A) Hanes (B) Seicoleg (D)
1998–2005
9 TGAU (Gradd A–C) – yn cynnwys Cymraeg, Saesneg Iaith, Mathemateg

CYFLOGAETH
Mai 2008 Canolfan y Celfyddydau Caerdydd: lleoliad gwaith marchnata

Dyletswyddau yn cynnwys:

- Trefnu ymgyrch bostio yn fisol ar gyfer dros 2,000 o aelodau. Roedd hyn yn cynnwys cydlynu'r gwaith a chydweithio â staff a gwirfoddolwyr cymunedol
- Cyfrannu at y grŵp cynllunio marchnata ar gyfer digwyddiadau sydd i ddod, gan gynnwys syniadau ar gyfer lansiad ffilm leol ac wythnos o berfformiadau dawns
- Creu arddangosfa hyrwyddo ar gyfer perfformiad theatr yng nghyntedd y ganolfan
- Ymgymryd â gwaith ffeilio a chofnodi data aelodaeth yn ddyddiol
- Ateb y ffôn a chymryd negeseuon gan sefydliadau sy'n cynnwys y wasg yn lleol, cwmnïau teithiol ac argraffwyr

Mehefin–Awst 2007, Adran Celfyddydau ac Adloniant Cyngor Caerdydd: cynorthwyydd gweinyddol (dros dro)
Dyletswyddau yn cynnwys:

- Ateb y ffôn a delio ag ystod eang o ymholiadau gan staff yn ogystal ag aelodau o'r cyhoedd
- Teipio llythyrau ac adroddiadau ar ddigwyddiadau ar gyfer rheolwr y tîm
- Cydlynu'r gwaith o gyhoeddi deunydd cyhoeddusrwydd a hyrwyddo ar y cyd â dylunwyr

Medi 2005–presennol, Siop ABC: cynorthwyydd gwerthiant
Dyletswyddau yn cynnwys:

- Gweini a delio ag ymholiadau am stoc ac archebu
- Sicrhau bod y siop yn cael ei chadw'n daclus yn unol â rheolau iechyd a diogelwch
- Addasu i rolau gwaith gwahanol ar fyr-rybudd, a chymryd lle staff pan fo angen

PROFFIL SGILIAU
TG
Yn hyderus wrth ddefnyddio pob pecyn ar Microsoft Office – Word, Outlook, Excel, Access a PowerPoint

Gweinyddol

Profiad o ystod o sgiliau clerigol gan gynnwys ffeilio, teipio gohebiaeth, cofnodi data a gwaith taenlen. Hefyd yn hyderus wrth gyflawni dyletswyddau cyfathrebu ar y ffôn ac yn y dderbynfa, a phob amser yn barod i ymgymryd ag unrhyw dasgau swyddfa ychwanegol pan fo'r galw.

Cyfathrebu

Hyderus wrth siarad â grwpiau yn sgil gwneud cyflwyniadau yn ystod fy ngradd, a delio â chymysgedd eang o bobl yn ystod cyfnod fy nghyflogaeth a phrofiad gwaith. Hefyd yn medru delio â sefyllfaoedd a phobl heriol mewn modd tawel a phroffesiynol.

Ieithoedd

Dwyieithog: siarad ac ysgrifennu yn Gymraeg a Saesneg.

Trefniadaeth a Gwaith Tîm

Sgiliau trefnu rhagorol wedi eu datblygu trwy gydol fy ngradd wrth gyfuno cyflogaeth ran-amser ac astudio'n llawn-amser. Mae gwaith tîm effeithiol wedi bod yn ffactor allweddol yn ystod fy nghyflogaeth lle roedd angen cyflawni targedau a chyflwyno gwaith yn brydlon.

Creadigol ac Arweiniad

Bob amser yn awyddus i ddatblygu syniadau newydd a datrys problemau yn greadigol, fel y dangoswyd yn ystod fy lleoliad gwaith. Cafodd fy syniadau hyrwyddo eu mabwysiadu gan yr adran farchnata yn ystod eu hwythnos 'DanceFest' yn yr Hydref.

DIDDORDEBAU a CHYFLAWNIADAU

- Rwyf ar hyn o bryd yn dysgu iaith arwyddion sylfaenol
- 2007: aelod o dîm dadlau'r brifysgol gan gystadlu ar lefel rhanbarthol
- 2004: Gwobr Efydd Dug Caeredin
- Wedi codi £500 ar gyfer elusen yn ddiweddar trwy abseilio noddedig

GEIRDA

Gellir darparu enwau a chyfeiriadau dau ganolwr ar gais

SYLWCH sut mae'r CV uchod yn darparu enghreifftiau penodol o'i sgiliau.

PENNOD 4:
CYFWELIAD

Os ydych yn llwyddiannus yn y cam cyntaf wrth ymgeisio am swydd, cewch eich gwahodd i gyfweliad, sef cyfarfyddiad wyneb yn wyneb â'r cyflogwr ac aelodau eraill o banel penodi, fel arfer. Mae hyn yn golygu bod eich cais (ffurflen gais/llythyr cais/CV) wedi gwneud argraff dda ar y sawl sy'n recriwtio, a'ch bod wedi cyrraedd rhestr fer o'r unigolion sy'n cael eu hystyried fel y rhai mwyaf addas ar gyfer y swydd.

Mae'r cyflogwr felly eisiau eich cyfarfod i ddod i wybod rhagor amdanoch, gweld a fyddwch yn addas i weithio fel rhan o'r sefydliad, a chlywed am eich sgiliau a'ch llwyddiannau. Mae paratoi yn hollbwysig – pwy bynnag sy'n gwneud yr argraff orau yn y cyfweliad sy'n cael y swydd!

Ceir cyfarwyddiadau i ddilyn ar sut i ymddwyn mewn cyfweliad, ynghyd â chanllawiau ar sut i baratoi ar ei gyfer. Gellir defnyddio'r pwyntiau trafod a'r tasgau fel sail i weithgareddau grŵp neu fel ymarferion yn unigol i baratoi ar gyfer cyfweliad gyda rhestr o gwestiynau enghreifftiol. Yn yr atodiad, ceir rhestrau o eirfa, ansodd-eiriau, berfenwau a sgiliau sy'n briodol i'w defnyddio wrth ymgeisio am swydd (gw. adran 1, 2, 3 a 7).

Cyfarwyddiadau

Mae cyfweliad yn broses ddwy ffordd; mae'n ddeialog wedi'i strwythuro – nid croesholi yw'r nod. Mae'n gyfle i'r cyflogwr eich asesu ac i chi benderfynu a yw'r swydd, y cyflogwr a'r amgylchedd gwaith yn gweddu i chi. Os ydych wedi cael gwahoddiad i gyfweliad, mae'n amlwg bod y cyflogwr yn awyddus i gwrdd â chi. Mae'n golygu ei fod wedi cael argraff dda ohonoch ar bapur, ac am weld dros ei hun a fyddech yn addas i'r sefydliad, ac a oes gennych chi'r sgiliau a'r cymhelliant ar gyfer y swydd.

Mae cyfweliadau fel arholiad – rydych yn annhebygol o wneud yn dda os nad ydych wedi paratoi. Efallai na fyddwch yn gallu rhagweld pob cwestiwn y bydd y cyflogwr yn ei ofyn, ond gallwch feddwl am y pynciau sy'n debygol o godi, ac nid oes esgus felly i beidio â pharatoi ar ei gyfer. Gwnewch eich gwaith ymchwil cyn y cyfweliad a byddwch yn barod i siarad am eich sgiliau, gwybodaeth, profiad, nodweddion personol a'ch cymhelliant. Meddyliwch am enghreifftiau i gefnogi'r pwyntiau hyn.

Mae'n bosib hefyd y bydd angen ichi roi cyflwyniad fel rhan o'ch cyfweliad ar bwnc a ddewiswyd gan y cyflogwr (gw. pennod 5 yn adran 3 ar sgiliau cyflwyno). Mae rhai cyflogwyr yn argymell cynnwys sleidiau dwyieithog er mwyn dangos parch i bob aelod o'r panel, yn hytrach na chymryd eu dewis iaith yn ganiataol. Mae'n bosib hefyd y bydd y panel yn holi rhai cwestiynau yn Saesneg er mwyn asesu hyfedredd dwyieithog, hyd yn oed ar gyfer swyddi Cymraeg.

Mathau o gyfweliad

Bydd rhai cyflogwyr yn cynnal un cyfweliad i benderfynu ar yr ymgeisydd o'u dewis, ond bydd eraill efallai'n gofyn i ymgeiswyr fynychu dau neu fwy o gyfweliadau. Gall lefel ffurfioldeb y cyfweliad a nifer y bobl sy'n cyfweld â'r ymgeiswyr amrywio o un cyflogwr i'r llall, felly ni ddylai hyn wneud unrhyw wahaniaeth cyhyd â'ch bod wedi paratoi'n drylwyr. Mae sawl math o gyfweliad y dylech fod yn ymwybodol ohonynt. Bydd y cwmni yn aml yn dweud wrthych beth i'w ddisgwyl, ond dyma rai enghreifftiau:

Unigol – Yr hawsaf, mae'n debyg, i ddelio ag ef am ei fod yn llai bygythiol
- Gall fod yn haws creu cyswllt uniongyrchol gyda'r cyfwelydd
- Gall fod yn un o gyfres o gyfweliadau, wrth i wahanol arbenigwyr gymryd eu tro i'ch asesu

- Yn debyg o fod yn eithaf penodol, gan y gall y cyfwelydd ymwneud yn uniongyrchol â'ch gwaith yn y dyfodol

Panel – Mwy tebygol o'ch gwneud yn nerfus
- Gall olygu wynebu rhwng tri a chwech o gynrychiolwyr y cwmni
- Poblogaidd gyda sefydliadau mawr

Canolfan asesu
- Dull amlddisgyblaethol o asesu ymgeiswyr
- Gall olygu hyd at ddeuddydd o gyfweld, profion ac ymarferion dwys
- Gallwch ddisgwyl cael profiad o'r holl ddulliau cyfweld uchod

Cyfweliadau dros y ffôn
- Yn aml bydd cwmnïau yn defnyddio cyfweliadau dros y ffôn fel cam cyntaf i gyfweliad – bydd y cyfwelydd fel arfer yn ffonio ar adeg a drefnir ymlaen llaw
- Dylech drin y cyfweliad dros y ffôn fel cyfweliad wyneb yn wyneb, a pharatoi ar ei gyfer yn yr un modd
- Sicrhewch eich bod yn rhywle tawel, gyda signal da a digon o fatri!
- Gan nad yw'r cyfwelydd yn gallu eich gweld, bydd mwy o bwyslais ar eich llais – dylech ystyried recordio rhai atebion fel ymarfer ymlaen llaw, fel bod gennych syniad o sut rydych yn swnio
- Fel mewn cyfweliad wyneb yn wyneb, cofiwch wenu – mae gwenu yn newid tôn eich llais felly bydd y cyfwelydd yn sylwi

Cyfweliadau technegol
- Mae'r rhain yn gyffredin ar gyfer swyddi sydd angen gwybodaeth dechnegol, fel swyddi ym maes peirianneg, gwyddoniaeth a TG
- Gall cwestiynau ganolbwyntio ar faterion technegol penodol, neu ar waith prosiect rydych wedi'i wneud fel rhan o'ch gradd

Cyfweliadau grŵp – Nifer o ymgeiswyr yn ateb cwestiynau naill ai yn unigol neu fel rhan o'r grŵp
- Gallwch ddewis pwnc i'w drafod fel grŵp
- Gallwch dderbyn cais i wneud cyflwyniad fel grŵp neu'n unigol

- Bydd rhai cyflogwyr yn cyfweld â grŵp o ymgeiswyr gyda'i gilydd, ac efallai bydd gofyn iddynt gwblhau tasg fel tîm. Byddwch yn cael eich monitro wrth ryngweithio a gweithio gydag eraill. Gall trafodaeth grŵp fod yn ofynnol hefyd, felly mae cymryd rhan yn hollbwysig.

Cyfweliadau yn seiliedig ar sgiliau
- Caiff y math hwn o gyfweliad ei ddefnyddio i werthuso eich sgiliau trwy ddarparu enghreifftiau (efallai bydd rhai cyflogwyr yn eu galw'n gymwyseddau neu ymddygiad)
- Caiff yr un cwestiynau eu gofyn i bob ymgeisydd – dyma'r math mwyaf cyffredin o gyfweliadau ar gyfer swyddi i raddedigion
- Gallech chi ddefnyddio'r fframwaith **STAR** i'ch helpu strwythuro eich atebion:
  Sefyllfa – yn gryno, nodwch y cefndir i'r esiampl neu'r sefyllfa
  Tasg – yn gryno, eglurwch natur y dasg/problem/gweithgaredd dan sylw
  Gweithredu – eglurwch beth wnaethoch chi i wneud gwahaniaeth, gan amlygu'r sgiliau y gwnaethoch eu defnyddio
  Canlyniadau – disgrifiwch y canlyniadau a'r hyn y gwnaethoch ei ddysgu o'r profiad

NODER Gweithredu a chanlyniadau fydd yn sgorio'r marciau i chi, felly byddwch yn gryno wrth sôn am y sefyllfa a'r dasg.

- Fe'i defnyddir yn gynyddol gan sefydliadau sy'n edrych ar sgiliau a nodweddion allweddol megis cyfathrebu, datrys problemau a gwaith tîm
- Gall olygu cwestiynau manwl a chyson – byddwch yn barod i gael eich herio
- Sicrhewch fod eich CV/ffurflen gais, beiro, papur a dyddiadur wrth law
- Gallwch hyd yn oed wisgo'n drwsiadus ar gyfer eich cyfweliad dros y ffôn er mwyn sicrhau eich bod yn y meddylfryd cywir.

Cyfweliadau Skype/fideo

- Mae cyfweliadau fideo yn dod yn fwyfwy cyffredin wrth recriwtio, yn enwedig pan fydd cyfweliadau dramor
- Dylech baratoi yn yr un ffordd ag ar gyfer cyfweliad wyneb yn wyneb
- Mae edrych yn broffesiynol yr un mor bwysig ag mewn cyfweliad wyneb yn wyneb. Gwisgwch yn drwsiadus a defnyddiwch oleuo addas i sicrhau eich bod yn edrych ar eich gorau ar y camera.
- Trefnwch alwad ymlaen llaw i sicrhau bod y llinell yn gweithio, yn enwedig os yw'n alwad ryngwladol
- Os nad ydych yn gyfarwydd â Skype, dylech ymarfer gyda rhywun cyn y cyfweliad
- Byddwch yn ofalus nad ydych yn siarad ar draws unrhyw un
- Unwaith y byddwch wedi gosod eich camera, dylech ystyried diffodd y blwch yn y gornel dde sy'n dangos eich llun chi eich hun oherwydd gallai dynnu eich sylw

Paratoi cyn y cyfweliad

- Byddwch yn gwbl gyfarwydd â'r swydd. A fedrwch chi ddod o hyd i wybodaeth am y sawl sy'n cyfweld? Gall roi syniad i chi o'u ffocws.
- Edrychwch ar fanyleb y person a dewiswch ddwy neu dair enghraifft sy'n darlunio'r nodweddion hyn.
- Ceisiwch ddefnyddio enghreifftiau o'r gweithle, neu rai o'ch bywyd personol.
  Yr hyn y mae eraill yn ei ddweud amdanoch, er enghraifft 'Dywedodd fy mhennaeth ei fod yn wych fy mod wedi llwyddo i...'
- Defnyddiwch enghreifftiau diweddar, os gallwch – byddant yn fwy ffres yn eich meddwl, a gallwch roi rhagor o enghreifftiau.
- Ymarferwch eich atebion o flaen y drych – rydych yn gwerthu eich sgiliau cyfathrebu hefyd!
- Dewch yn ôl at y cwestiwn gwreiddiol – peidiwch ag anghofio hanner ffordd drwy'r ateb!
- Iaith y corff – cyswllt llygaid, llais cryf, ystum hyderus.

Gwaith ymchwil

- Ymchwiliwch i'r sefydliad ac i'r sector – edrychwch ar wefannau, adroddiadau blynyddol ac erthyglau papur newydd am wybodaeth.
- Nid oes angen i chi gofio cynnwys y dogfennau gair am air, nac adrodd hanes llawn y cwmni ar eich cof, ond dylech wybod pwy ydynt, beth sy'n bwysig iddynt, eu newyddion diweddaraf, a'r prif bethau sy'n digwydd yn y sector.
- Yn aml bydd pobl yn anghofio meddwl amdanynt eu hunain ond fel arfer bydd cyflogwyr yn gofyn cwestiynau amdanoch chi er mwyn cael darlun cyflawn ohonoch – er enghraifft, eich cynlluniau o ran gyrfa, penderfyniadau rydych wedi'u gwneud, yr hyn sy'n eich cymell, ac yn y blaen.

Paratowch atebion i gwestiynau safonol

- Ailddarllenwch eich ffurflen gais yn fanwl a threuliwch ychydig o amser yn ystyried sut mae eich sgiliau a'ch gallu yn cyfateb i'r swydd.
- Byddwch yn ymwybodol o'r 'mathau' gwahanol o gwestiynau a allai godi.
- Mae'n syniad da ystyried sut y byddech am ateb y cwestiynau hyn, a pharatoi geiriau allweddol neu bwyntiau bwled i'ch atgoffa.
- Weithiau mae pobl yn paratoi paragraffau a'u dysgu gair am air i'w hadrodd fel robot yn y cyfweliad, ond nid yw hyn yn syniad da!

Dylech hefyd baratoi rhai cwestiynau i ofyn i'r sawl sy'n cyfweld – bydd hyn yn dangos fod gennych ddiddordeb mewn gweithio iddynt, a'ch bod wedi bod yn gwrando'n astud trwy gydol y cyfweliad. Dyma rai enghreifftiau:

- Ym mha ffyrdd y bydd dyletswyddau'r swydd yn newid neu'n datblygu yn ystod y blynyddoedd nesaf?
- I bwy y byddaf yn atebol?
- Beth yw athroniaeth hyfforddi'r cwmni?
- Sut bydd fy llwyddiant yn cael ei fesur?
- A oes cyfleoedd ar gyfer datblygiad proffesiynol?

Paratoadau ymarferol

- Gwisgo'n briodol ac yn drwsiadus – paratowch ymlaen llaw yr hyn rydych chi'n mynd i'w wisgo, sy'n gyfforddus ac yn briodol i'r swydd rydych wedi gwneud cais amdani.
- Cynlluniwch beth sydd angen i chi fynd gyda chi, fel y llythyr cyfweld, disgrifiad swydd, CV, nodiadau.
- Ymchwiliwch i'ch taith er mwyn ei hamseru'n gywir.
- Dylech gyrraedd mewn da bryd, ond nid yn rhy gynnar – mae tua 10 i 15 munud cyn y cyfweliad yn iawn er mwyn rhoi cyfle ichi ymlacio.
- Ystyriwch beth rydych am ei wybod gan y cyflogwr – er enghraifft, datblygiad gyrfa – ond peidiwch â gofyn cwestiynau pan fo'r atebion yn hawdd cael hyd iddynt gydag ychydig ymchwil.
- Dylech gadw mewn cof y gallai rhai cyflogwyr fod wedi ymchwilio i chi, felly sicrhewch bod eich cyfryngau cymdeithasol yn rhoi argraff ffafriol ohonoch – neu dylech guddio a chloi eich cyfrifon.
- Beth oedd yn eich CV neu eich ffurflen gais a ddenodd sylw'r cyflogwr? Mae'n debyg bod gan y rhai sy'n cael eu cyfweld sgiliau a llwyddiannau tebyg, felly mae'n rhaid i chi ddangos mai chi sy'n cyfateb orau.
- Atgoffwch eich hun o gynnwys eich ffurflen gais/CV.
- Paratowch ddatganiad byr amdanoch eich hun er mwyn gallu ateb y cwestiwn a ofynnir yn aml: 'Dywedwch wrthym amdanoch eich hun.' Dylech ymarfer hyn trwy baratoi 'Datganiad Gyrfa' sy'n nodi ambell enghraifft o'ch gallu neu sgiliau yn gryno.

Yn aml, mae'n haws gan bobl ysgrifennu yn hytrach na siarad yn ffurfiol, ond mae'n bwysig eich bod yn defnyddio'r cywair ffurfiol ar lafar mewn cyfweliad. Bydd hyn yn argyhoeddi'r cyflogwr eich bod yn gallu trin a thrafod y Gymraeg yn broffesiynol mewn unrhyw gyfrwng.

Mathau o gwestiynau

- Cwestiynau Penodol
  Maent yn gwahodd atebion ffeithiol, a gallant gwmpasu materion technegol penodol.

- Cwestiynau agored
  Mae cwestiynau agored yn dechrau gyda beth, ble, pryd, sut, pa, pwy neu pam – mae'r rhain yn cael eu defnyddio i annog atebion llawn.

- Cwestiynau damcaniaethol
  Maent yn profi cyflymder ac ansawdd eich meddwl. Maent yn gofyn ichi ddychmygu eich hun mewn sefyllfa a disgrifio'r camau y byddech yn eu cymryd i ddatrys y broblem. Dylech gynnwys enghreifftiau o'ch profiad yn eich ateb, os yw'n bosib.

- Cwestiynau'n seiliedig ar gymwyseddau
  Maent yn gofyn am eich profiad er mwyn darganfod eich gallu i wneud rhywbeth – er enghraifft, 'Dywedwch wrthym am sefyllfa lle y gwnaethoch chi adnabod problem a chymryd camau i'w datrys.' Ceisiwch ddefnyddio'r fframwaith **STAR** ar gyfer eich ateb.

- Cwestiynau negyddol
  Mae rhai cwestiynau'n ymddangos fel pe baent yn gofyn i chi fod yn negyddol amdanoch chi eich hun – er enghraifft, 'Beth yw eich gwendidau?' Ar gyfer y cwestiynau hyn, mae'n hanfodol i chi nodi sut y gall gwendid fod yn gryfder mewn gwirionedd. Er enghraifft, gallech ddweud, 'Rwy'n poeni gormod am fy ngwaith'.
  Gallech ddewis amlygu rhywbeth a arferai fod yn wendid ond rydych wedi'i wella, er enghraifft, 'Roeddwn i'n arfer casáu gorfod gwneud cyflwyniadau, ond rwyf wedi cymryd pob cyfle yn ystod fy nghwrs i gael profiad wrth gyflwyno, ac yn awr rwy'n teimlo'n eithaf hyderus wrth gyflwyno ...'.

Y swydd/cyflogwr

- Beth sy'n eich denu at y swydd hon?/Pam ydych chi wedi ymgeisio am y swydd?
- Pam ydych chi eisiau gweithio i'r sefydliad hwn?
- Beth yw nod y cwmni?
- Beth ydych chi'n ei wybod amdanom ni a'n darpariaeth?
- Beth yw'r prif sgìl sydd gennych chi ar gyfer y swydd hon?
- Rydych wedi cael cyfle i weld ein cynllun datblygu tair blynedd, beth yw eich barn chi?
- Pa dueddiadau yn y farchnad/polisïau llywodraeth sy'n effeithio ar y sefydliad/busnes hwn ar hyn o bryd?
- Beth yw'r heriau sy'n wynebu'r maes yn eich tyb chi, a sut fyddech yn ceisio'u goresgyn?
- Pam ydych chi eisiau gadael eich swydd bresennol?
- Sut fyddech chi o fantais i'r sefydliad hwn?
- Pa gyfraniad allwch chi ei wneud i'r sefydliad?

Datblygu gyrfa

- Beth yw eich nodau hirdymor?
- Ble ydych chi'n gweld eich hun ymhen pum mlynedd?
- Pa hyfforddiant/datblygiad proffesiynol fydd ei angen arnoch pe baem yn cynnig y swydd hon i chi?
- Pa syniadau sydd gennych am brosiectau/gweithgareddau?
- A oes rhywbeth y gallwn ni ei wneud i'ch helpu i gyflawni'r rôl?

Personol

- Beth yw eich cryfderau/gwendidau?
- Beth yw eich syniad chi o lwyddiant?
- Beth sy'n eich cymell?
- Beth yw'r heriau sy'n eich wynebu yn y swydd?
- Soniwch amdanoch eich hun.
- Sut fyddai eich ffrindiau yn eich disgrifio?
- Ewch â ni trwy eich CV, gan danlinellu eich profiad perthnasol ar gyfer y swydd hon.
- Sut ydych chi'n ymdopi â phwysau gwaith?

Profiad gwaith

- Faint o brofiad sydd gennych chi yn y maes hwn?
- Beth mae eich profiad gwaith wedi'i roi i chi?
- Beth oedd eich prif gyfrifoldebau?
- A allwch chi roi enghraifft i ni lle bu'n rhaid i chi ddelio â sefyllfa anodd?
- Beth ddysgoch chi o orfod delio â'r cyhoedd?
- Dywedwch wrthyf am nod arbennig rydych wedi ei osod i'ch hun a sut y cyflawnoch y nod.

Academaidd

- Pam wnaethoch chi ddewis pwnc eich gradd?
- Beth oedd eich hoff agwedd ar y cwrs?
- Dywedwch wrthyf am eich traethawd hir/ prosiect?

Cymwyseddau

- A allwch chi roi enghraifft o adeg pan oeddech wedi adnabod problem ac wedi cymryd camau i'w datrys?
- A allwch chi roi enghraifft o brosiect y bu'n rhaid i chi ei reoli yn y gorffennol? Pa heriau roeddech yn eu hwynebu?
- Mae angen sgiliau cyfathrebu rhagorol ar gyfer y swydd hon. A allwch chi sôn wrthyf am amser pan fu'n rhaid i chi gyfleu gwybodaeth gymhleth? Pam oedd angen i chi wneud hyn, a sut aethoch o'i chwmpas hi?
- Sut fyddech chi'n adeiladu perthynas gyda'ch cydweithwyr/ rhanddeiliaid allanol?
- A wnewch chi roi enghraifft sy'n dangos eich bod yn gallu gweithio mewn tîm?
- A ydych chi'n gyfarwydd â defnyddio'r cyfrifiadur yn y gwaith?
- Pa dystiolaeth fedrwch chi ei chynnig sy'n dangos bod gennych y sgiliau yr ydym yn chwilio amdanynt?

Gweithgareddau eraill

- Beth yw eich diddordebau?/ Beth fyddwch chi'n ei wneud yn eich amser hamdden?
- Beth oedd eich prif gyfraniad i ... (er enghraifft, tîm chwaraeon, clwb, prosiect)?

Eich cwestiynau chi i'r cyflogwr

- Ymhle fyddwn i'n cael fy lleoli?
- A allwch chi ddweud rhagor wrthyf am y broses werthuso?
- Beth yw cynnydd y graddedigion sydd wedi eu recriwtio yn y dair blynedd ddiwethaf?
- Beth ydych yn rhagweld fydd y newidiadau mwyaf i'r sefydliad hwn yn ystod y pum mlynedd nesaf?
- Pryd gallaf ddisgwyl penderfyniad ar fy nghais?

Damcaniaethol

- Pe baech yn cael cynnig y swydd, beth fyddech yn ei wneud yn ystod eich wythnos gyntaf?

Perthynas ag eraill

- Disgrifiwch sut ydych wedi creu a chynnal perthynas gyda chwsmer neu randdeiliad allanol.
- A ydych wedi gorfod delio ag unigolyn heriol yn eich gwaith? Sut mae goresgyn hyn?

Prosiect penodol/tasg

- Disgrifiwch syniad creadigol a gawsoch sydd wedi cyfrannu at weithgaredd neu brosiect.
- Sut ydych yn cynllunio ac yn blaenoriaethu eich gwaith?
- A ydych wedi gweithio ar weithgaredd neu brosiect lle newidiodd yr amcanion? Sut wnaethoch ddelio â hyn?
- Rhowch enghraifft o dasg oedd yn rhaid i chi ei chyflawni, ond nid oedd gennych y wybodaeth na'r sgiliau angenrheidiol i'w chwblhau. Sut wnaethoch chi hyn?

Yn ystod y cyfweliad

- Byddwch yn broffesiynol a gwnewch argraff gadarnhaol, gan fod yn ymwybodol o bwysigrwydd y ffordd rydych yn ymddwyn. Byddwch yn gwrtais wrth bawb gan ddechrau â'r person wrth y dderbynfa. Dechreuwch y cyfweliad trwy gyflwyno eich hun, gan ysgwyd dwylo mewn ffordd gadarn ond cyfeillgar. Byddwch o ddifrif ond cofiwch wenu.
- Byddwch yn ymwybodol o iaith y corff – eisteddwch i fyny gan ymlacio, a byddwch yn ymwybodol o olwg ac ystum y person/au sy'n eich cyfweld hefyd. Arhoswch i rywun ofyn i chi eistedd, a gofalwch eich bod yn eistedd yn gyffyrddus cyn cychwyn, gan osod eich dwylo ar eich glin.
- Diffoddwch eich ffôn symudol.

- Dangoswch yr hyn sydd gennych i'w gynnig – cymerwch bob cyfle i sôn am eich sgiliau, gallu, profiad, a dangoswch eich bod wedi eich cymell i wneud y swydd.
- Sicrhewch eich bod yn siarad â phawb – os yw'n gyfweliad panel – yn hytrach na chyfeirio eich atebion at un neu ddau berson. Dylech edrych i lygaid y person a ofynnodd y cwestiwn, gan gydnabod pob aelod o'r panel gyda chyswllt llygad.
- Gwrandewch ac atebwch y cwestiwn a ofynnwyd – ac nid cwestiwn roeddech am ei glywed. Rhowch atebion llawn, byddwch yn gryno ac uniongyrchol, a rhowch enghreifftiau. Nodiwch eich pen i ddangos eich bod yn gwrando.
- Meddyliwch cyn i chi siarad – mae'n iawn oedi a chymryd ennyd i feddwl am yr hyn rydych am ei ddweud. Byddwch yn bwyllog a siaradwch yn glir. Gofynnwch am eglurhad neu iddynt ailadrodd os nad ydych yn deall cwestiwn. Bydd eich hyder wrth ateb yn dod o'r gwaith paratoi. Os nad ydych yn gwybod yr ateb, dywedwch hynny yn onest.
- Dangoswch eich dealltwriaeth o'r swydd/cyflogwr/sector – gwnewch i'ch paratoadau gyfrif trwy ddangos eich bod yn deall rôl y swydd, y cyflogwr a materion sy'n ymwneud â'r sector.
- Byddwch yn barod i holi cwestiynau ar y diwedd. Bydd hyn yn dangos eich diddordeb yn y sefydliad.

O'r funud y byddwch yn cyfarfod, mae eich dull o gyfathrebu yn cyfrannu at y penderfyniad i'ch cyflogi ai peidio. Mae'r rhan fwyaf o benderfyniadau yn cael eu gwneud yn ystod y tri munud cyntaf! Felly, mae'n rhaid i chi fod yn ymwybodol o'r argraff rydych am ei chreu.

Ar ddiwedd y cyfweliad
- Cofiwch ddiolch i'r sawl sy'n cyfweld ac ysgwyd llaw.
- Cofiwch nad yw'r cyfweliad yn gorffen nes i chi adael yr adeilad.
- Gallwch e-bostio'r cyfwelwyr yn gofyn am adborth.

Peidiwch â . . .
- Ffidlan neu edrych ar eich oriawr.
- Rhoi unrhyw beth ar ddesg y cyfwelydd.

- Dweud unrhyw beth negyddol.
- Ymddangos yn ddidaro.
- Ymddangos yn ymosodol neu'n ffroenuchel.
- Dangos gormod o ddiddordeb mewn arian a gwyliau.
- Bod yn hwyr!
- Siarad am rhy hir neu fynd ar drywydd rhywbeth amherthnasol.
- Poeni am saib hir yn y siarad. Dywedwch wrth y person sy'n cyfweld eich bod yn meddwl am funud.
- Bod yn rhy ysgafn – byddwch yn ofalus rhag defnyddio hiwmor, gan ddilyn arweiniad y person sy'n cyfweld.
- Gofyn gormod o gwestiynau.
- Dadlau, torri ar draws na cheisio rheoli'r cyfweliad – nid ymladd dros bŵer ydych chi.
- Beirniadu eich cyflogwr presennol neu gyn-gyflogwyr – gall bod yn negyddol greu argraff wael.
- Gadael heb ddysgu rhagor am y cam nesaf yn y broses recriwtio.

Pwyntiau trafod

- Pa fath o gwestiynau ydych chi'n meddwl sy'n cael eu gofyn mewn cyfweliad?
- Sut ddylech ymddwyn mewn cyfweliad? Diffiniwch rinweddau ymgeisydd da.
- Pwy ddylai'r panel ei gynnwys? Disgrifiwch yr hyn y dylent ei gynrychioli.
- Disgrifiwch yr hyn y dylai aelodau'r panel ei wneud/beidio ei wneud?
- Pa fath o gwestiynau ddylai'r panel eu gofyn, a sut mae modd pennu pwy sy'n gofyn pa rai?
- Sut mae'r panel yn asesu neu'n marcio'r atebion? Trafodwch yr hyn y dylent chwilio amdano.
- A ddylid pwysoli neu flaenoriaethu'r elfennau gwahanol?
- A ddylai'r cwestiynau i gyd gyfateb i ofynion yr hysbyseb?
- A ydych chi wedi cael cyfweliad anodd yn y gorffennol? Os felly, pam? Beth wnaethoch chi ddysgu o'r profiad, a sut fyddech yn osgoi hyn yn y dyfodol?

- Sut mae ymateb i gwestiynau anodd? A oes dulliau o osgoi ateb?

Tasgau

1 Dewiswch hysbyseb swydd a lluniwch gwestiynau a fyddai'n debygol o gael eu gofyn mewn cyfweliad ar gyfer y swydd honno.

2 Gyda phartner, cynhaliwch gyfweliad ar gyfer swydd trwy holi cwestiynau cyffredin.

3 Rhannwch yn grwpiau o chwech. Mae'r panel cyfweld yn cynnwys tri pherson a thri ymgeisydd. Ystyriwch pa ymgeisydd fyddai yn fwyaf addas ar gyfer y swydd, ac yna cyfnewidiwch eich rôl i fod yn ymgeisydd/aelod o'r panel. Mae angen cadeirydd, pennaeth adran a chynrychiolydd adnoddau dynol ar gyfer y panel penodi. Mae'n rhaid cynllunio'r cyfweliad ymlaen llaw, felly ystyriwch y pwyntiau trafod uchod, ac yna pennu pwy fydd yn gofyn pa gwestiynau. Mae'n rhaid penderfynu:
  - A yw'r person yn gymwys ar gyfer y swydd?
  - Pwy fyddai'r panel yn ei benodi?

4 Lluniwch adroddiad yn crynhoi prif bwyntiau cyfweliad pob ymgeisydd:
  - Sgiliau
  - Profiad a chefndir
  - Hyfforddiant a chymwysterau
  - Rhinweddau personol
  - Argraff gyffredinol

5 Weithiau, mae'r sawl sy'n cael cyfweliad yn gofyn am adborth. Ystyriwch y cwestiynau canlynol:
  - A lwyddodd y panel i gynnal y cyfweliad yn llwyddiannus a holi'r cwestiynau priodol?
  - A allai'r ymgeisydd fod wedi ateb y cwestiynau'n well? Beth oedd ei gryfderau a'i wendidau? A oedd unrhyw beth y gallai fod wedi ei wneud yn wahanol?
  - A oedd tystiolaeth ddigonol o brofiad ac enghreifftiau penodol o'i sgiliau?
  - A fyddech yn ystyried cyflogi'r ymgeisydd hwn?
  - Dadansoddwch ei ymddygiad a'r technegau a ddefnyddiodd i ateb y cwestiynau.

- Rhowch sylwadau ar gynnwys, sylwedd ac ieithwedd yr atebion.
- Pam wnaeth yr ymgeisydd lwyddo neu beidio?

PENNOD 5:
LLYTHYRAU RECRIWTIO

Mae'r gallu i ysgrifennu llythyrau ffurfiol yn un allweddol yn y gweithle. Er bod nifer o gyflogwyr bellach yn cyfathrebu trwy anfon e-bost yn bennaf, defnyddir ffurf y llythyr o hyd mewn gohebiaeth drwy'r post neu fel atodiad i e-bost. Mae'n gofnod swyddogol o wybodaeth, ac mae'n rhaid i'r diwyg fod yn broffesiynol ac yn safonol.

Sut mae ffurfio llythyr, felly? Ceir cyfarwyddiadau cyffredinol i ddilyn ar sut i lunio llythyr yn y gweithle, yn ogystal ag ar sut i ysgrifennu llythyr targed. Mae hwn yn lythyr i gyflogwr y mae gennych ddiddordeb gweithio iddo er nad ydyw wedi hysbysebu am swydd. Gall cysylltu â chyflogwr i fynegi eich diddordeb olygu ei fod yn cadw eich manylion ar ffeil rhag ofn y bydd swydd yn codi yn y dyfodol. Mae'r pwyntiau trafod er budd y sawl sy'n dymuno dadansoddi ffurf y llythyr mewn grŵp neu yn annibynnol, a gellir cyflawni'r tasgau er mwyn ymarfer ysgrifennu llythyr trwy efelychu'r enghreifftiau isod. Ceir geirfa a phatrymau posib yn yr atodiad (gw. adran 6(iii)).

Cyfarwyddiadau cyffredinol
- Cofiwch fod yn gwrtais ac yn sensitif wrth nodi bod cais yr ymgeisydd neu gyfweliad yn aflwyddiannus.
- Cofiwch ddiolch i'r ymgeisydd am eu cais ymhob llythyr.
- Gallwch nodi rheswm penodol pam na chynigir y swydd i'r ymgeisydd, neu gynnig adborth.
- Cofiwch ddefnyddio'r cywair ffurfiol bob tro.
- Defnyddiwch strwythur llythyr busnes.
- Cofiwch gynnwys y manylion angenrheidiol os ydych yn cynnig cyfweliad/swydd.

- Lluniwch lythyrau cryno yn cynnig y wybodaeth sydd ei hangen yn unig.

Strwythur llythyr

Eich cyfeiriad
Dyddiad
Cyfeirnod
At sylw
Ynghylch/Ynglŷn â/Parthed
Annwyl Syr/Fadam/Gydweithiwr/Gyfaill/i'r sawl y bo'n berthnasol/ i'r sawl y mae a wnelo'r canlynol
Cynnwys y llythyr
Yn gywir/Yr eiddoch yn gywir/Yn ddiffuant/Yr eiddoch yn ddiffuant
Llofnod/llofnodwyd gan/Ar ran/Llofnodwyd yn ei (h)absenoldeb

Os ydych yn adnabod y person yn dda, gallwch ddefnyddio cywair ychydig yn llai ffurfiol wrth derfynu'r llythyr/e-bost, er enghraifft Cofion/Cofion gorau/Cofion caredig/Cofion cynnes.

Llythyrau targed

Gallwch anfon eich CV a llythyr cais at gyflogwr pan ydych eisiau gweithio i sefydliad penodol, hyd yn oed os nad ydynt wedi hysbysebu swydd wag. Mae llythyr targed yn dweud wrth y cyflogwr amdanoch chi, pa fath o waith y byddech chi'n hoffi ei wneud a pham rydych chi eisiau gweithio iddo. Os bydd swydd wag yn codi, gall y cyflogwr gysylltu â chi wedyn i roi gwybod ichi.

Dylech:

- Nodi eich rhesymau dros ysgrifennu atynt.
- Geisio ei anfon at berson penodol yn hytrach na Syr/Madam – er enghraifft, rheolwr neu staff adnoddau dynol.
- Sicrhau bod ffocws neilltuol yn eich llythyr, gan bwysleisio yn union beth rydych yn chwilio amdano (cyflogaeth neu brofiad gwaith).
- Wneud ymchwil i gefndir y sefydliad.
- Sicrhau bod unrhyw brofiad sydd gennych yn berthnasol i'r gwaith.

Pwyntiau trafod

- A yw strwythur y llythyrau sy'n dilyn yn addas?
- Dadansoddwch y math o iaith a ddefnyddir yn y llythyrau.
- Pa fath o gywair sy'n briodol ar gyfer y llythyrau?
- Trafodwch yr hyn y byddech yn ei gynnwys mewn llythyr targed, gan ystyried eich nod personol a'ch dyheadau gyrfaol.

Tasgau

I Penderfynwch a yw'r canlynol yn ffurfiol neu'n anffurfiol:

1 Pryd ŷch chi'n dod 'ma?
2 Cofia fi at bawb, plis.
3 A wnewch chi roi gwybod i mi cyn gynted â phosibl?
4 Ysgrifennaf atoch ar ran y prifathro i gwyno am eich plentyn.
5 Yr eiddoch yn gywir.
6 Cofion cynnes, a diolch eto.
7 Yn gywir.
8 Ro'n i'n hapus iawn i'ch gweld yr wythnos diwetha.
9 Gad i mi wybod yn fuan.
10 Hoffwn i chi ddod i'm gweld bore yfory, os gwelwch yn dda.
11 Mae'n ddrwg 'da fi.
12 Ymddiheuriadau.

2 Trafodwch sut i ailysgrifennu'r llythyr isod mewn Cymraeg mwy ffurfiol:

Annwyl Syr,

Licen i pe bai modd i chi ddod i mewn i'r offis yr wythnos nesa i drafod eich sefyllfa arian. Caethon ni ar ddeall eich bod chi'n rhedeg busnes o'ch cartref – so hynny'n cael ei ddweud ar eich ffurflenni treth diwetha. Mae'n flin 'da fi orfod eich trwblu chi ynglŷn â'r mater 'ma unwaith 'to, ond mae'n rhaid i ni gael i gyd o'r ffeithiau yn iawn.

Yn gywir,

Mr Jones Davies

---

3 Lluniwch lythyrau ar gyfer y sefyllfaoedd canlynol:
    1 Cynnig cyfweliad
    2 Cais aflwyddiannus am swydd
    3 Cynnig swydd
    4 Cyfweliad aflwyddiannus am swydd

4 Lluniwch lythyr targed ar gyfer cyflogwr o'ch dewis chi. Ystyriwch sut i gyflwyno eich hun.

Enghreifftiau

I. Llythyr gwahoddiad i gyfweliad

Cyfeiriad yr ymgeisydd

Annwyl _____,

PARTHED: Swydd Prif Swyddog, Menter Iaith Abertawe

Diolch am eich cais am swydd Prif Swyddog gyda Menter Iaith. Hoffwn eich gwahodd i gyfweliad ddydd Llun y 17eg o Orffennaf yn Nhŷ'r Bryn, Brynmawr, am ddeg o'r gloch. Bydd disgwyl i chi gyflawni tasg ysgrifenedig fer a bydd cyfweliad yn dilyn gyda phanel o bwyllgor rheoli Menter Iaith Abertawe.

Gofynnir i chi draddodi cyflwyniad ar ddechrau'r cyfweliad.

Testun y cyflwyniad ddeg munud o hyd yw:

'Sut y gall Menter Iaith sicrhau bod ei weithgareddau yn darparu'n ddigonol ar gyfer ieuenctid ac ar gyfer y genhedlaeth hŷn?'

Dylech ddod â'r cyflwyniad unai ar ddisg (CD) neu ar go' bach.*

Byddwn yn ddiolchgar pe baech yn cadarnhau cyn gynted ag y bo modd eich bod yn gallu mynychu'r cyfweliad. Os nad yw'r diwrnod yn gyfleus, a wnewch chi gynnig dyddiadau eraill posib, os gwelwch yn dda.

Edrychwn ymlaen at eich cyfarfod yn y cyfweliad.

Yn gywir,

Prif Swyddog, Menter Iaith Abertawe
* co' bach – *memory stick*

2. Llythyr ynghylch cais aflwyddiannus

[Cyfeiriad y sefydliad]
[Dyddiad]

[Cyfeiriad yr ymgeisydd]

Annwyl _____,

Parthed: Cais am Swydd, Swyddog Maes

Diolch am eich cais am y swydd uchod. Cawsom nifer sylweddol o geisiadau cryf ac, ar ôl eu hystyried yn ofalus, rwy'n ofni na fu eich cais yn llwyddiannus y tro hwn. Byddwn yn cadw eich manylion ac yn cysylltu os oes unrhyw swydd berthnasol gennym i'w chynnig yn y dyfodol. Hoffwn eich sicrhau ein bod wedi dilyn y meini prawf yn llym iawn wrth dynnu rhestr fer o'r ceisiadau. Ni fydd hyn yn effeithio ar unrhyw geisiadau posib a wnewch ar gyfer swyddi eraill gyda ni yn y dyfodol.

Dymunaf bob llwyddiant i chi wrth chwilio am waith yn y dyfodol. Mae croeso ichi gysylltu â ni os hoffech adborth ynghylch eich cais.

Yn gywir,

3. Llythyr yn cynnig swydd

[Cyfeiriad y sefydliad]
[Dyddiad]

[Cyfeiriad yr ymgeisydd]

Annwyl _____,

Yn dilyn cyfweliad llwyddiannus ar y 12fed o Fai, hoffwn ar ran Menter Iaith gynnig swydd y Swyddog Maes i chi. Dyddiad dechrau'r swydd fydd dydd Llun, y 5ed o Fehefin, a byddwch yn dechrau ar gyflog o £17,000, sef graddfa SCP, llywodraeth leol lefel 18. Bydd dau godiad cyflog yn flynyddol, y naill yn dilyn chwyddiant a'r llall yn ôl cytundebau llywodraeth leol.

Bydd cytundeb swydd i ddilyn, wedi i chi gadarnhau ar bapur eich bod yn derbyn y swydd.

Yn gywir,

4. Llythyr yn dilyn cyfweliad aflwyddiannus

[Cyfeiriad y sefydliad]
[Dyddiad]

[Cyfeiriad yr ymgeisydd]

Annwyl _____,

Diolch am ddod i'r cyfweliad ar y 12fed o Fai yn Nhŷ'r Bryn ar gyfer swydd y Swyddog Maes gyda Menter Iaith. Ar ôl inni ystyried y cyfweliadau'n ofalus, rwy'n ofni nad oeddech yn llwyddiannus y tro hwn. Dymunaf bob llwyddiant i chi wrth chwilio am waith yn y dyfodol. Peidiwch ag oedi rhag cysylltu â ni os hoffech adborth am eich cyfweliad.

Yn gywir,

5. Llythyr targed

[Cyfeiriad yr ymgeisydd]
[Dyddiad]

At sylw [Enw'r cyflogwr]
[Cyfeiriad y cyflogwr]

Annwyl _____,

Byddai gennyf ddiddordeb mawr mewn gweithio i'ch cwmni gan ei fod wedi llwyddo i ehangu'n sylweddol yn ystod y blynyddoedd diwethaf, gan sicrhau cytundebau yn Ffrainc a Fietnam. Mae gennyf brofiad o reoli prosiectau yn rhyngwladol, ac rwy'n gyfarwydd â thrafod busnes gyda phartneriaid allanol yn y maes.

Amgaeaf CV sy'n amlinellu fy nghymwysterau a'm profiad. Gobeithiaf y byddwch yn fy ystyried ar gyfer unrhyw swyddi gwag a fydd yn codi yn y dyfodol.

Diolch yn fawr.

Yn gywir iawn,

6. Llythyr/e-bost yn cydnabod derbyn cais am swydd

[Cyfeiriad y sefydliad]
[Dyddiad]

[Cyfeiriad yr ymgeisydd]

Annwyl ____,

Diolch am anfon cais am y swydd _____ gyda ni. Gallwn gadarnhau ein bod wedi ei dderbyn, a byddwn yn cysylltu â chi i nodi canlyniad eich cais y naill ffordd neu'r llall yn ystod y bythefnos nesaf. Cynhelir y cyfweliadau ar [dyddiad].

Diolch am fynegi eich diddordeb yn y swydd.
Yn gywir,

7. Llythyr yn derbyn swydd

[Cyfeiriad yr ymgeisydd]
[Dyddiad]

[Cyfeiriad y sefydliad]

Annwyl _____,

Diolch am eich llythyr/e-bost, dyddiedig ____ yn cynnig swydd ____ i mi yn eich sefydliad.

Mae'n bleser gennyf dderbyn y cynnig ar y telerau a nodwyd gennych. Edrychaf ymlaen at dderbyn cytundeb gwaith gennych maes o law.

Bydd angen imi roi mis o rybudd i'm cyflogwr presennol, ac felly byddaf yn barod i ddechrau yn y swydd ar y dyddiad hwn: ____.

Yn gywir,

PENNOD 6:
GEIRDA

Os ydych chi wedi cael cynnig swydd, mae'r cyflogwr yn gofyn am fanylion eich canolwr/canolwyr (referees), sef y person(au) a ddewiswyd gennych i roi geirda (reference) i chi. Fel arfer, mae'r pecyn gwybodaeth ynghylch y swydd yn awgrymu pwy i'w dewis, ond fel arfer mae'n rhaid cynnwys eich cyflogwr/tiwtor presennol. Gall unrhyw ganolwr ychwanegol fod yn gyn-gyflogwr, cydweithiwr neu gyn-diwtor, neu'n rhywun rydych yn ei adnabod yn dda. Y peth pwysig yw dewis rhywun sydd ag adnabyddiaeth dda o'ch gwaith a/neu gymeriad, gan sicrhau, cyhyd ag y bo modd, y byddant yn eich canmol ac yn rhoi argraff gadarnhaol ohonoch i'r darpar gyflogwr. Gall y cyflogwr hefyd ofyn am eirda cyn y cyfweliad er mwyn eu cynorthwyo i gasglu gwybodaeth gefndirol am yr ymgeisydd cyn eu cwrdd wyneb yn wyneb.

Mae geirda yn disgrifio eich gallu, profiad, gwybodaeth, sgiliau, cymeriad a rhinweddau personol. Gellir cynnig enghreifftiau neu dystiolaeth benodol i gefnogi'r pwyntiau hyn. Gall drafod eich ymddygiad yn y gweithle neu fel arall, ac mae hefyd yn bosib y gofynnir i'r canolwr ymhelaethu ar nodweddion arbennig yn y CV neu lythyr cais. Ei bwrpas yw rhoi argraff ffafriol o'r ymgeisydd i'r cyflogwr, ond mae'n rhaid bod yn onest ac yn ffeithiol gywir hefyd. Os nad ydych chi'n teimlo y gallwch ganmol yr ymgeisydd fel canolwr, gallwch wrthod y cynnig i ysgrifennu geirda. Sut felly mae mynd ati i greu geirda ar gyfer rhywun?

Ceir cyfarwyddiadau i ddilyn ar sut i lunio geirda pe baech chi'n ganolwr i rywun. Mae'r pwyntiau trafod a'r tasgau yn darparu materion i'w hystyried a pharatoad ar gyfer llunio geirda, a gellir eu cyflawni yn annibynnol neu mewn grŵp. Dylid defnyddio'r enghreifftiau fel canllaw i'w trafod a'u hefelychu. Ceir rhestr o eirfa, ansoddeiriau, berfenwau a sgiliau sy'n addas i'w defnyddio yn yr atodiad (gw. adran 1, 2, 3 a 7). Mae patrymau defnyddiol yn y gyfrol *Canllawiau Ysgrifennu Cymraeg* gan J. Elwyn Hughes.

Cyfarwyddiadau

Bydd union strwythur geirda/tystlythyr yn dibynnu ar pa fath o eirda sydd ei angen, ond dyma ganllaw posib:

1 Cywair ffurfiol – er enghraifft, 'Annwyl Syr/Madam', 'I'r sawl y bo'n berthnasol'
2 Cyflwyno eich hun yn fras – beth yw eich swydd a'ch perthynas i'r ymgeisydd. Sut ydych chi'n adnabod y person?
3 Cadarnhau ffeithiau am yr ymgeisydd – er enghraifft,
   - Swydd, dyletswyddau
   - Cyflog wrth iddynt adael
   - Dyddiadau cyflogaeth
4 Gwybodaeth am sgiliau a rhinweddau'r ymgeisydd, llwyddiannau, braslun o'r person – er enghraifft,
   - A fyddech chi'n eu cyflogi eto?
   - A ydych chi'n gwerthfawrogi eu cyfraniad?
5 Enghreifftiau o'r nodweddion uchod
6 Unrhyw beth ychwanegol – er enghraifft, diddordebau, gweithgareddau cymdeithasol
7 Diweddglo – nodyn cadarnhaol
   - Ategu – a fyddech chi'n eu hargymell? A ydynt yn addas ar gyfer y swydd?
   - Manylion cyswllt
   - Yn gywir/yr eiddoch yn gywir

Gallwch wneud sylwadau ar y pwyntiau canlynol:
- Cyraeddiadau academaidd a'u potensial, gan gynnwys canlyniadau disgwyliedig.
- Cyrsiau hyfforddiant/datblygiad proffesiynol, gan gynnwys eu cynnydd a'u perfformiad.

- Y gallu i gyfathrebu'n hyderus ar lafar ac yn ysgrifenedig trwy gyfrwng y Gymraeg a'r Saesneg.
- Eu haddasrwydd ar gyfer y swydd, y maes a'r sefydliad.
- Unrhyw ffactorau a allai fod wedi effeithio ar eu perfformiad.
- Canlyniadau unrhyw waith neu brosiectau y maent wedi eu cwblhau.
- Unrhyw broblemau neu rwystrau, gan gynnwys sut y maent wedi eu goresgyn.

Pethau i'w hosgoi:
- Gwendidau.
- Enllib.
- Tynnu coes, iaith anffurfiol – nid yw'n addas a gallai ddifetha cais yr ymgeisydd.
- Cynnwys gwybodaeth bersonol nad yw'n berthnasol i'r cais – er enghraifft, hil, gwleidyddiaeth, crefydd, cenedl, statws priodasol, oedran, iechyd.
- Gwallau sillafu, teipio: mae'r llythyr yn bwysig iawn i'r ymgeisydd, felly dylid gofalu bod y ddogfen yn ymddangos yn broffesiynol.

Gellir defnyddio'r frawddeg bwysleisiol er mwyn rhoi argraff gadarnhaol o'r ymgeisydd (gw. yr atodiad). Cofiwch ddefnyddio'r trydydd person (fe/hi) wrth drafod yr ymgeisydd, a gallwch ddefnyddio amrywiaeth o ferfau (gw. adran 3 yn yr atodiad) er mwyn cyfleu eu rhinweddau, disgrifio sefyllfa o'r gorffennol a rhagweld yr hyn a wnânt yn y dyfodol.

Pwyntiau trafod

1 Trafodwch strwythur yr enghreifftiau o eirda. A ydynt yn addas ac yn cynnwys y wybodaeth berthnasol?
2 Pe baech yn ddarpar gyflogwr, pa un yw'r ymgeisydd gorau yn eich tyb chi?
3 Trafodwch sut i osgoi gor-ganmol/peidio â chanmol digon.
4 Pa dechnegau sy'n cael eu defnyddio i ddwyn perswâd ar y cyflogwr gan y canolwr?
5 Mae ffrind/cydweithiwr wedi gofyn i chi am eirda ar gyfer swydd: mewn parau, trafodwch hanfodion ysgrifennu geirda, gan ystyried sut y byddech yn mynd ati i'w ddisgrifio.

Tasgau

1 Cyfieithwch y patrymau canlynol:
- I write in response to your request for a reference for _____.
- _____ has worked in this department for ten years.
- She is consistently pleasant and always willing to help.
- He is well turned out, punctual and courteous.
- She has excellent communication skills.
- He is familiar with a wide range of software.
- She has a current first aid certificate together with qualifications in basic information technology.
- He can type approximately thirty words a minute.
- He possesses a welcoming phone manner.
- She is confident and competent in her work.
- Although she does not have a great deal of experience in this field, she is willing to learn.
- He has taken every opportunity to improve his customer care skills.
- Although he is quiet and a little shy, Mr Richards fulfills all his duties without fuss.
- Miss Jones is a popular member of our team.
- I am pleased to support Miss Williams's application for the post above and I wish her every success.

2 Mae ffrind wedi gofyn i chi am eirda. Ysgrifennwch bwyntiau bwled i esbonio pam y byddai'n ymgeisydd addas.

Ystyriwch:
- Sgiliau
- Profiad
- Rhinweddau/cryfderau
- Gallu/medru/meddu ar

Defnyddiwch iaith ffurfiol a graenus er mwyn creu argraff dda ar y cyflogwr.

3 Rhestrwch ei sgiliau o dan y categorïau digonol/gwella (gw. rhestr yn yr atodiad), gan roi enghreifftiau penodol i gefnogi eich safbwynt.

4 Cwblhewch y ffurflen ar dudalennau 96–7 ar gyfer un o'ch cydnabod/cydweithwyr/aelod o'ch grŵp.

Templed ffurflen eirda

Geirda Cyflogaeth/Cymeriad

Enw
Swydd yr ymgeisiwyd amdani

1. Cadarnhewch y geirda rydych yn darparu ar gyfer yr
    ymgeisydd, os gwelwch yn dda

    Cyflogaeth   ☐
    Cymeriad   ☐   Ewch at gwestiwn 8

2. Sut ydych chi'n adnabod yr ymgeisydd, ac ers pryd?

3. Teitl swydd
    Dyddiadau Cyflogaeth
    O _____ Hyd at _____

4. Rheswm dros adael (os ydych yn gwybod)

5. Beth oedd eu prif ddyletswyddau? Beth oedd eu hagwedd at
    y gwaith?

6. Yn ystod eich cyflogaeth, a fu rhaid cymryd camau disgyblu
    yn erbyn yr ymgeisydd? Faint o ddiwrnodau absenoldeb a
    gymerwyd heb ganiatâd?

7. A fyddech chi'n ailgyflogi'r ymgeisydd?
         Byddwn ☐   Na fyddwn ☐

    Os na, a ydych chi'n gwybod am unrhyw reswm pam na
    ddylem gyflogi'r ymgeisydd?

---

8. Addasrwydd y gweithiwr ar gyfer y swydd y cynigir amdani (ticiwch lle bo'n briodol)

	Ardderchog	Da iawn	Boddhaol	Anfoddhaol
Prydlondeb				
Cyflawni dyletswyddau				
Gwaith tîm/ cydweithio				
Agwedd				
Ymddygiad				
Didwylledd				
Dibynadwyedd				
Gallu ymddiried ynddynt				
Gonestrwydd				
Ymrwymiad/ cymhelliant				
Amynedd				
Gallu gwrando a chymryd cyfarwyddiadau				
Cyfathrebu/ sgiliau rhyngbersonol				

Amlinellwch y rhesymau dros gredu bod gan yr ymgeisydd y sgiliau a'r priodoleddau ar gyfer ymgymryd â'r swydd neu beidio:

Diolch yn fawr

Llofnod   Enw

Swydd a sefydliad   Dyddiad

Enghreifftiau

Enghraifft I

PREIFAT A CHYFRINACHOL – At sylw'r sawl y'i cyfeirir ato

[Dyddiad]
[Enw a Chyfeiriad y Cyflogwr]

Annwyl _____,

Parthed: [enw'r ymgeisydd a'r swydd yr ymgeisir amdani]
Dechreuodd _____ weithio gyda ni bum mlynedd yn ôl fel Swyddog
Datblygu. Mae ei waith wedi bod yn gyson o safon uchel, a llwyddodd
i gyflawni'r dyletswyddau a oedd yn ddisgwyliedig ohono. Roedd y rhain
yn cynnwys cynllunio prosiect, cydlynu digwyddiadau a hyrwyddo.
Mae'n drefnus, ac mae wedi ymdopi'n dda â gofynion y gwaith, gan
gynnwys rheoli amser a gweithio dan bwysau. Gwelwyd cynnydd amlwg
yn ei berfformiad a'i ddatblygiad proffesiynol yn ystod ei gyfnod yma.
Mae'n aelod o staff dibynadwy a chyfrifol, ac mae wedi gwneud
cyfraniad pendant i lwyddiant y sefydliad. Mae ganddo sgiliau
rhyngbersonol ardderchog, ac mae'n cydweithio'n dda â gweddill y tîm.
Yn ystod ei gyfnod yma, bu ei bresenoldeb a'i brydlondeb yn dda iawn.
Dylid canmol y modd y mae wedi cyfranogi ymhob agwedd ar waith yr
adran, gan sicrhau canlyniadau ar ran y cwmni. Cafodd brofiad o reoli
prosiect trwy weithio ar fenter o'r enw _____, a lwyddodd i sicrhau
cytundebau masnachol gyda phum cwmni arall yn y DU. Cafodd rai
problemau wrth geisio dylanwadu ar rai o'r cwmnïau, ond llwyddodd
i'w goresgyn trwy fynychu cyrsiau hyfforddiant ar dechnegau
perswadio.
  Hyd y gwn i, mae modd ymddiried yn llwyr yn _____, ac mae'n
gweithio hyd eithaf ei allu drwy'r amser. Credaf y byddai'n gaffaeliad
i'ch sefydliad, ac yn fy marn i mae'n gwbl addas ar gyfer gyrfa ym maes
marchnata.

Yn gywir,
[Llofnod]

[Teitl swydd a sefydliad]

Enghraifft 2

PREIFAT A CHYFRINACHOL – At sylw'r sawl y'i cyfeirir ato

[Dyddiad]
[Enw a Chyfeiriad y Cyflogwr]

Annwyl _____,

Parthed: [enw myfyriwr a'r swydd yr ymgeisir amdani]
Dechreuodd ____ astudio cwrs gradd Cymraeg ac Addysg yn y brifysgol dair blynedd yn ôl, a graddiodd gyda 2:1 yn ddiweddar. Roedd yn fyfyrwraig gydwybodol a bu ei marciau yn bur gyson a sefydlog yn ystod y dair blynedd y bu'n astudio yma. Roedd hi'n cyflwyno gwaith yn brydlon, ac roedd ei phresenoldeb yn dda ar y cyfan. Mae hi'n drefnus, a datblygodd sgiliau megis TG, meddwl yn feirniadol a dadansoddol yn ystod ei gradd. Cred y tiwtoriaid eraill hefyd fod ganddi ddyfodol disglair o'i blaen.

Credaf y byddai'n addas ar gyfer gyrfa ym myd addysg gan ei bod wedi dangos brwdfrydedd dros drefnu lleoliad gwaith mewn ysgol gynradd. Roedd hi hefyd yn gwirfoddoli mewn sesiynau darllen yn yr ysgol yn wythnosol.

Mae hi'n gallu gweithio yn annibynnol, ac yn cymryd cyfrifoldeb dros ei gwaith ei hun. Mae ____ hefyd yn gymeriad hyfryd sy'n cydweithio'n dda ag eraill, sef y prif reswm dros ei dewis i fod yn gynrychiolydd cwrs. Siaradodd yn hyderus mewn cyfarfod ffurfiol a oedd yn trafod y cwrs, a dangosodd barodrwydd i gynorthwyo â gwaith marchnata trwy ysgrifennu deunydd ar gyfer cylchlythyr a phrosbectws y brifysgol. Gwnaeth gyfraniad cadarnhaol mewn seminarau, er y gallai ddatblygu ei hyder ymhellach wrth gyfathrebu ar lafar.

Mae'r ffaith iddi fynychu ysgol cyfrwng Cymraeg yn amlwg yn ei dealltwriaeth o natur addysgu cyfrwng Cymraeg, ac mae hi'n ymroddedig i ddefnyddio'r iaith, gan sylweddoli ei phwysigrwydd ym myd addysg y Gymru gyfoes. Astudiodd natur addysg cyfrwng Cymraeg ar lefel cynradd ar gyfer ei thraethawd hir.

Enghraifft 2

Nid wyf yn ymwybodol o unrhyw faterion yn ymwneud â diogelwch plant.

Roedd _____ yn frwd dros gymdeithasu trwy gyfrwng y Gymraeg, gan fynychu gweithgareddau allgyrsiol fel 'Clwb Cymru' er mwyn ymarfer ei Chymraeg.

Credaf y byddai'n ymdrin â phlant yn hwylus oherwydd ei phersonoliaeth hoffus, a byddwn yn sicr yn ei hargymell ar gyfer gyrfa ym maes addysg. Rwy'n ffyddiog y bydd ganddi lawer i'w gynnig fel athrawes yn y dyfodol.

Yn gywir,
[Llofnod]
Tiwtor personol

Cais am ganolwr

Bwriadaf wneud cais am swydd [teitl] gyda [sefydliad], a gofynnir am ganolwr a allai ddarparu geirda ar fy nghyfer.

A fyddech mor garedig â rhoi caniatâd imi gynnig eich enw fel canolwr pe bai angen? Byddwn yn ddiolchgar iawn am eich cefnogaeth.

Cais am eirda gan ddarpar gyflogwr

Parthed y swydd: _____
Enw'r ymgeisydd: _____

Annwyl _____,

Mae'r ymgeisydd uchod wedi gwneud cais am y swydd a nodir,
ac wedi cynnig eich enw fel canolwr. Byddwn yn ddiolchgar
pe gallech anfon geirda atom ar gyfer yr ymgeisydd cyn gynted ag
y bo modd, gan wneud sylwadau am ei haddasrwydd ar gyfer y
swydd dan sylw, os gwelwch yn dda.

   Cedwir unrhyw wybodaeth a ddarparwch yn gyfrinachol, a chaiff
ei defnyddio gan y panel penodi ar gyfer y swydd hon yn unig.
Diolch ymlaen llaw am eich cydweithrediad parod.

Yn gywir,

ADRAN 2

TASGAU BYD GWAITH

PENNOD 1:
CYFARFOD BUSNES

Beth yn union yw cyfarfod busnes? Mae'n derm a ddefnyddir i ddisgrifio unrhyw gyfarfod sy'n casglu pobl ynghyd i drafod mater penodol neu gyfres o bynciau. Nid yw o reidrwydd yn ymwneud â busnes, a gall gynnwys cyfarfodydd rhwng aelodau o staff yn y gweithle neu bwyllgorau allanol a fynychir yn eich amser hamdden. Yn gryno, mae'n fodd i ddod â grŵp o bobl ynghyd er mwyn cynnal trafodaeth. Mae sawl swyddogaeth bosib i gyfarfodydd, er enghraifft penderfynu, ymgynghori, trafod, cyfnewid gwybodaeth, briffio.

Ceir cyfarwyddiadau i ddilyn ar sut i ysgrifennu cofnodion, sef nodiadau a gymerir yn ystod y cyfarfod a fydd yn sail ar gyfer adroddiad neu gofnod swyddogol o weithrediadau'r cyfarfod maes o law. Mae'r pwyntiau trafod yn ystyried yr hyn sy'n briodol mewn cyfarfod, yn ogystal â sut i gadeirio. Mae'r pwyntiau yn cynnwys sut i lunio agenda, sef strwythur y cyfarfod, gan ystyried sut y dylai cadeirydd ymddwyn wrth lywio'r drafodaeth ac arwain y cyfranwyr yn ystod y drafodaeth. Ceir nifer o dasgau yn ymdrin â chymryd cofnodion a llunio agenda, a gellir eu hymarfer mewn grŵp neu yn unigol er mwyn ymgyfarwyddo â'r patrymau arferol a ddefnyddir mewn cyfarfod ffurfiol. Yn olaf, gwelir enghraifft o agenda sy'n rhoi syniad o drefn y cyfarfod a'r hyn a ddisgwylir wrth drafod gwahanol benawdau posib. Cynhwysir geirfa, berfau, ymadroddion a brawddegau addas yn yr atodiad iaith (gw. adran 1, 3, 4 a 6(v)).

Cyfarwyddiadau

Sut i lunio agenda

Mae agenda cyfarfod yn dibynnu ar yr hyn a drafodir, ond fel arfer dilynir patrwm cyffredinol. Dylid sicrhau bod y materion yn berthnasol i bwnc y cyfarfod, ac nad oes gormod neu ddim digon o bethau i'w trafod. Yr hyn sy'n deillio o'r cyfarfod yw'r flaenoriaeth, hynny yw y penderfyniadau a wneir, a dylid felly neilltuo digon o amser i drafod, penderfynu ac ystyried sut i'w gweithredu. Dyma enghraifft:

1 Croeso'r cadeirydd
2 Cofnodion y cyfarfod diwethaf
3 Adroddiadau
4 Ymateb/trafod/pleidlais/penderfyniadau
5 Amserlen/gweithredu
6 Unrhyw fater arall
7 Dyddiad a lleoliad y cyfarfod nesaf

Sut i ysgrifennu cofnodion

1 Casglwch wybodaeth – er enghraifft, enwau pawb ac agenda, cyn i'r cyfarfod ddechrau.
   Gallwch ddefnyddio acronymau – er enghraifft, Iwan Davies > ID.
   Gallwch ganolbwyntio'n well ar gofnodion os nad ydych yn rhan o'r cyfarfod – holwch os nad ydych yn siŵr.

2 Gwrandewch yn ofalus.
   Diffoddwch ffonau symudol.
   Canolbwyntiwch!

3 Cofnodwch y prif bwyntiau'n unig.
   Ni allwch gofnodi popeth. Penderfynwch beth sy'n bwysig.
   Beth yw pwrpas y cyfarfod?
   Nodwch syniadau a barn yn gryno – pynciau yr anghytunwyd arnynt. Rhowch enw'r person a gynigiodd y syniad.
   Cofnodwch bob penderfyniad a phwy sydd i weithredu.

4 Aralleiriwch. Nid oes angen ysgrifennu pob gair fel y'i dywedwyd – mae aralleirio yn dangos dealltwriaeth o'r pwnc.

5 Gofynnwch gwestiynau os nad ydych wedi deall yr hyn sy'n cael ei ddweud – mae'n rhaid i chi fod yn sicr er mwyn cofnodi'r wybodaeth gywir.
Os na allwch ofyn yn syth, gofynnwch yn union wedi'r cyfarfod, pan fydd pethau'n ffres.

6 Ysgrifennwch yn wrthrychol – nid eich rôl yw rhoi barn.

7 Edrychwch dros eich nodiadau am wallau sillafu, atalnodi, treiglo ac eglurder.
Ysgrifennwch bopeth yn daclus cyn dosbarthu'r nodiadau.
Ysgrifennwch eich nodiadau'n fuan wedi'r cyfarfod.
Rhifwch eich tudalennau.

Aelodau'r Pwyllgor (o bosib)
Is-gadeirydd
Ysgrifennydd/ysgrifenyddes
Trysorydd
Arweinydd prosiect
Swyddog/swyddogion

Enwau gwrywaidd
penderfyniad   adroddiad

Berfau
llywio   croesawu   cytuno/anghytuno   gwrthod/derbyn
cofnodi (*to minute*)

Lluosog/termau cyffredin
argymhellion   pwyntiau gweithredu   ymddiheuriadau

ystafell bwyllgor   unrhyw fater arall   materion yn codi
pwyllgor gwaith

SYLWCH Dyma eiriau cyffredin a ddefnyddir yn aml mewn cyfarfodydd, ond gellir eu defnyddio mewn cyd-destunau eraill yn y gweithle hefyd. Ceir rhagor o batrymau a geirfa yn yr atodiad.

Pwyntiau trafod

Cyfarfod busnes

1 Sut mae llunio trefn agenda?
2 Sut ddylid dechrau cyfarfod a'i gloi'n briodol?
3 Sut mae sicrhau eich bod yn cael dweud eich dweud, ac yn rhoi cyfle i bobl eraill siarad?
4 Trafodwch beth na ddylid ei wneud mewn cyfarfodydd neu'r hyn y dylid ei hepgor mewn trafodaethau.

Cadeirio cyfarfod

- Beth yw rôl cadeirydd mewn cyfarfod o unrhyw fath?
- Pa sgiliau ddylai'r cadeirydd eu meistroli?
- Beth ddylai'r cadeirydd wneud cyn y cyfarfod, yn ystod y cyfarfod ac ar ôl y cyfarfod?
- Sut mae modd llywio'r drafodaeth?
- Sut gall y cadeirydd arwain y drafodaeth ac ennyn ymateb?
- Sut mae modd holi cwestiynau yn graff ac yn sensitif?
- Sut gall y cadeirydd gynnal diddordeb yr aelodau ac osgoi undonedd? Ystyriwch yr ystod o iaith a ddefnyddir.
- Sut ddylid crynhoi'r drafodaeth yn bwrpasol ar y diwedd?

Tasgau

I Lluniwch agenda yn seiliedig ar y darn isod:

Roedd cyfarfod diwethaf Canolfan Iaith Gorwelion ar 14 Hydref, a bydd y nesaf ymhen tri mis ar 18 Ionawr. Mae'r cyllid ar gyfer swydd y swyddog datblygu wedi dod i ben, ac felly mae'n rhaid meddwl am ffyrdd eraill o ariannu'r swydd neu gwblhau'r prosiect mae'n gweithio arno ar hyn o bryd. Bydd angen adroddiad ar gynnydd y prosiect cyn penderfynu. Mae tymor cadeirydd y bwrdd ar fin dod i ben, ac felly mae angen awgrymu unigolion a phenodi rhywun newydd trwy bleidlais. Derbyniwyd nifer o lythyrau yn cwyno am y diffyg gwasanaethau Cymraeg ym manciau'r dref, ac felly mae'n rhaid gweithredu. Mae cyllid ar gael ar gyfer gweithgareddau hyrwyddo'r Gymraeg yn lleol, ac felly mae'n rhaid ystyried sut i ddidoli'r arian, a thrafod pa syniadau sy'n haeddu buddsoddiad.

---

2 Rhestrwch y gwahaniaethau rhwng y ddau ddarn canlynol:

Darn I

---

a. Wel ... falle licen ni ...
b. Wyt ti isie rhoi barn ar y syniad?
a. Ym, ma' fe'n anodd ...
b. Rhaid i ni 'neud penderfyniad heno am ...
a. Fi'n joio mynd mas, ond fi ddim yn siŵr am hynny ... [peswch]
a. Fi'n siŵr bydd pobl yn lico'r math 'na o beth, rhaid fi weud ...
b. Fi'n meddwl bydde fe'n ofnadw, ond os dyna beth chi isie ...
a. Grêt. Fi'n siŵr bydd e'n codi lot o arian
b. Ie, fi'n credu [chwerthin] bydd pawb yn hapus yn y diwedd

Darn 2

> Trafodwyd y syniad o gynnal noson gymdeithasol er mwyn codi arian i'r ganolfan. Roedd rhai yn anghytuno, ond penderfynwyd bwrw ymlaen â'r syniad gwreiddiol. Ni chafwyd unrhyw wrthwynebiad. Bydd y swyddog ieuenctid yn gweithredu trwy drefnu'r noson, a thrafodir dulliau hyrwyddo yn y cyfarfod nesaf.

Mae Darn 1 yn drawsgrifiad o sgwrs lafar, a Darn 2 yn enghraifft o iaith ysgrifenedig. Maent yn dangos y gwahaniaeth rhwng y drafodaeth ar lafar yn y cyfarfod a sut y dylid crynhoi'r hyn a ddywedwyd mewn cofnodion ffurfiol.

3 Troswch y brawddegau canlynol i'r Gymraeg:
   - I would be grateful if you would submit all application forms to human resources by the end of the week.
   - Please will you send the application form to the secretary as soon as possible?
   - The head of department was asked to write a report by the end of the year.
   - The proposal was seconded by the treasurer.
   - The director was thanked for her work.
   - The manager proposed that the chairman be re-elected.
   - The recommendations were accepted.
   - The next meeting will be held in our Cardiff office.
   - All members agreed to appoint Mari Davies as head of the finance department.
   - Would it be more convenient for you to have the minutes of the last meeting?

4 Ysgrifennwch gofnodion cyfarfod staff cwmni marchnata. Mae'r agenda a'r nodiadau a luniwyd yn ystod y cyfarfod ei hun ar y dudalen sy'n dilyn. Trowch y nodiadau hyn yn gofnodion ffurfiol a chryno yn dilyn y cyfarfod. Bydd angen ichi ddethol y pwyntiau pwysig, ad-drefnu'r cynnwys ac ystyried mynegiant a chywair y darn.

Agenda
Croeso
Presennol/ymddiheuriadau
Derbyn y cofnodion diwethaf
Materion yn codi

Cyfarfod staff cwmni marchnata Gorwelion. 8/1/18 yn yr ystafell bwyllgor.

Pres: Gwion Llewelyn (cad.), Elen Roberts (swyddog iaith), Gwawr Ifan (is-gad.), Elwyn Iwan (trys.), Tomos Llyr (ysgrifennydd), Steffan Rhys (pennaeth marchnata)

Ymdd. gan Huw Elfyn.

(Diolch i TLl am y te a'r bisgedi cyn y cyfarfod.)
Cofnodion 26/10/17: popeth yn iawn. Ond camgymeriad – cyllid o £500 (ddim £400) ar gyfer gweithgareddau Cym.

O'r adran farchnata: pethau'n mynd yn dda. Gwefan newydd, ond angen dylunio taflenni newydd. SR eisiau £200 i argraffu. EI yn deud bod £100 ar gael. Pawb yn cytuno – hyn yn syniad da.

Lot o gwynion am safon iaith ebyst Cym. Llythyrau cywir. GLl yn holi oes angen help. ER am roi templed i staff. GLl yn holi a yw adnoddau dynol am helpu – sesiynau Cymraeg. GI yn dweud bod cywirdeb iaith yn bwysig. EI yn anghytuno, hyn yn costio arian. ER am ymchwilio faint.

10 o staff wedi gofyn am ymarfer Cym. ER am drefnu sesiynau anffurfiol amser cinio yn wirfoddol. GLl yn meddwl hyn ddim yn llwyddo, ond GI yn dweud bod rhaid cynnig. EI yn deud bod ychydig o arian yn pot ar gyfer hyn. Colli mwy o arian os ddim cynnig hyn.

Ymweliad gan y Llywodraeth – trafod polisi iaith. Angen gwybod pwy sy'n gallu mynd erbyn dydd Gwener. TL i gasglu enwau. GLl yn awgrymu bod pawb yn gwneud ymdrech i fod yno.

Cyfarfod nesaf: nifer yn methu dod 24/3/18 – ! Newid y dyddiad i 27/3/18.

5 Rydych chi'n gwneud nodiadau mewn cyfarfod pwyllgor sy'n trafod cwsmeriaid sy'n awyddus i dderbyn gohebiaeth yn Gymraeg. Dyma'ch nodiadau. Newidiwch nhw i'r cywair ffurfiol ar gyfer adroddiad yn y cyfarfod nesaf, gan ddefnyddio berfau lle bo angen:

cynnig gwasanaeth	**pryd**	y gwaith cyfieithu wedi ei gwblhau
angen gweithredu cynllun iaith	**cyn**	colli cwsmeriaid
darparu llythyrau arferol	**nes**	fersiynau newydd yn barod
sicrhau cydymffurfiaeth	**rhag ofn**	Llywodraeth ymweld
derbyn cwynion	**oherwydd**	diffyg darpariaeth Gymraeg

6 Cywirwch y brawddegau isod:

- Cytunodd Mair a Rachel rhannu'r wybodaeth.
- Mae Mair a Rhian yn iawn. Bydd y ddau'n derbyn mwy o gyflog.
- Mae'r staff eisiau fwy o hyfforddiant.
- Bydd y staff uwch yn cael ei hyfforddi.
- Dwedodd JH ni allai fforddi mwy o arian.
- Dydye ddim yn teg ar RH glanhau trwy'r amser.
- Mae James Green ym ymddiehirio.
- Bydd JG yn ein adael ym mis Chwefror.
- Ynghylch Mari – mae JH a HT wedi cytuno i rannu ei ddyletswyddau
- Mae GH a AD wedi drefnu ei fod nhw'n mynd i'r dref.
- Bydd gweithiwr dros dro yn ddod yn lle RE am ddwy fis.
- Mae bawb yn cytuno dylai nhw ddefnyddio gwell system.
- Does ddim digon o arian yn y cyllideb hyfforddi.
- Bydd GP a JH yn fynd ar y cwrs fis nesaf.
- Mae'n rhaid i bawb fod yn cyfrifol am llanast yn y cegin.
- Cytunwyd pawb fod cofnodion y cyfarfod diwethaf yn gywir.
- Hoffai pawb cael hyfforddiant yn y system gyfrifiadurol.
- Nid oes ddigon o arian yn y gyllideb ar y foment.
- Ceir y staff uwch eu hyfforddi.

- Gofynnwyd Lisa pryd bydd rhywun yn dod i edrych ar y lleithder.
- Mae James Green ym ymddiheirio nad yw'n gallu mynychu'r cyfarfod.
- Cytunwyd pawb fod munudau'r cyfarfod diwethaf yn gywir.
- Cynheliwyd y cyfarfod ddydd Mawrth diwethaf yn yr ystafell bwyllgor.
- Roedd pawb yn presennol yn y cyfarfod, a thrafododd nifer o faterion.
- Cynigiwyd y cadeirydd gynnal plaidlais ar fater hyfforddiant staff.
- Cynhelir y cyfarfod fis Ionawr diwethaf, a derbynnwyd y cofnodion.

7 Yn eich grŵp, trefnwch gyfarfod tua 15–20 munud o hyd. Gallwch ddefnyddio nodiadau, ond ceisiwch beidio â'u darllen. Bydd angen agenda, ond mae rhyddid hefyd i gyfrannu fel y dymunwch.

Bydd angen dewis aelodau o'r pwyllgor o blith y rhain:
Cadeirydd
Is-gadeirydd
Ysgrife<ins>nn</ins>ydd/ysgrife<ins>n</ins>yddes
Trysorydd
Arweinydd/rheolwr prosiect
Swyddog/swyddogion
Cynrychiolydd/cydlynydd

8 Trefnwch gyfarfod yn ymwneud ag un o'r sefyllfaoedd canlynol sy'n codi yn rheolaidd ym myd gwaith. Gall fod yn bwyllgor gwaith, yn gyfarfod staff i drafod unrhyw faterion perthnasol, neu sefyllfa benodol – er enghraifft:

- rheoli perfformiad neu gynnydd
- cynnal neu ymateb i archwiliadau o gamymddwyn, gan gynnwys disgyblu
- trefnu gweithgaredd, digwyddiad neu ymweliad
- trafod problem megis bwlio yn y gweithle neu doriadau ariannol

Pwyntiau i'w hystyried:

- Chi sy'n dewis pwnc y cyfarfod, ond bydd angen cadw at batrwm arferol agenda cyfarfod neu bwyllgor.
- Dylai pawb dderbyn cyfle teg i gyfrannu.
- Defnyddiwch iaith lafar naturiol ond ffurfiol.

Meini prawf

- Y gallu i lywio'r drafodaeth yn synhwyrol.
- Y gallu i ymateb i eraill yn briodol a chydweithio er mwyn gwneud penderfyniadau.
- Gwneud cyfraniad i'r drafodaeth.
- Cywirdeb iaith.
- Ystod yr iaith, patrymau a geirfa sy'n briodol mewn cyfarfod.

Enghraifft

Agenda/rhaglen

Croeso
Yn bresennol/ymddiheuriadau
Derbyn y cofnodion diwethaf
Materion yn codi
Adroddiadau
Pwyntiau gweithredu
Unrhyw fater arall
Dyddiad y cyfarfod nesaf

1. **Croeso ac ymddiheuriadau**
   Croesawyd yr aelodau i'r grŵp. Nodwyd ymddiheuriadau.

2. **Derbyn cofnodion y cyfarfod diwethaf a materion yn codi**

Cofnod 2: Derbyniwyd cwynion gan rai cwsmeriaid nad ydynt yn derbyn gohebiaeth yn y Gymraeg, er iddynt nodi hynny. Awgrymwyd y dylid cadw bas data o'r sawl sy'n dymuno gwasanaeth dwyieithog.

Diweddariad: Cadarnhawyd bod hyn wedi ei gyflawni.

3. Adroddiadau

3.1 Hyfforddiant

Mae nifer o aelodau staff wedi mynegi eu diddordeb mewn astudio cyrsiau gloywi Cymraeg fel rhan o'u datblygiad proffesiynol parhaus. Ar hyn o bryd, nid oes darpariaeth ar eu cyfer.

Pwynt gweithredu: Bydd yr adran adnoddau dynol yn asesu'r angen am hyfforddiant ac yn ei drefnu.

3.2 Marchnata

Trafodwyd a oes angen diweddaru logo'r cwmni. Credai'r mwyafrif fod y logo yn parhau i dynnu sylw cwsmeriaid, tra teimlai rhai y gallai edrych yn fwy cyfoes.

Pwynt gweithredu: Y swyddog marchnata i ymgynghori â gweddill y tîm.

3.3. Gwefan y cwmni

A oes angen cyfieithu pob rhan o wefan y cwmni? Ar hyn o bryd, rhai elfennau yn unig sydd ar gael yn ddwyieithog.

Pwynt gweithredu: Y swyddog marchnata i drafod â golygydd y wefan a holi am gostau cyfieithydd allanol.

Unrhyw fater arall
Dyddiad a lleoliad y cyfarfod nesaf

Cynhelir y cyfarfod nesaf yng nghanolfan Caerdydd ar 10 Mehefin.

PENNOD 2:
LLUNIO ADRODDIAD

Mae llunio adroddiad yn un o'r tasgau mwyaf cyffredin ym myd gwaith. Mae'n ddogfen ffurfiol sy'n cyflwyno gwybodaeth, ffeithiau, ymchwil, dadansoddiad neu dystiolaeth am bwnc neu sefyllfa benodol. Mae pwrpas amlwg i adroddiad, er enghraifft argymell, cymell, dadlau, perswadio, gwneud argraff, cofnodi, atgyfnerthu, briffio, amlinellu canlyniadau archwiliad, diweddaru, trafod dogfennau, gwneud cynigion a rhoi cyfarwyddiadau. Caiff ei anelu fel arfer at gynulleidfa neilltuol, ac mae angen ystyried eu hanghenion cyn rhoi adroddiad ar waith a'r rheswm pam fod angen adroddiad. Gall amrywio o ran hyd a manylder, a chaiff y deunydd ei osod mewn fformat sydd wedi ei strwythuro'n glir. Gall hefyd amlinellu cynnydd prosiect neu ddigwyddiad arbennig, gan gynnig diweddariad ar eu cyfer neu nodi'r canlyniadau a ddeilliodd ohonynt.

Fel arfer, bydd y sawl sy'n llunio adroddiad yn derbyn briff sy'n cynnig cyfarwyddiadau a chanllawiau. Gall hyn gynnwys nod yr adroddiad, y sawl fydd yn ei ddarllen, disgrifiad o'r mater dan sylw ac unrhyw ofynion sydd gan bwy bynnag sydd wedi gwneud cais am adroddiad.

Ceir cyfarwyddiadau i ddilyn ar sut i lunio adroddiad. Bwriad y pwyntiau trafod a'r tasgau yw eich paratoi ar gyfer llunio dogfen o'r fath, boed hynny mewn grŵp neu'n unigol. Dylid defnyddio'r enghreifftiau fel patrwm o strwythur, cynnwys ac arddull adroddiad. Ceir ansoddeiriau, berfau ac ymadroddion defnyddiol yn yr atodiad, ond mae'r eirfa yn dibynnu ar y maes a drafodir (gw. adran 2, 3 a 4). Oherwydd natur ffurfiol adroddiad, defnyddir ffurfiau'r ferf amhersonol fel arfer, er mwyn sicrhau gwrthrychedd ac arddull broffesiynol.

Cyfarwyddiadau

Beth sy'n bwysig mewn adroddiad? Beth? Ble? Pryd? Pam? Sut?
Gall ysgrifennu adroddiadau chwarae rhan hanfodol mewn sawl proffesiwn. Mae nifer o wahanol fathau o adroddiad, yn amrywio o'r technegol iawn i'r disgrifiadol. Fodd bynnag, maent i gyd yn rhannu nodweddion penodol: fel arfer caiff adroddiadau eu hysgrifennu mewn arddull gryno, maent yn rhoi gwybodaeth fanwl, ac maent wedi eu cyflwyno mewn adrannau o dan benawdau (ac is-benawdau) eglur, fel bod darllenwyr yn gallu dod o hyd i wybodaeth yn rhwydd ac yn gyflym. Mae angen ymchwilio o ryw fath ar bob adroddiad.

Cyn penderfynu pa nodweddion i'w cynnwys mewn adroddiad, gofynnwch i chi eich hun:

Pa fath o adroddiad yw hwn? Gwyddonol, arbrofol, technegol, ymchwil, arolwg, theori, prosiect.

Beth yw ei ddiben? Amlinellu prosiect, cyflwyno ymchwil, cyhoeddiad, rhyngrwyd, cwmni.

Pwy fydd yn ei ddarllen? Goruchwyliwr, rheolwr llinell, arbenigwyr yn y maes, pobl nad ydynt yn arbenigwyr, pobl dechnegol, cydfyfyrwyr, darllenwyr cyffredinol.

Bydd y cwestiynau hyn yn eich helpu i benderfynu ar arddull yr adroddiad, ei ddiben a'i lefel. Bydd yr atebion yn eich galluogi i benderfynu ar strwythur, adrannau, penawdau'r penodau, a faint o iaith dechnegol fydd i'w disgwyl yn yr adroddiad. Os bydd unrhyw amheuaeth yn eich meddwl, holwch y sawl sydd wedi gofyn i chi am yr adroddiad.

Beth sy'n gwneud adroddiad da?
- Tanio syniadau – meddwl am yr hyn rydych chi'n ei wybod yn barod (a chwilio am ragor o wybodaeth os oes angen)
- Trefnu gwybodaeth yn gategorïau, ac yn brif bwyntiau/ffeithiau o dan bob categori

- Pwrpas: trefnu ac ysgrifennu'r ffeithiau fel eu bod yn hawdd eu canfod a'u deall
- Pwnc/agwedd arbenigol ar y pwnc – pwy yw'r gynulleidfa?
- Mae testun adroddiad yn disgrifio sut mae pethau, neu sut yr arferai pethau fod

Mae adroddiad effeithiol yn cyflwyno a dadansoddi ffeithiau a thyst-iolaeth sy'n berthnasol i'r broblem neu'r mater penodol dan sylw yn y briff. Dylech gydnabod pob ffynhonnell rydych chi'n ei defnyddio yn yr adroddiad, a chreu cyfeirnodau'n unol â'r dull a ddefnyddir yn eich sefydliad. Fel arfer, mae arddull ysgrifennu mewn adroddiad yn fwy cryno na thraethawd, a'r defnydd o iaith yn fwy uniongyrchol a chynnil.

Beth mae'n rhaid i mi feddwl amdano pan fyddaf yn dechrau ysgrifennu?

Defnyddio penawdau: dylid rhoi pennawd i bob adran, sy'n nodi natur ei chynnwys. Efallai y byddwch am ddefnyddio is-benawdau ymhob adran yn ymdrin â gwahanol fathau o gynnwys perthnasol.

Y data: dylai hyn fod mor eglur ac mor fanwl gywir â phosibl. Efallai y byddwch am ddefnyddio graffiau, tablau neu siartiau. Gellir cynnwys y rhain ym mhrif gorff eich adroddiad, ond fel arfer maent i'w cael fel atodiadau.

Arddull yr ysgrifennu: fel arfer caiff adroddiad ei ysgrifennu mewn ffordd sy'n canolbwyntio ar rywbeth neu â ffocws uniongyrchol. Dylech ysgrifennu unrhyw ddisgrifiad o'ch dulliau ymchwil mewn modd sy'n ddigon manwl i ganiatáu i rywun arall ddyblygu eich ymchwil yn union. Ni ddylech gynnwys unrhyw fanylion na disgrif-iadau diangen.

Trefn y deunydd: peidiwch â phoeni gormod am drefn y deunydd i ddechrau. Cychwynnwch ysgrifennu gyda pha bynnag adran rydych chi'n fwyaf cyfforddus â hi. Gallwch ad-drefnu eich adrannau i weddu i'r strwythur cyffredinol sydd ei angen ar eich adroddiad unwaith y bydd yr holl ymchwiliad neu brosiect wedi'i gwblhau.

Strwythuro'r adroddiad

Dylech holi'r sawl sydd wedi gofyn i chi lunio'r adroddiad am unrhyw ofynion penodol. Mae nodweddion arferol unrhyw adroddiad ymchwil wedi eu rhestru isod.

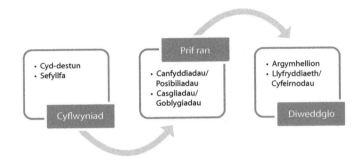

Wynebddalen: Rhowch deitl cryno a manwl i'ch adroddiad – dylai grynhoi diben a hanfod yr adroddiad. Hefyd rhowch enw(au) yr awdur(on) ac, fel arfer, y dyddiad. Rhowch enw'r sefydliad neu'r cwmni y mae'r adroddiad wedi ei ysgrifennu ar ei gyfer.

Crynodeb: Cofnod byr o'r hyn sydd yn yr adroddiad a'i brif gasgliadau yw'r crynodeb: 'esgyrn sychion' yr adroddiad, fel canllaw i ddarllenwyr posibl. Dylai darllenydd allu gweld beth yw hanfod yr adroddiad o'r crynodeb a phenderfynu p'un a yw'n werth ei ddarllen ymhellach. Fel arfer mae crynodeb adroddiad i gwmni neu gleient ychydig yn hirach: hyd at dudalen A4. Caiff ei alw yn 'Grynodeb gweithredol', ac mae'n rhestru holl brif bwyntiau'r adroddiad fel pwyntiau bwled.

Cydnabyddiaeth: Yn arbennig o berthnasol os oes gennych oruchwyliwr, neu os yw'r gwaith wedi ei noddi, neu os oes rhywun wedi bod o gymorth arbennig i chi.

Tabl cynnwys: Prif benawdau'r penodau a rhifau'r tudalennau. Gall penodau fod ag is-benawdau, ac is-is-benawdau, ond cofiwch y gall gormod o lefelau o is-benawdau fod yn ddryslyd i'r darllenydd. Mae modd rhifo penawdau 1, 2, 3 ac ati, gan rifo is-benawdau: 1.1, 1.2 ac ati. (Nodwch nad yw rhai arddulliau adroddiadau yn defnyddio rhifau penodau.)

Rhestr o dablau a ffigurau: Mae'r rhain yn arbennig o ddefnyddiol os oes nifer fawr o dablau neu ffigurau, neu os yw'r darllenydd am ddod o hyd i un yn gyflym, efallai oherwydd ei bwysigrwydd.

Cyflwyniad: Beth yw'r broblem a pham ei bod yn bwysig? Mae'r adran hon yn gosod y llwyfan i'r darllenydd, a bydd yn cynnwys rhai o'r canlynol:

- **Cefndir:** digon o gefndir cyffredinol i'r darllenydd allu dilyn gweddill yr adroddiad.
- **Amlinelliad:** esboniwch y pwnc cyffredinol rydych yn edrych arno, ac yna cyfyngwch hynny yn amlinelliad cryno o'r hyn rydych wedi ei wneud.
- **Adolygiad llenyddiaeth:** beth sydd wedi ei wneud cyn hyn sy'n berthnasol i'r gwaith hwn – gwaith pobl eraill, efallai hyd yn oed eich gwaith blaenorol eich hun. Mae'r adran hon yn hanfodol fel arfer mewn adroddiadau swmpus.
- **Nodau, diben yr astudiaeth:** beth yw nod y gwaith hwn? Mae modd cyflwyno hyn ar ffurf datganiadau neu gwestiynau, gan ailgodi pob un mewn trafodaeth ddiweddarach ac yn y casgliadau, ar ôl disgrifio'r gwaith.
- **Dull/methodoleg:** ei bwrpas yw esbonio'r hyn rydych chi wedi ei wneud (dulliau) a pham y dewisoch y dulliau (methodoleg). Efallai y bydd angen i chi ddisgrifio sut y cynhalioch eich arbrawf/ymchwiliad, a pha ddeunyddiau y gwnaethoch eu defnyddio (rhowch ddigon o fanylion fel bod gan unrhyw un sydd am ailadrodd yr hyn a wnaethoch y wybodaeth angenrheidiol). Efallai y bydd angen i chi esbonio pa dechnegau ystadegol y gwnaethoch eu defnyddio.

Canfyddiadau/Canlyniadau

Beth wnaethoch chi ei ganfod? Bydd angen i chi esbonio eich canfyddiadau. Nodwch a chrynhowch ganlyniadau perthnasol, ond yn y cam hwn peidiwch â datgelu unrhyw ddadansoddi na chasgliadau.

Rhannwch eich canlyniadau yn unedau rhesymegol (gall fod yn ddefnyddiol defnyddio nodau eich adroddiad i wneud hyn).

Trafodaeth

Trafodwch bwysigrwydd eich canfyddiadau mewn perthynas â'ch nodau a'ch amcanion cychwynnol. Trafodwch sut y mae'r canlyniadau yn ymwneud â'r pwnc a astudiwyd, y pethau newydd a ganfuwyd, pam na fu rhai pethau'n llwyddiannus – dylech gydnabod unrhyw wendidau yn eich ymchwil, ac argymell gwelliannau ar gyfer y dyfodol.

Casgliad

Dylech ail-ddatgan prif nodau ac amcanion yr adroddiad, a chrynhoi eich canfyddiadau a'ch casgliadau. Byddwch yn gryno ac yn fanwl gywir.

Cyfeirnodau

Rhestr o'r gweithiau a ddyfynnwyd yn eich adroddiad. Mae ffyrdd safonol o restru a dyfynnu cyfeirnodau. Holwch eich darlithydd/ cydweithiwr beth yw'r system gywir ar gyfer eich maes chi.

Llyfryddiaeth: ar adegau, mae'n bosib y bydd angen i chi restru gweithiau eraill sy'n berthnasol i'r pwnc, gweithiau nad ydych wedi eu dyfynnu ond rydych wedi eu defnyddio ar gyfer darllen cefndirol.

Geirfa: rhyw fath o eiriadur o dermau anghyfarwydd, geiriau technegol, symbolau neu nodiant. Mae modd gosod yr eirfa yma yn y cyflwyniad, neu ar ôl y tabl cynnwys, neu mewn atodiad.

Atodiadau: dylech roi deunydd sy'n rhy fanwl ar gyfer y prif adroddiad – er enghraifft, holiaduron a ddefnyddiwyd, tablau mawr, data crai, diagramau atodol a rhestrau o raglenni cyfrifiadurol – ar ddiwedd yr adroddiad, mewn atodiadau. Rhowch labeli arnynt – er enghraifft, Atodiad 1, 2, 3, neu Atodiad A, B, C ac ati – a sicrhewch eich bod yn cyfeirio at bob atodiad o leiaf unwaith yn eich prif destun. Fodd bynnag, nodwch y dylai fod yn bosibl darllen yr adroddiad heb orfod cyfeirio'n fanwl at yr atodiadau yn barhaus.

Pwyntiau i'w hystyried

- Cyn gwneud adroddiad, sicrhewch eich bod yn gwybod yr hyd sy'n ddisgwyliedig – efallai y bydd hyn wedi ei nodi fel nifer geiriau neu dudalennau. Os felly, bydd angen i chi wybod beth yw'r gofynion o ran maint ffont a gofod rhwng llinellau, oherwydd bydd hyn yn effeithio ar faint o eiriau sydd ar bob tudalen. Holwch yr un sydd wedi gofyn i chi wneud yr adroddiad am gyngor.

- Cynlluniwch eich strwythur cyffredinol cyn i chi gychwyn ysgrifennu.

- Mae adroddiad yn wahanol i draethawd. Y prif wahaniaeth o ran diben yw bod adroddiad yn ganlyniad i arbrawf, gweithgaredd neu ymchwiliad ymarferol rydych wedi'i gynnal. Mae adroddiad yn *edrych* yn wahanol i draethawd hefyd, gan eich bod yn defnyddio penawdau mewn adroddiad i wahanu'r prif adrannau. Er hynny, fel mewn traethawd, mae'n rhaid i chi ysgrifennu mewn Cymraeg da, awgrymu ar ddiwedd pob paragraff yr hyn sy'n dod nesaf, a chyfeirnodi yn gywir.

- Unwaith y mae strwythur cyffredinol yr adroddiad gennych, fel arfer wedi'i fynegi fel penawdau, nid oes rhaid i chi ysgrifennu yn y drefn honno. Mae llawer o bobl yn aros tan y diwedd cyn ysgrifennu'r crynodeb a'r cyflwyniad hyd yn oed.

- Mae rhai o'r nodweddion fel teitl, cyflwyniad, casgliad a chyfeirnodau/llyfryddiaeth yn hanfodol. Mae'n rhaid i bob adroddiad hefyd fod â phrif gorff (methodoleg, canlyniadau, dadansoddiad), beth bynnag yw ei enw. Mae'n bosibl y bydd nodweddion eraill yn hanfodol mewn mathau penodol o adroddiad.

- Bydd swmp eich adroddiad yn y prif gorff. Ni ddylai'r cyflwyniad fod yn rhy hir. Dylai'r casgliad fod yn fyr. Rhaid i'r crynodeb fod yn fyr iawn. Cofiwch, pan fyddwch yn cyfrif geiriau ar gyfer y gwaith, mai yn y prif gorff y bydd mwyafrif y geiriau.

- Mae'n arfer cyffredin rhoi penawdau a'r prif destun mewn arddulliau ffont gwahanol. Mae rhai prosesyddion geiriau, fel Microsoft Word, yn cynnwys tudalennau safonol mewn arddull adroddiad. Os byddwch yn dysgu sut i'w defnyddio, mae'n bosibl iawn y byddwch yn ei chael yn haws cadw arddull unffurf trwy gydol eich adroddiad.

- Defnyddiwch italeiddio neu fewnoli wrth ddyfynnu union eiriau gwaith rhywun arall os yw'n hirach na dwy frawddeg. Dylech gydnabod y ffynhonnell bob amser, a chyfeirnodi'n gywir. Efallai y bydd angen caniatâd yr awdur arnoch os yw'n ddarn estynedig.

Os yw'r adroddiad yn un hir, mae'n bosib y bydd angen y canlynol:
- Tudalen gynnwys
- Crynodeb gweithredol
- Mynegai
- Atodiad yn cynnwys unrhyw wybodaeth ychwanegol

Pwyntiau trafod
- Beth sy'n bwysig mewn adroddiad? Beth? Ble? Pryd? Pam? Sut?
- Sut mae strwythuro adroddiad?
- Trafodwch sut y byddech yn mynd ati i lunio adroddiad am sefyllfa sy'n codi yn eich gweithle yn ymwneud â'r Gymraeg.
- Trafodwch yr enghreifftiau isod, gan fanylu ar ieithwedd, cynnwys, strwythur, diwyg, cywair ac arddull yr adroddiadau.
- Cymharwch y ddau adroddiad, gan ystyried y pwyntiau uchod. Pa un sy'n cyfleu'r wybodaeth orau? A yw'r ddau yn rhwydd i'w darllen?

Tasgau
1. Lluniwch adroddiad ar bwnc o'ch dewis chi yn ymwneud â'ch maes arbenigol, gan wneud ymchwil cefndirol cyn mynd ati i'w ysgrifennu.
2. Lluniwch adroddiad ar broblem sy'n codi'n aml yn eich gweithle, gan ystyried sut i'w datrys.
3. Ysgrifennwch adroddiad yn amlinellu sut i ddelio â sefyllfa ym myd gwaith sy'n ymwneud â'r Gymraeg yn benodol. Trafodwch y gwasanaethau dwyieithog sydd ar gael ac amgylchiadau cyffredinol yr iaith yn y gweithle.
4. Crynhowch un o'r adroddiadau isod i 100 o eiriau, gan nodi'r prif bwyntiau.

5   Ymarfer cyfieithu:
- We held an important meeting at the university on 10 March.
- We decided to hold a seminar to discuss the new building.
- The purpose of the conference was to raise awareness of poverty.
- Twenty-five confirmed that they would be attending, but thirty came.
- A speech was given by the guest speaker.
- A description of the building was given by the head of department.
- The conclusion given by Mrs Evans was concise.
- The hotel was very luxurious and comfortable.
- The vegetarian food was of a high standard.
- The guest speaker thanked everyone for attending the conference.
- The feedback was very positive.
- If you would like further information, please contact:
- The staff and managers responded very well.
- If you would like copies of the speakers' speeches, please contact:
- The staff provided us with excellent service.

6   Defnyddiwch y ffeithiau isod er mwyn creu adroddiad cyflawn am ddigwyddiad:
- Ffair gyflogadwyedd – Neuadd y Ddinas Caerdydd, 9–1, 12/12/17.
- Stondinau – mentrau iaith, cyngor Caerdydd, cwmnïau teledu, BBC, S4C, yr Ymddiriedolaeth Genedlaethol.
- Digwyddiadau – cyflwyniadau am y Gymraeg yn y bore, gweithdy CV yn y prynhawn, sgwrs am recriwtio, trafod hysbysebion swydd.

7   Lluniwch adroddiad ffurfiol am ddamwain yn y gweithle yn sgil y nodiadau isod a gofnodwyd gan aelod o staff:

Bob dydd Mawrth, rydw i'n dysgu ar gampws arall. Roeddwn i'n hwyr a rhuthrais drwy'r drws. Roedd offer glanhau wrth y drws, a syrthiais ar y llawr. Rydw i wedi cael anaf i 'mraich, ac rydw i'n dioddef poenau mawr. Doedd dim rhybudd glanhau. Es i i'r ysbyty, a dywedon nhw 'mod i wedi torri fy mraich, felly fydd hi ddim yn bosib imi ddysgu am gyfnod.

8   Lluniwch adroddiad yn amlinellu cynnydd prosiect rydych yn, neu wedi bod yn, gweithio arno.

9   Lluniwch adroddiad ar gyfarfod staff diweddar, neu defnyddiwch y cyfarfod a drefnwyd gennych yn adran 2, pennod 1.

Enghraifft I

Adroddiad ar gynnydd

Y mae gan yr asiantaeth newydd sawl swyddfa ranbarthol ledled Cymru. Diben yr adroddiad hwn yw gwerthuso'r cwrs Cymraeg a addysgwyd yno yn ystod 2018.

Yn dilyn archwiliad sgiliau ieithyddol mewnol, penderfynwyd bod angen cynnal hyfforddiant gan fod cyn lleied o'r gweithlu yn medru'r Gymraeg. Cafodd yr adran adnoddau dynol ymateb calonogol, gyda phymtheg o staff yn cofrestru'n syth.

Er bod y dysgwyr wedi bod yn frwdfrydig tu hwnt, mae angen ymrwymiad i sicrhau rhuglder yn y pen draw. Y brif broblem oedd diffyg presenoldeb yn gyson oherwydd pwysau gwaith a chyfarfodydd allanol. Roedd rhai hefyd yn cwyno nad oeddent yn gallu dilyn llawlyfr y cwrs yn rhwydd. Fodd bynnag, bu gwersi ar-lein a sesiynau sgwrsio anffurfiol o fudd mawr iddynt.

Y mae gan yr asiantaeth weledigaeth i fod yn sefydliad dwyieithog drwyddo draw, ac mae'n adolygu ei bolisi iaith. Caiff dilyniant y staff ei fonitro gan swyddogion adnoddau dynol.

SYLWCH ar gywair ffurfiol yr adroddiad a'r defnydd helaeth o ferfau cryno, rhai amhersonol yn enwedig wrth drafod y presennol a'r dyfodol (gw. yr atodiad iaith am restrau). Hefyd, mae'r cywair ffurfiol yn golygu dim rhagenw, geiriau cyflawn heb eu talfyrru, is-gymalau.

Enghraifft 2

Adroddiad ar ddigwyddiad

Ar 10 Mehefin, penderfynodd yr asiantaeth hon gynnal digwyddiad i drafod manteision addysg uwch. Pwrpas y digwyddiad oedd codi ymwybyddiaeth o addysg uwch yn y gymuned. Cafwyd ymateb da iawn gan y gymuned, ac roedd y digwyddiad yn llwyddiannus iawn. Cynhaliwyd y digwyddiad yn y ganolfan Gymraeg, ac fe'i trefnwyd gan bennaeth yr uned Gymraeg.

Cadarnhaodd ugain eu bod yn dod, ond roedd hanner cant yn bresennol yn y pen draw.

Agorwyd y cyfarfod gan John Evans, gyda gair o groeso a diolch. Traddododd Dai Jones araith ar bwnc 'Addysg uwch yn fy nheulu i'. Disgrifiodd Mr Jones y newidiadau yn ei deulu. Nid aeth ei dad i'r coleg, ond aeth ef i'r coleg, ac mae dau o'i blant yn athrawon erbyn hyn.

Roedd diweddglo Mr Jones yn annog pawb i fynd i'r coleg. Roedd y gwesty'n foethus iawn. Cafwyd bwyd o safon uchel, ac roedd y lluniaeth ysgafn a ddarparwyd yn flasus iawn. Roedd yr ystafelloedd yn lân ac yn gynnes. Cafwyd gwasanaeth arbennig gan y gweithwyr.

Diolchodd John Evans i bawb am fynychu'r cyfarfod ac am gyfrannu at y digwyddiad. Er na fu nifer o staff yn bresennol yn y digwyddiad, roedd yr adborth gan y rhai a fynychodd yn gadarnhaol iawn. I gael gwybodaeth bellach, neu i gael copïau o gyflwyniadau'r siaradwyr, cysylltwch â ...

SYLWCH Defnyddir cymysgedd o ffurfiau er mwyn amrywio berfau mewn adroddiad fel nad yw'n undonog – er enghraifft, terfyniad '-odd' ar gyfer berfau gorffennol, 'roedd' yn dynodi berfau amherffaith, a'r terfyniad '-wyd' ar gyfer yr amhersonol (gw. yr atodiad iaith am restrau).

PENNOD 3:
LLYTHYRAU FFURFIOL

Er bod nifer o weithleoedd yn defnyddio cyfrwng e-bost i gyfathrebu'n ffurfiol erbyn hyn, mae llythyr yn parhau i fod yn ddogfen allweddol ymhob sector. Gellir anfon llythyr drwy'r post neu ei gynnwys fel atodiad i e-bost, ond bydd ei ffurf gyffredin yn aros yr un fath mewn unrhyw gyd-destun. Fe'i defnyddir at wahanol ddibenion fel y gwelir isod, ond yn aml bydd yn cynnwys gwybodaeth ychwanegol i'r hyn a roddir mewn e-bost.

Ceir cyfarwyddiadau cyffredinol i ddilyn ar ffurf a strwythur llythyr. Gellir defnyddio'r pwyntiau trafod i gynnal trafodaeth mewn grŵp neu fel ystyriaeth i'r unigolyn, gan ddefnyddio'r tasgau fel paratoad ar gyfer ysgrifennu llythyr yn annibynnol. Cynhwysir tasgau cyfieithu er mwyn ymgyfarwyddo â gweinyddu'n ddwyieithog, a chynhwysir enghreifftiau o wahanol bwrpasau i lythyr – er enghraifft, cwyno, ymateb i gŵyn, gwerthfawrogiad, mynegi diddordeb mewn prosiect, llythyr busnes, cyflwyno pris/amcangyfrif. Ceir patrymau defnyddiol yn yr atodiad (gw. adran 6(vi)). Mae cyfrol *Canllawiau Ysgrifennu Cymraeg* gan J. Elwyn Hughes hefyd yn cynnwys brawddegau addas i'w defnyddio mewn llythyrau.

Cyfarwyddiadau

1 Llythyr yn cwyno

Dylid cynnwys yr elfennau canlynol:

- Beth yw'r gŵyn, yn gryno?
- Pryd ddigwyddodd hyn?
- Pwy gafodd eu heffeithio?
- Rhowch fanylion y gŵyn, gan restru os oes angen. Nodwch sut y mae'r sefyllfa wedi effeithio arnoch.
- Amlinellwch sut yr hoffech i'r sefydliad ddatrys y broblem, gan nodi camau pellach yr ystyriwch y dylid eu cymryd.
- Rhowch eich manylion cyswllt, a nodwch pwy ydych chi.
- Mynegwch ddiolch am gymryd amser i ddarllen y llythyr, a'ch bod yn edrych ymlaen at yr ymateb.

Peidiwch â bygwth y cwmni mewn unrhyw fodd nac ymddwyn yn ymosodol. Cadwch dôn eich llythyr yn gwrtais, a rhowch gyfle i'r cwmni ddelio â'r broblem.

2 Ymateb i gŵyn

- Dylid cydnabod derbyn y gŵyn.
- Cynigiwch sicrwydd i'r sawl sy'n cwyno bod y sefydliad yn archwilio'r sefyllfa, gan ddilyn y gweithdrefnau priodol.
- Os na ellir cynnig ymateb yn syth, darbwyllwch y sawl sy'n cwyno y bydd y sefydliad yn ceisio datrys y broblem cyn gynted ag y bo modd, gan roi amserlen fras os yn bosib.
- Diolchwch am yr ohebiaeth, ac annog y sawl sy'n cwyno i gysylltu os oes ganddynt ymholiadau pellach.

3 Llythyr o werthfawrogiad

- Nodwch pam eich bod yn cysylltu a'r hyn rydych yn ei ganmol neu ei werthfawrogi.
- Amlinellwch y rhesymau dros hynny.
- Ategwch eich canmoliaeth neu werthfawrogiad, a dymuno'n dda i'r sefydliad yn y dyfodol.

4 Mynegi diddordeb mewn prosiect
- Nodwch pam eich bod yn cysylltu, ac enw'r prosiect.
- Amlinellwch eich cyfraniad i'r prosiect.
- Hyrwyddwch botensial y cwmni.
- Diolchwch i'r darllenydd am ei amser, gan nodi eich bod yn edrych ymlaen at gydweithio.

5 Llythyr busnes
- Nodwch ddiben y llythyr yn fras.
- Ymhelaethwch ar union natur y mater dan sylw, gan roi manylion neu ffeithiau yn gryno.
- Diolchwch i'r darllenydd am dderbyn y llythyr, gan ddarparu manylion cyswllt.

6 Cyflwyno pris/amcangyfrif
- Nodwch bwrpas y llythyr a'r hyn y rhoddir pris yn ei gylch.
- Ychwanegwch fanylion a'r rhesymeg dros gynnig yr amcangyfrif hwn.
- Cynigiwch delerau ac amodau, gan efallai hyrwyddo enw da'r cwmni.
- Darparwch fanylion cyswllt, gan ofyn i'r cwsmer gysylltu os oes ymholiadau pellach.

Pwyntiau trafod

- Beth yw'r prif ystyriaethau wrth ysgrifennu llythyr?
- Pa gywair dylid ei ddefnyddio ar gyfer llythyr proffesiynol?
- Pa fath o iaith sy'n cael ei ddefnyddio mewn llythyrau ym myd gwaith?

Tasgau

1 Cyfieithwch y brawddegau canlynol:
  - I want to complain about . . .
  - I'm not satisfied with . . .
  - I'm not at all happy about . . .
  - I'm deeply disappointed with . . .

- This is not acceptable
- I am writing on behalf of . . .
- This is a disgrace
- The services provided were not of a high standard.
- You can contact me via e-mail.
- I urge you to address the situation as soon as possible.

2 Ysgrifennwch nodyn at eich rheolwr yn amlinellu natur cwyn rydych wedi ei dderbyn, a sut i ymateb iddi. Bydd eisiau:
- cyfarchiad
- crynodeb o'r gŵyn
- cais y person/cwmni
- diwedd priodol

3 Lluniwch y llythyrau canlynol:
- cwyno
- ymateb i gŵyn
- gwerthfawrogiad
- mynegi diddordeb mewn prosiect
- llythyr busnes
- cyflwyno pris/amcangyfrif

4 Mae £1,000 ar gael gan y cyngor lleol ar gyfer digwyddiad/gweithgaredd sy'n hyrwyddo'r Gymraeg yn yr ardal. Ysgrifennwch lythyr at y pwyllgor grantiau yn amlinellu eich syniad am nawdd. Nodwch y manteision i'r sefydliad.

Templed llythyr

[Eich cyfeiriad]
[Dyddiad]

Annwyl _____,

Nodi pwrpas y llythyr a'r rheswm dros gysylltu
Prif gorff y llythyr: ymhelaethu a rhoi manylion
Diolch i'r darllenydd am ei amser, darparu manylion cyswllt

Yn gywir,

Enghreifftiau

I Llythyr cwyno

Ifan Jones ydw i ac rwy'n gweithio fel rheolwr datblygu i gwmni marchnata Gorwelion. Yn anffodus, rydym yn siomedig iawn â safon y dylunio ar gynnyrch a dderbyniwyd gan eich cwmni yn ddiweddar, felly mae'n rhaid imi ysgrifennu atoch i gwyno.

Rydym wedi defnyddio eich gwasanaethau ers blynyddoedd, ond y tro hwn nid oedd y brand yn ddigon amlwg ar y deunydd marchnata a anfonwyd atom yr wythnos ddiwethaf. Roedd y lliw yn wan, ac nid oedd yr ysgrifen yn glir. Mae hyn yn golygu na allwn ddefnyddio'r deunydd i hyrwyddo ein cwmni mewn cynhadledd y penwythnos hwn.

Hoffwn ad-daliad am y cynnyrch, a hefyd i chi ein cyflenwi â chynnyrch newydd o'r safon ddisgwyliedig. Yn ddelfrydol, hoffem ddefnyddio'r deunydd mewn cyfarfod ymhen chwe niwrnod.

Gallwch gysylltu â mi trwy ffonio ar _____ neu e-bostio _____.

Diolch ymlaen llaw am eich cydweithrediad parod, a gobeithiaf y gallwn ddatrys y broblem yn fuan.

SYLWCH Mae cywair pob llythyr yn ffurfiol, beth bynnag yw'r pwnc. Defnyddir berfau cryno, geirfa safonol ac is-gymalau.

2 Ymateb i gŵyn

Diolch yn fawr am eich gohebiaeth. Rydym yn ymddiheuro'n fawr am unrhyw anghyfleustra mae'r sefyllfa wedi ei beri i chi. Nid dyma'r safon o wasanaeth yr ydym yn dymuno ei ddarparu.

Gallwn eich sicrhau y byddwn yn archwilio i'r mater cyn gynted â phosib, gan ddilyn y gweithdrefnau priodol. Byddwn yn cysylltu â chi unwaith y byddwn wedi cwblhau'r broses, a ddylai gymryd tua 14 diwrnod gwaith.

Yn y cyfamser, peidiwch ag oedi rhag cysylltu â ni os oes gennych unrhyw sylwadau pellach ar y mater.

3 Llythyr diolch

Byddwn yn derbyn eich cynnig o ad-daliad a gostyngiad oddi ar bris y cynnyrch yn yr archeb nesaf.

Hyderaf na fydd hyn yn effeithio ar ein cytundeb arferol gyda chi, ac edrychwn ymlaen at barhau i gydweithio yn y dyfodol.

Diolch unwaith eto am eich cydweithrediad parod ac am ddatrys y broblem.

SYLWCH sut y defnyddir ansoddeiriau yn briodol mewn llythyr diolch, gan amlinellu'r rhesymau dros ddiolch.

4 Mynegi diddordeb mewn prosiect

Diolch am y gwahoddiad i gyfranogi yn y prosiect 'Dwyieithrwydd yn y byd gwaith'. Fel cwmni marchnata blaenllaw, rydym yn hyderus fod gennym lawer i'w gynnig, a hoffem fynegi ein diddordeb i gydweithio gyda chi. Mae'r prosiect yn ymddangos yn fuddiol tu hwnt.

Mae ein rheolwr marchnata eisoes wedi penodi tîm arbenigol er mwyn datblygu cynllun gweithredu manwl. Creda y bydd yn cryfhau proffil busnesau bach ymhob sector, ac yn esgor ar lu o fanteision hirdymor mewn gwahanol feysydd. Fel y gwyddoch, mae gennym brofiad helaeth ym maes rheoli prosiectau, ac rydym yn ymrwymedig i gynnig gwasanaeth ddwyieithog. Mae ein staff wedi gweithio ar nifer o brosiectau llwyddiannus yn y gorffennol – er enghraifft, 'Cymraeg mewn Busnes' – ac felly maent yn addas iawn ar gyfer ymgymryd â'r gwaith hwn. Gallaf eich sicrhau y byddwn yn cadw llygad fanwl ar ddatblygiad y gwaith.

Edrychwn ymlaen at dderbyn eich sylwadau ar y cynllun cychwynnol. Hyderwn y bydd hon yn bartneriaeth lewyrchus. Diolch unwaith eto am roi'r cyfle i ni gydweithio gyda chi ar y prosiect cyffrous hwn.

5 Llythyr busnes

Ein cyfeirnod

Eich cyfeirnod

Dyddiad

Eich cyfeiriad

Annwyl Syr/Fadam,

Diolch am eich cais am wybodaeth. Amgaeaf y ddogfen a'r adroddiad perthnasol a ofynnwyd amdanynt yn eich llythyr dyddiedig ____. Gobeithiaf y bydd y cynnwys yn dderbyniol, ac edrychwn ymlaen at glywed gennych yn fuan. A allech chi anfon sylwadau erbyn ____ fan bellaf, os gwelwch yn dda. Yn y cyfamser, peidiwch ag oedi rhag cysylltu os hoffech drafod ymhellach.

Yr eiddoch yn gywir,

[Enw a theitl swydd]

SYLWCH ar y defnydd o ferfau cryno presennol gyda'r terfyniad '-af' yn ogystal â gwneud cais am rywbeth – er enghraifft, 'A allech chi . . . ?'

6 Llythyr yn cyflwyno pris/amcangyfrif

Diolch i chi am eich llythyr dyddiedig _____ yn holi am ein gwasanaeth gloywi Cymraeg yn y gweithle. Ein telerau arferol yw £120 am sesiwn, gan gynnwys addysgu, asesu ac adborth. Bydd y tiwtor yn dod i'ch gweithle, ac ni fydd costau teithio yn ychwanegol.

Byddai'r cwrs yn dechrau ym mis Ionawr, ac yn golygu dwy awr yn wythnosol. O'r herwydd, byddai'n rhaid rhyddhau eich staff o'u dyletswyddau ar gyfer y cyfnod hwnnw. Mae'r cwrs yn cynnwys ymarferion llafar a gramadegol, ac mae wedi ei ganmol gan gwmnïau blaenllaw sydd wedi defnyddio ein gwasanaeth.

Pe baech yn teimlo y gallem fod o unrhyw gymorth i chi, neu pe baech yn dymuno trafod unrhyw fanylion am y gwaith, mae croeso i chi gysylltu â ni.

SYLWCH sut y cyflwynir y wybodaeth yn glir a chryno, gan gynnig ymateb i unrhyw ymholiadau ychwanegol ar y diwedd.

PENNOD 4:
DATGANIAD I'R WASG

Mae cysylltu â'r wasg neu'r cyfryngau yn rhan allweddol o nifer helaeth o swyddi. Mae datganiad i'r wasg (press release) yn fodd i ledaenu gwybodaeth am yr hyn y mae eich cwmni/sefydliad yn ei gyflawni a hybu digwyddiad neilltuol neu unrhyw lwyddiannau, datblygiadau a phrosiectau arbennig.

Os ydych eisiau i'ch digwyddiad fod yn llwyddiannus ac apelio at gynulleidfa eang, mae'n rhaid ichi farchnata'r digwyddiad yn ofalus trwy greu datganiad i'r wasg. Gyda chymaint o bobl yn cael eu gorlwytho â gwybodaeth ar y cyfryngau cymdeithasol, negeseuon testun ac e-byst, sut mae modd creu cyffro? Pa elfennau a ddylid eu cynnwys a'u hepgor? Faint o wybodaeth sy'n ddigonol? Gwnewch i'r digwyddiad swnio fel un na ddylid ei golli! Mae'n rhaid bod yn greadigol er mwyn cyflwyno'r manylion mewn modd sy'n apelio at y darllenydd.

Ceir canllawiau i ddilyn ar sut i lunio datganiad i'r wasg am ddigwyddiad a phrosiect penodol fel un o'r rhai mwyaf cyffredin, tasg sy'n gofyn am sgiliau hyrwyddo a marchnata. Ceir cyfarwyddiadau ar sut i strwythuro datganiad i'r wasg, a'r hyn y dylid ei gynnwys ynddo. Gellir defnyddio'r pwyntiau trafod a'r tasgau fel modd i gyplysu sgiliau llafar â rhai ysgrifenedig, naill ai fel ystyriaeth unigol neu mewn grŵp. Cynhwysir enghraifft o ddatganiad am ddigwyddiad sy'n dathlu'r Gymraeg. Ceisiwch amrywio berfau, ansoddeiriau ac ymadroddion; ceir enghreifftiau yn yr atodiad (gw. adran 2, 3 a 4).

Cyfarwyddiadau

Dyma un o'r dulliau mwyaf cyffredin o rannu gwybodaeth, ac mae'n arf cysylltiadau cyhoeddus allweddol. Caiff ei ysgrifennu'n benodol i hyrwyddo neu dynnu sylw at ddigwyddiad neilltuol, datblygiad newydd, ymweliadau a theithiau pwysig, menter neu gynllun arbennig. Dylid cadw mewn cof fod y testun y tu hwnt i'ch rheolaeth wedi i chi ei ryddhau, a dylid ystyried yn ofalus y wybodaeth sydd i'w chynnwys ynddo. Bydd yn rhaid penderfynu ar y dyddiad mwyaf addas i ryddhau'r wybodaeth, gan ystyried materion fel embargo a allai achosi oedi. Beth yw arwyddocâd yr hyn rydych eisiau ei ddweud, a pham ei fod yn bwysig ac o ddiddordeb i'r cyfryngau ac yn arbennig i'r cyhoedd? Pam ei fod yn deilwng o gael ei gynnwys yn y newyddion?

Y pum cwestiwn sydd angen eu hystyried yw:

Pwyntiau i'w hystyried:

- Sicrhewch fod y datganiad yn gryno, yn ddeinamig ac yn ffeithiol gywir.
- Mae cynnwys llun yn syniad da er mwyn ennyn diddordeb y darllenydd.
- Gall dyfyniadau perthnasol ychwanegu dyfnder a lliw i'r datganiad.
- Adroddwch hanes diddorol er mwyn apelio at y gynulleidfa.
- Ystyriwch yr hyn sy'n wreiddiol ac yn ffres am eich digwyddiad, a defnyddiwch hynny fel eich prif arf i'w hybu.
- Defnyddiwch arddull naturiol, gadarnhaol ac uniongyrchol.
- Defnyddiwch ferfau gweithredol er mwyn creu cyffro a chymell y darllenydd i ddarllen rhagor.
- Hyd datganiad arferol yw 300–800 gair – yn ddim hwy na thudalen A4.

- Cofiwch olygu a phrawfddarllen yn fanwl. Gall y syniadau gorau golli eu hapêl os yw'r iaith yn wallus. Dylech osgoi jargon, bratiaith a gormodiaith.

- Gall creu cyswllt rhwng eich digwyddiad â thueddiadau (trends), newyddion neu faterion cyfoes roi naws amserol iddo.

- Rhowch ystyriaeth fanwl i ddiwyg y datganiad. Ei brif bwrpas yw denu pobl i'w ddarllen ar gyfer dibenion hyrwyddo.

- Dylid rhoi sylw i atalnodi yn enwedig. Nid oes angen gormod o ebychnodau, penawdau na llythrennau bras, neu bydd yn amharu ar y wybodaeth a gyflwynir.

Peidiwch â ...

- defnyddio brawddegau ystrydebol a chyffredin sy'n swnio fel hysbyseb ar gyfer gwerthu rhywbeth.

- datgelu popeth yn syth – mae hyn yn annog y darllenydd i ymchwilio ymhellach am ragor o wybodaeth ynghylch eich sefydliad.

- defnyddio pwyntiau bwled neu restrau hir, sy'n fwy addas ar gyfer erthygl.

- defnyddio gormod o ansoddeiriau a geirfa anghyfarwydd.

Geirfa arbenigol

digwyddiad, achlysur, hysbyseb, gweithgareddau, hwyliog, codi arian

---

Mae sgiliau marchnata yn golygu cyfathrebu'n uniongyrchol â'r darllenydd, felly gallwch ei gyfarch yn fwy anffurfiol ar brydiau – er enghraifft, defnyddio 'ti', a'r ferf orchmynnol, er enghraifft 'Sylwa'/ 'Sylwch' (gw. yr atodiad am ffurfiau berfau).

Pwyntiau trafod

- Datblygu syniad ar gyfer trefnu digwyddiad i ddathlu Diwrnod Shwmae Su'mae, a'i gyflwyno i'ch rheolwr/pennaeth. Cyflwyno beth yw'r digwyddiad; manylion – er enghraifft, lle a phryd, cost, sut i hyrwyddo. Ystyriwch sut i drosglwyddo gwybodaeth yn ffurfiol ond ar lafar, gan fod yn hyderus.

- Wedi ichi drefnu'r digwyddiad, lluniwch sgript radio er mwyn ei hyrwyddo fel rhan o gyfweliad.

Tasgau

1   Ysgrifennu datganiad i'r wasg, tua 250 gair o hyd, gan gyflwyno gwybodaeth am ddigwyddiad i ddathlu'r Diwrnod Shwmae Su'mae.

2   Llunio neges drydar (Twitter), gan gyflwyno gwybodaeth am y digwyddiad. Y tro hwn, mae'n rhaid cyflwyno'n gryno, yn fachog ac yn fwy anffurfiol – 140 o lythrennau yn unig.

3   Lluniwch ddatganiad ffurfiol i'r wasg yn sgil y nodiadau bras isod am gwmni sy'n bwriadu agor swyddfa newydd:

- Dydd Llun, Ionawr 7
- Ymhen tri mis – cwmni marchnata Gorwelion yn agor swyddfa newydd yng Nghaerdydd. Mae ganddynt swyddfa yn barod yn Abertawe
- Sefydlwyd y cwmni saith mlynedd yn ôl gan Gethin Dafis
- Creu 200 o swyddi newydd yn syth, a 120 o swyddi llawn-amser yn ystod y blynyddoedd nesaf
- Maen nhw'n cynnig gwasanaethau marchnata, hyrwyddo, brandio a chysylltiadau cyhoeddus
- Maer Caerdydd yn dweud: 'Balch iawn o'r datblygiad, creu swyddi, dymuno'n dda iddyn nhw yn y fenter bwysig yma.'

Templed

1 **Pennawd.** Tynnwch sylw'r darllenydd gyda phennawd
cryf a bachog, gan gynnwys geiriau allweddol y bydd pobl
yn debygol o'u defnyddio wrth chwilio am ddigwyddiadau.
Mae'n rhaid agor y datganiad mewn arddull gref sy'n
mynnu sylw, a chymell y darllenydd i barhau i ddarllen.
Cofiwch gynnwys enw eich digwyddiad a'r lleoliad neu'r
thema. Nid oes rhaid cynnwys gormod o fanylion ar y
dechrau.

2 **Crynodeb.** Lluniwch grynodeb rhwng un a phedair
brawddeg. Gallwch ysgrifennu hyn wedi ichi gwblhau
gweddill y datganiad, gan y bydd yn haws crynhoi
pwyntiau ar y diwedd.

3 **Prif baragraff.** Atebwch y cwestiynau uchod yma, gan
nodi unrhyw elfennau trawiadol. Defnyddiwch arddull
syml a chadwch at bwyntiau allweddol y wybodaeth yn
unig.

4 **Prif ran.** Ym mhrif gorff y datganiad, mae cyfle ichi
adrodd hanes y digwyddiad – fel arfer, tua dau neu dri
paragraff. Defnyddiwch y paragraff cyntaf i ehangu ar
fanylion y digwyddiad a'i roi yn ei gyd-destun. Soniwch am
y gynulleidfa, unrhyw westeion sy'n mynychu, ynghyd â'u
cefndir a manteision mynychu. Os yw'r lleoliad neu'r
dyddiad yn hanesyddol neu'n arbennig am ryw reswm,
cofiwch nodi hynny. Gall y rhan hon o'r datganiad
ddefnyddio arddull mwy disgrifiadol a chreadigol na'r
gweddill fel modd o hyrwyddo.

5 **Datganiad cyffredinol.** Yma, gallwch ddarparu manylion cyffredinol am eich sefydliad – er enghraifft, y gwasanaethau rydych chi'n eu darparu ac efallai enwau'r trefnwyr. Gall gynnwys eich cenhadaeth neu eich gweledigaeth. Dyma'r man i hyrwyddo delwedd gyhoeddus y sefydliad.

6 **Manylion cyswllt.** Dylai'r datganiad gynnwys eich manylion cyswllt: enw'r cwmni, rhif ffôn, cyfeiriad (nid yw'n angenrheidiol), gwefan, enw'r person y dylid cysylltu ag ef am ragor o wybodaeth, cyfeiriad e-bost.

Enghraifft 1

Cyfle i ddathlu'r Gymraeg yn eich gweithle, eich ysgol, eich cymuned

Mae **Diwrnod Shwmae Su'mae** ar 15 Hydref wedi ei drefnu gan Fudiadau Dathlu'r Gymraeg i annog pobl i ddechrau pob sgwrs yn Gymraeg.

Bydd **Diwrnod Shwmae Su'mae** yn gyfle inni atgyfnerthu a dathlu'r Gymraeg a'r ffyrdd y byddwn ni'n cyfarch ein gilydd yn Gymraeg yn ein cymunedau. Bydd hefyd yn gyfle i gefnogi ac annog ymdrechion pawb sydd wrthi'n dysgu Cymraeg ledled Cymru. Mae'r Gymraeg yn perthyn i bawb, a gallwn ni i gyd ddefnyddio'r Gymraeg ymhob man – yn y siop, y ganolfan hamdden, y gwaith, wrth geisio gwasanaeth Cymraeg yn ein cymuned, gyda ffrindiau.

Ar 15 Hydref, cynhelir nifer o weithgareddau ar draws y wlad i ddathlu **Diwrnod Shwmae Su'mae**. Bwriad yr ymgyrch yw:

- gwneud y Gymraeg yn llawer mwy amlwg a chyhoeddus;
- dangos bod yr iaith yn perthyn i bawb yng Nghymru, beth bynnag yw eu medrusedd;
- a sicrhau defnydd o'r Gymraeg ar hyd y flwyddyn.

Am ddathlu'r diwrnod? Rho gynnig arni! *Have a go!*
Mae'n gyfle i'ch mudiad, cymuned a chymdeithas nodi'r diwrnod, a chael ychydig o hwyl wrth ddathlu'r achlysur. Mae'r dathlu yn eich dwylo chi, ond dyma rai awgrymiadau:

- Yr Awr Fawr – beth am annog dysgwyr yn y gweithle, eich cymuned neu eich ysgol, a chynnal awr o sgwrsio yn y Gymraeg amser cinio neu dros baned mewn caffi lleol?
- Bore coffi a chacennau, neu fore te a theisen.
- Creu gwaith celf trwy nifer o gyfryngau, megis baneri, bathodynnau, addurno hen grysau-T, murlun/graffiti – addurnwch hen wal yn yr ysgol, cylch meithrin, aelwyd neu ganolfan.
- Fflachmobio – beth am greu fideo?

SYLWCH Mae diwyg ac edrychiad y datganiad yn ystyriaeth holl-bwysig er mwyn apelio at y darllenydd – er enghraifft, cynnwys llun neu fideo, rhestru pwyntiau bwled, sut y mae'r wybodaeth yn cael ei strwythuro mewn modd cryno a chlir.

Enghraifft 2

Prosiect Dwyieithrwydd mewn Busnes

A ydych chi eisiau denu cwsmeriaid newydd a sicrhau mantais dros eich cystadleuwyr wrth farchnata? Mae gan fenter iaith gynllun **Dwyieithrwydd Mewn Busnes** a all greu gwahaniaeth rhwng eich busnes chi a busnesau eraill yn yr un sector. Pwrpas y grant yw annog microfentrau (hyd at naw aelod staff) i wasanaethu'n ddwyieithog ac i ddefnyddio'r iaith Gymraeg yn gyfochrog â'r Saesneg.

Mae dau rwydwaith **Brecwast Busnes** wedi eu trefnu yn ystod yr Eisteddfod Genedlaethol er mwyn i ficrofentrau yn yr ardal dderbyn gwybodaeth am y grant a'r gefnogaeth sydd ar gael iddynt. Bydd cynrychiolwyr o'r busnesau yn cael y cyfle i wrando ar gyflwyniadau gan siaradwyr gwadd sydd â phrofiad o ddatblygu busnesau dwyieithog llwyddiannus, a bydd cyfle hefyd i fentrau hyrwyddo eu gwaith eu hunain. Bydd y **Brecwast Busnes** cyntaf ar ddydd Llun, 1 Awst, am 9 y.b. ar stondin Mentrau Iaith Cymru. Mae'r **Brecwast Busnes** am ddim i ficrofentrau yn yr ardal leol wledig, gyda thocyn am ddim i faes yr Eisteddfod a brecwast am ddim!

I archebu lle, cysylltwch â [enw], [rhif ffôn], [cyfeiriad e-bost]. Ariannwyd y prosiect hwn trwy gynllun datblygu gwledig Cymru.

SYLWCH Defnyddir y cywair ffurfiol ar gyfer dogfen broffesiynol o'r fath, ond sylwch hefyd sut y llwyddir i greu naws anffurfiol trwy ofyn cwestiynau a defnyddio ebychnodau.

PENNOD 5:
ASESIAD RISG

Asesiad risg yw archwiliad gofalus o'r hyn a allai achosi niwed i bobl yn y gweithle (neu unrhyw weithgareddau sy'n codi yn y gwaith), fel y gall cyflogwr bwyso a mesur a oes digon o ragofalon wedi eu trefnu ar gyfer atal niwed. Y nod yw sicrhau nad oes unrhyw un yn cael ei anafu nac yn mynd yn sâl. Gall damweiniau ac afiechyd ddifetha bywydau, ac effeithio ar y busnes hefyd trwy gynyddu costau yswiriant os oes difrod neu oedi gyda'r broses gynhyrchu. Mae asesiad risg, felly, yn gallu diogelu enw da'r sefydliad trwy amddiffyn y gweithwyr rhag niwed.

Mae'n ofynnol llunio asesiad risg ar gyfer y gweithle yn gyffredinol, ond hefyd adrannau o fewn y gweithle os oes amgylchiadau arbennig – er enghraifft, bydd gan y gegin asesiad ar wahân gan fod risgiau gwahanol a phenodol yn gysylltiedig â'r amgylchedd hwn. Mae'n ddisgwyliedig hefyd creu asesiad risg ar gyfer digwyddiadau, ymweliadau a gweithgareddau gwahanol i'r arfer, neu os ydych yn gadael y safle gwaith arferol.

Ceir argymhellion i ddilyn sy'n amlinellu beth yw asesiad risg a sut i'w gynnal. Maent yn cynnwys pwyntiau trafod a'r tasgau ymarferion a fydd yn eich cynorthwyo yn y broses, a gellir eu cyflawni yn unigol neu mewn grŵp. Yna, ceir enghreifftiau o asesiadau risg ar gyfer gwahanol sefyllfaoedd y gellir eu defnyddio fel patrwm neu dempled ar gyfer eich asesiad. Oherwydd natur ffurfiol y dasg, defnyddir y ferf amhersonol yn aml ar gyfer asesiad risg, ond mae'r eirfa yn dibynnu ar y cyd-destun. Gw. ystod o ferfenwau ac ymadroddion yn yr atodiad (gw. adran 3 a 4).

Cyfarwyddiadau

Beth yw asesiad risg?

- Archwiliad sy'n dangos beth allai achosi niwed i bobl, a'r camau y gellid eu cymryd er mwyn osgoi hyn.

Mae'n ofyniad cyfreithiol i'r cyflogwr asesu'r peryglon posibl yn y gweithle er mwyn diogelu'r gweithlu. Y dasg bwysig yw penderfynu a yw'r perygl yn un sylweddol, ac a yw'r risg yn cael ei lleihau trwy weithredu rhagofalon digonol. Dylid gwerthuso'r risgiau dan sylw yn fanwl, gan ystyried pa mor effeithiol yw'r mesurau rheoli risg presennol. Mae asesiad risg yn brawf eich bod wedi cynllunio'n ofalus er mwyn cymryd camau rhesymol i gadw eich staff yn ddiogel. Mae hefyd yn ddogfen sydd ar gael i bob aelod o staff sy'n cael ei effeithio, ac felly mae'n ddull addas o rannu gwybodaeth ac arfer da trwy sicrhau bod pawb yn ymwybodol o'r canllawiau diogelwch y dylent eu gweithredu.

Perygl: unrhyw beth a allai achosi niwed – er enghraifft, gwrthrychau, cemegau, trydan, ceblau, llithro, baglu, offer neu beiriannau, dulliau gwaith, yr amgylchedd gwaith ac agweddau eraill ar drefniadaeth y gwaith.

Risg: y siawns y gallai rhywun gael ei niweidio pe bai'r perygl yn digwydd, a sylw ar ba mor ddifrifol y gallai fod (uchel, cymedrol, isel). Bydd maint y risg yn dibynnu ar:

- Y tebygolrwydd y bydd y niwed yn digwydd
- Difrifoldeb posibl y niwed – hynny yw, unrhyw anaf o ganlyniad i'r risg/effaith ar iechyd
- Y bobl mae'r perygl yn effeithio arnynt – hynny yw, nifer y bobl a allai gael eu niweidio

Lefel y risg

Gall tasgau cyffredin o ddydd i ddydd neu rai mwy arbenigol beri risg uchel/isel. Dyma grwpiau i chi eu hystyried wrth gyplysu'r perygl gyda'r risg:

Tasg ddi-nod gyda risg uchel	Tasg arwyddocaol gyda risg uchel
Tasg ddi-nod gyda risg isel	Tasg arwyddocaol gyda risg isel

Arwyddocâd: Mae eistedd wrth ddesg yn ateb e-bost, er enghraifft, yn dasg allweddol a rheolaidd i'r rhan fwyaf o weithwyr, ond nid yw'n achosi perygl sylweddol i iechyd a diogelwch. O'r herwydd, nid oes angen asesiad pellach gan fod y rhagofalon presennol cyffredinol yn ddigonol.

Sut i asesu'r risgiau yn eich gweithle?

1 Nodi lleoliad, y weithgaredd/digwyddiad.
2 Nodi/chwilio am y peryglon.
3 Nodi pwy y gellid eu peryglu a sut/penderfynu pwy a all gael niwed.
4 Blaenoriaethu – adnabod pa risgiau sydd angen sylw brys.
5 Gellir gosod y tasgau mewn categorïau gwahanol.
6 Gwerthuso'r risgiau a phenderfynu ar fesurau ataliol/penderfynu a yw'r rhagofalon presennol yn ddigonol, ynteu a oes angen adolygu a gwneud mwy; cyfiawnhau'r penderfyniad os nad oes angen gweithredu ymhellach.
7 Cofnodi'r canfyddiadau a gweithredu'r casgliadau.
8 Adolygu eich asesiad a'i ddiweddaru os oes angen.

Yn y mwyafrif o gyrff gwasanaethau cyhoeddus, busnesau lleol a sefydliadau sy'n gweithredu o swyddfa, mae'r peryglon yn brin. Mae cynnal asesiad yn fater o synnwyr cyffredin syml, er ei fod yn angenrheidiol. Mewn cwmni mwy, gellid penodi cynrychiolydd diogelwch neu ddefnyddio arbenigwyr cymwys o ffynhonnell allanol, ond cofiwch mai'r cyflogwr sy'n gyfrifol am ofalu bod yr asesiad yn ddigonol. Mae angen bod yn drwyadl wrth gynnal asesiad ac ystyried diogelwch eich gweithgareddau, gan geisio rhagweld y peryglon a'r risgiau posibl.

Cwestiynau cyffredinol

- Beth yw'r perygl?
- Beth yw'r risg?
- Pwy sy'n debygol o fod mewn perygl? Oes gofynion gwahanol?
- Pa gamau y gellid eu cymryd?
- A oes modd cael gwared â'r risg?
- Os nad oes modd cael gwared â'r risg, sut mae ei reoli?

Cynghorion

- Rhestrwch y peryglon y byddech yn disgwyl iddynt achosi niwed sylweddol.
- Nodwch unrhyw beryglon sylweddol yn y gweithle – er enghraifft, gofod caeedig, uchder, golau gwan, tymheredd uchel/isel.
- Cofiwch gynnwys unrhyw un sydd yn yr amgylchedd gwaith, gan roi ystyriaeth arbennig i unigolion sy'n fwy bregus ac y gallai'r risg effeithio yn fwy arnynt nag eraill – er enghraifft, plant, pobl ag anabledd neu gyflwr meddygol, merched beichiog, ymwelwyr â'r safle.

Rhagofalon presennol

- Rhestrwch y mesurau rheoli ar gyfer y peryglon sylweddol – er enghraifft, dillad arbennig, cyfarwyddiadau ar gyfer cyfarpar, gweithdrefnau priodol, rheolau iechyd a diogelwch
- Unrhyw hyfforddiant neu gyrsiau angenrheidiol
- Caniatâd neu drwydded i weithio mewn safleoedd peryglus

Rheoli risg

- Wedi ichi nodi'r rhagofalon presennol, a oes modd i'r peryglon sylweddol achosi niwed o hyd?
- Ystyriwch a yw'r risg yn uchel, yn ganolig neu'n isel trwy luosi tebygolrwydd y perygl gyda sgôr difrifoldeb – y nod yw dileu risgiau yn gyfan gwbl, neu leihau'r risg.
- Rhestrwch y rheoliadau ychwanegol ar gyfer pob un o'r peryglon sylweddol er mwyn lleihau'r risg i'r lefel isaf sy'n ymarferol bosib – er enghraifft, datganiad diogelwch, allanfeydd tân, system awyru.

Dylid adolygu unrhyw newidiadau sylweddol i'r amgylchedd gwaith yn ôl y galw; fel arfer, bydd gwneud adolygiad bob deuddeg mis yn dderbyniol

Geirfa arbenigol

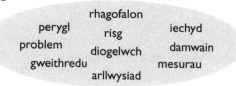

rhagofalon
perygl   risg   iechyd
problem   diogelwch   damwain
gweithredu   mesurau
arllwysiad

Pwyntiau trafod

1   Rhowch grynodeb o asesiad risg.

2   Rhestrwch bum perygl posib yn eich gweithle, a'u trafod.

3   Nodwch y risg ar gyfer pob perygl fel uchel (U), canolig (C) neu isel (I).

4   Pam ddylai pob gweithiwr wybod ac edrych ar daflen asesiad risg orffenedig?

5   Meddyliwch am weithgaredd diweddar a allai fod yn beryglus. Esboniwch pam yr oedd yn beryglus, ac ystyriwch pa gamau sy'n bosib er mwyn sicrhau bod y weithgaredd yn fwy diogel yn y dyfodol.

6   Trafodwch yr asesiad sy'n dilyn – a yw'r asesiad yn cynnwys yr elfennau angenrheidiol?

Tasgau

1   Diffiniwch asesiad risg yn gryno.

2   Pa reolau sydd gan eich gweithle/prifysgol er mwyn sicrhau bod pawb yn ddiogel ac yn iach? Rhestrwch bump. Pam ddylech chi gadw at y rheolau hyn?

Y Rheolau	Pam?

3   Dewiswch bum perygl yn eich gweithle/prifysgol, ac ystyriwch ddifrifoldeb y risg. Nodwch unrhyw ragofalon presennol, ac unrhyw addasiadau sydd angen eu gwneud iddynt.

4   Lluniwch asesiad risg ar gyfer taith i Sain Ffagan a drefnir gan Fenter Iaith Rhondda Cynon Taf, yn rhan o'i rhaglen Cyfle i ddefnyddio'r Gymraeg ar gyfer pobl ifanc.

5   Lluniwch asesiad risg ar gyfer eich gweithle/prifysgol, neu ar gyfer digwyddiad/ymweliad penodol.

Templed

Sefydliad

1. Gweithgaredd/yr hyn a asesir

2. Risgiau/peryglon

3. Difrifoldeb y risg (U, C, I)

4. Pwy sy'n cael eu heffeithio

---

5. **Y camau a ddefnyddir i reoli'r risg /rhagofalon presennol**

6. **Y camau ychwanegol y mae angen eu gweithredu/ mesurau ataliol**

7. **Pwy sy'n gyfrifol am weithredu? Erbyn pryd?**

8. **A oes angen monitro?**

9. **Dyddiad adolygu'r asesiad**

Enw   **Llofnod**

Dyddiad asesiad

Enghraifft

Asesiad Risg Cydraddoldeb

At ddibenion y ddogfen hon, gall y gair 'cynnig' gyfeirio at unrhyw weithdrefnau, strategaethau, adolygiadau, prosiectau, cynlluniau, a chynnwys rhai newydd, wedi eu hadolygu, neu wedi eu diwygio'n sylweddol.

Cyfarwyddiaeth/adran/tîm: Adnoddau Dynol

Dyddiad sgrinio: 13 Tachwedd 2018

Pwy yw'r prif fuddiolwyr/ddefnyddwyr? Holl aelodau'r staff.

Nodau, amcanion a chanlyniadau

Beth fydd y cynnig yn ei gyflawni?
I amlinellu beth yw datgelu er lles y cyhoedd, a darparu polisi a gweithdrefnau dilynol.

Nodweddion gwarchodedig	Lefel risg (U, C, I)	Esboniwch eich asesiad yn fyr	Arfer da a/neu ffactorau lliniarol
Oed (grŵp oed iau, hŷn, neu benodol)	Isel	Nid oes unrhyw ddata monitro ar gael yn ôl oed ar y nifer sy'n manteisio ar y broses hon. Mae mynediad i'r wybodaeth a chyfathrebu am weithdrefn chwythu'r chwiban yn gyfartal i weithwyr, waeth beth fo'u hoed. O ganlyniad, caiff y weithdrefn hon effaith niwtral ar weithwyr yn dibynnu ar grŵp oed. Bydd namau sy'n gysylltiedig ag oed, megis dirywiad mewn golwg a chlyw, yn effeithio'n anghymesur ar weithwyr hŷn. Fodd bynnag, bydd y fformatau hygyrch sydd ar gael i bob gweithiwr yn cyfyngu unrhyw effaith negyddol bosibl y gall hyn ei gael ar weithwyr hŷn.

Anabledd (corfforol, synhwyraidd, iechyd meddwl, salwch tymor hir, cudd)	Isel	Gan fod y polisi yn berthnasol i holl staff y gwasanaeth, nid yw gweithwyr anabl yn cael eu gosod dan anfantais. Nid oes unrhyw ddata monitro ar gael ar y nifer sy'n manteisio ar y broses hon yn ôl gweithwyr anabl a'r rhai nad ydynt yn anabl.	Mae'r gwasanaeth yn un o lofnodwyr siartredig cyflogwyr gofalgar, a hefyd wedi cyflawni symbol 'tic dwbl' anabledd.
Ailbennu rhywedd (rhywun sy'n trosglwyddo o un rhyw i un arall)	Isel		Ni fyddai'r polisi yn effeithio ar y nodwedd warchodedig hon.
Priodas a phartneriaeth sifil (cyplau priod yn ogystal â chyplau o'r un rhyw)	Isel		Ni fyddai'r polisi yn effeithio ar y nodwedd hon.
Beichiogrwydd a mamolaeth (beichiogrwydd, seibiant mamolaeth, bwydo ar y fron)	Isel	Ni fyddai'r polisi yn effeithio ar y nodwedd warchodedig hon.	Mae gan y gwasanaeth bolisi mamolaeth ar wahân yn ei le sy'n cynnwys arfer gorau.

Hil (tarddiad ethnig, cenedligrwydd, lliw – gan gynnwys sipsiwn a theithwyr)	Isel	Nid oes data monitro ar gael yn ôl grŵp hil ar y nifer sy'n manteisio ar broses chwythu'r chwiban. Fodd bynnag, ni fyddai'r polisi yn effeithio ar y nodwedd warchodedig hon gan nad yw hil yn effeithio ar fynediad at wybodaeth am y polisi, oherwydd bod y wybodaeth ar gael yn eang i bawb.
Crefydd/cred (Cristnogol, Mwslimaidd, Hindŵaidd, Iddewig, Bwdhaidd)	Isel	Ni fyddai'r polisi yn effeithio ar y nodwedd warchodedig hon. Nid oes unrhyw ddata monitro ar gael ar y nifer sy'n manteisio ar y broses hon yn ôl rhanddeiliaid crefydd/ffydd. Mae mynediad at y wybodaeth sydd ar gael am broses chwythu'r chwiban yn gyfartal, waeth beth fo'r gred grefyddol, ac o ganlyniad nid yw effaith y polisi hwn yn amrywio yn dibynnu ar grŵp.
Rhyw (benyw, gwryw) Isel	Isel	Er nad oes unrhyw ddata monitro ar gael ar y nifer sy'n manteisio ar y polisi hwn, mae'r polisi yr un mor berthnasol i'r ddau ryw ac mae mynediad at wybodaeth am y polisi hwn ar gael i holl weithwyr y gwasanaeth, waeth beth fo'u rhyw.

Cyfeiriadedd rhywiol (hoyw, lesbiaidd, neu ddeurywiol)	Isel	Ni fyddai'r polisi yn effeithio ar y nodwedd warchodedig hon. Nid oes unrhyw ddata monitro ar gael ar y nifer sy'n manteisio ar y broses hon yn ôl cyfeiriadedd rhywiol gweithwyr. Mae mynediad at y wybodaeth sydd ar gael am broses chwythu'r chwiban yn gyfartal, waeth beth fo'r cyfeiriadedd rhywiol, ac o ganlyniad nid yw effaith y polisi hwn yn amrywio yn dibynnu ar grŵp.	
Iaith (iaith Gymraeg, ieithoedd lleiafrifoedd ethnig, Braille, BSL)	Isel	Ni fyddai'r polisi yn effeithio ar y nodwedd warchodedig hon. Byddai addasiadau yn cael eu gwneud yn ôl yr angen i ddogfennaeth/ gweithdrefnau	Enghraifft o arfer gorau o gynnal cyfarfodydd galluogrwydd a disgyblu yn Gymraeg os gofynnir am hynny.

Llofnod: **Llofnod y person a'i awdurdododd:**

Enw:

Dyddiad: [Llofnod/enw/dyddiad]

Iechyd a Diogelwch: Cyfarwyddiadau

Polisi iechyd a diogelwch:[1] **yr hyn sydd angen i chi ei wybod**
Mae gan bob gweithiwr hawl sylfaenol i weithio mewn amgylchedd lle y rheolir risgiau iechyd a diogelwch yn gywir. Mae'r Ddeddf Iechyd a Diogelwch yn ymwneud ag atal rhywun rhag cael ei anafu yn y gwaith neu fynd yn sâl o ganlyniad i'r gwaith. Cyfrifoldeb eich cyflogwr yw iechyd a diogelwch, ond mae'n rhaid i chi helpu.

Beth mae'n rhaid i gyflogwyr ei wneud i chi

- Penderfynu beth allai fod yn niweidiol i chi yn eich swydd, a'r camau i'w cymryd er mwyn eu hatal. Mae hyn yn rhan o'r asesiad risg.
- Esbonio sut y gellir rheoli risgiau, a dweud wrthych pwy sy'n gyfrifol am hyn, mewn ffordd sy'n ddealladwy.
- Ymgynghori a gweithio gyda chi a'ch cynrychiolwyr iechyd a diogelwch i ddiogelu pawb rhag niwed yn y gweithle.
- Rhoi'r hyfforddiant iechyd a diogelwch sydd ei angen arnoch i wneud eich swydd, a hynny yn rhad ac am ddim.
- Darparu unrhyw gyfarpar a dillad diogelwch sydd eu hangen arnoch, yn rhad ac am ddim, a sicrhau y gofelir amdanynt.
- Darparu toiledau, cyfleusterau ymolchi a dŵr yfed.
- Darparu cyfleusterau cymorth cyntaf digonol.
- Hysbysu Awdurdod Gweithredol Iechyd a Diogelwch am unrhyw anafiadau, clefydau neu ddigwyddiadau peryglus yn y gwaith.
- Cael yswiriant rhag ofn i chi gael anaf yn y gwaith neu fynd yn sâl o ganlyniad iddo. Arddangos copi caled neu electronig o'r dystysgrif yswiriant gyfredol mewn lle amlwg.
- Cydweithio â chyflogwyr a chontractwyr eraill sy'n rhannu'r gweithle neu sy'n darparu gweithwyr (fel gweithwyr asiantaeth), er mwyn diogelu iechyd a diogelwch pawb trwy ddarparu cyngor a goruchwyliaeth.

---

[1] Gweler *www.hse.gov.uk* (cyrchwyd ar 8 Rhagfyr 2017).

Beth sy'n rhaid i chi ei wneud

- Dilyn yr hyfforddiant a gawsoch wrth ddefnyddio unrhyw eitemau gwaith a roddwyd i chi gan eich cyflogwr.
- Cymryd gofal rhesymol o'ch iechyd a'ch diogelwch eich hun ac eraill.
- Cydweithredu â'ch cyflogwr ar faterion iechyd a diogelwch.
- Rhoi gwybod i rywun (eich cyflogwr, goruchwyliwr neu gynrychiolydd iechyd a diogelwch) os credwch fod gwaith neu ragofalon annigonol yn peryglu iechyd a diogelwch unrhyw un.

Os oes problem

- Os ydych yn gofidio am iechyd a diogelwch yn eich gweithle, siaradwch â'ch cyflogwr, goruchwyliwr, neu gynrychiolydd iechyd a diogelwch.
- Gallwch hefyd edrych ar wefan Awdurdod Gweithredol Iechyd a Diogelwch am wybodaeth gyffredinol am iechyd a diogelwch yn y gwaith.
- Os ydych yn dal i ofidio ar ôl siarad â'ch cyflogwr, ffoniwch linell wybodaeth Awdurdod Gweithredol Iechyd a Diogelwch. Gall yr awdurdod eich rhoi mewn cysylltiad â'r awdurdod gorfodi iechyd a diogelwch lleol a'r Gwasanaeth Cynghori Meddygol ar Gyflogaeth. Nid oes rhaid rhoi eich enw.

Diogelwch tân

Cewch gyngor ar ddiogelwch tân gan y gwasanaethau tân ac achub neu eich swyddog tân yn y gweithle. **Mae'n rhaid monitro'r gweithle yn fanwl er mwyn sicrhau nad oes sefyllfaoedd tebyg yn codi eto.**

Pwyntiau trafod

- Ewch o amgylch y gweithle i asesu unrhyw broblemau iechyd a diogelwch; trefnwch gyfarfod a'r tîm rheoli i'w trafod. Cymharwch eich nodiadau, a thrafodwch welliannau ac argymhellion. Beth ddylai'r gweithwyr ei wneud?
- Trafodwch gyda'r tîm rheoli sut y gellir cynllunio er mwyn osgoi sefyllfaoedd lle mae damweiniau'n beth cyffredin.

- Edrychwch ar y cofnod isod o ddamwain mewn gweithle. Cynhaliwch gyfarfod i drafod y cam nesaf, a sut y gellid datrys y broblem pa bai'r cwsmer yn ceisio hawlio iawndal. Ystyriwch pa mor ddibynadwy yw'r dystiolaeth neu'r tystion. A oes amwysedd yma?

Tasgau

Ewch o gwmpas y campws/gweithle i weld pa arwyddion iechyd a diogelwch sydd yno, a gwnewch restr o'r rheolau sy'n cadw pobl yn ddiogel. Llenwch y ffurflen ganlynol:

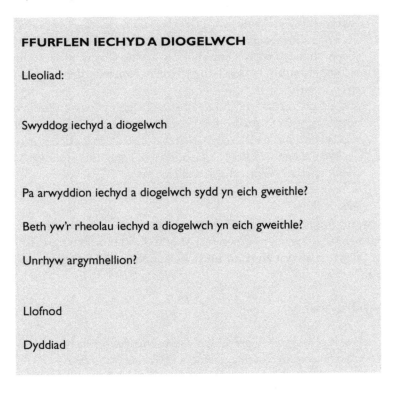

FFURFLEN IECHYD A DIOGELWCH

Lleoliad:

Swyddog iechyd a diogelwch

Pa arwyddion iechyd a diogelwch sydd yn eich gweithle?

Beth yw'r rheolau iechyd a diogelwch yn eich gweithle?

Unrhyw argymhellion?

Llofnod

Dyddiad

Llenwch yr holiadur iechyd a diogelwch canlynol:

Cyfrifoldeb y sawl sy'n trefnu gweithgaredd neu ddigwyddiad yw sicrhau iechyd a diogelwch y mynychwyr. Cwblhewch y canlynol er mwyn sicrhau asesiadau risg digonol a phriodol fel y gellir rheoli risg yn llwyddiannus. Mae'n bosib y bydd angen trafod rhai materion gyda chwmni yswiriant y cyflogwr.

Disgrifiad	
Dyddiad	
Enw'r sawl sy'n mynychu	

A ydych chi'n dioddef o unrhyw un o'r canlynol?

	Y/N	Disgrifiad
Cyflwr ar y galon neu'r system gylchrediad		
Cyflwr gwaed		
Cyflwr iechyd meddwl		
Anabledd wedi ei gofrestru neu beidio		
Alergeddau		

	Y/N		Y/N
Asthma		Problemau symud	
Clefyd siwgr		Cyflwr croen	
Epilepsi		Problemau cyfathrebu	
Nam ar y golwg		Nam ar y clyw	

	Y/N	
A ydych chi'n cymryd meddyginiaeth ar hyn o bryd?		
A oes unrhyw faterion iechyd a allai effeithio ar eich gallu i gymryd rhan yn y gweithgaredd/ digwyddiad?		

Llofnod		Dyddiad	
Trefnydd		Dyddiad	
Adran			

2 Rydych chi'n swyddog iechyd a diogelwch. Ewch o amgylch y gweithle er mwyn asesu'r problemau. Nodwch bump o'r peryglon a'r rheswm pam y maent yn beryglus.

3 Ysgrifennwch adroddiad ar iechyd a diogelwch yn eich gweithle, gan ystyried sut i leihau nifer y damweiniau yn y dyfodol. Gwnewch arolwg manwl o'r gweithle, gan edrych ar y damweiniau sydd wedi eu cofnodi – er enghraifft, baglu dros geblau trydan. Ystyriwch sut y gallwch osgoi'r damweiniau sy'n codi. Soniwch am y peryglon, pam eu bod yn beryglus a rhowch argymhellion i'r staff am yr hyn y dylent ei wneud. Gallwch ddefnyddio'r templed canlynol:

Adroddiad ar iechyd a diogelwch yn y gweithle

Dyddiad:

Cyflwyniad: pryd/sut/pam cynhaliwyd yr arolwg? Beth oedd yr arolwg a pha fath ydoedd?

Pa broblemau a nodwyd?

Pa argymhellion/gwelliannau a nodwyd?

Gweler pennod 2 uchod am ganllawiau manwl ar lunio adroddiad.

4 Trefnwch sesiwn hyfforddiant ar iechyd a diogelwch ar gyfer staff/cyd-fyfyrwyr, gan gynllunio sut y gallant osgoi'r math o ddamweiniau sy'n digwydd yn rheolaidd yn eich gweithle/prifysgol.

5 Paratowch adroddiad ffurfiol yn dilyn y cofnod canlynol gan gwsmer am ddamwain yn y gwaith. Creda'r cwsmer mai'r gweithle sydd ar fai, ac mae'n bwriadu hawlio iawndal. Darllenwch y disgrifiad a chrynhowch y prif bwyntiau yn eich adroddiad, a ddefnyddir fel tystiolaeth yn yr achos. Ystyriwch sut y gellir ymdrin â'r sefyllfa:

Enghraifft

Roeddwn i wedi cyrraedd y gwaith yn gynnar am 8 o'r gloch er mwyn cwblhau prosiect a oedd i'w gyflwyno y diwrnod hwnnw. Wrth imi gerdded at fy nesg, baglais dros geblau trydan a oedd wedi eu symud o'r ffordd gan y glanhawyr. Nid oedd arwydd i ddweud bod unrhyw berygl. Roedd yn rhaid imi fynd i'r ysbyty, a dywedwyd wrthyf fy mod wedi torri dwy asen. Mae hyn yn golygu na allaf eistedd wrth ddesg am gyfnod hir, a bydd hyn felly yn amharu'n fawr ar fy ngwaith fel swyddog gweinyddol.

Darn o adroddiad iechyd a diogelwch

Cynhaliwyd arolwg iechyd a diogelwch yn y sefydliad ar
1 Mehefin. Wedi trafod gyda staff a gwneud archwiliad manwl
o'r safle gwaith, roedd angen sylw brys ar sawl mater. Roedd
nifer o beryglon trydanol a allai achosi niwed difrifol a
marwolaeth, gan gynnwys gwifrau rhydd, golau gwan a
gorlwytho socedi. Roedd y swyddfa hefyd yn oer iawn, ac mae
hynny'n galw am sylw i'r system awyru a gwresogi. Gwelwyd
hefyd fod angen sylw pellach i'r ffreutur, yn enwedig ym maes
paratoi bwyd, gan nad yw nifer o'r safonau hylendid bwyd yn
cael eu gweithredu yn ddigonol. Cynhwysir camau llawn a
manwl mewn asesiad risg ar sail yr arolwg.

PENNOD 6:
TREFNU DIGWYDDIAD/
CYNHADLEDD

Mae trefnu digwyddiad/cynhadledd at wahanol ddibenion yn rhan bwysig o nifer o swyddi. Gall fod yn fodd o hyrwyddo'r sefydliad neu brosiect, rhannu profiad a gwybodaeth, cyflwyno ymchwil ac arbenigedd, cynnal trafodaeth â phartneriaid allanol a rhoi cyfle i gynrychiolwyr o wahanol sectorau ddod ynghyd. Beth bynnag fo'r achlysur, yr un yw'r camau ar gyfer trefnu a chynnal digwyddiad/ cynhadledd.

Ceir cyfarwyddiadau i ddilyn ar sut i drefnu, cynllunio a hysbysebu digwyddiad/cynhadledd, yn ogystal â chanllawiau ar sut i lunio llythyr neu e-bost er mwyn gwneud y trefniadau. Gellir defnyddio'r pwyntiau trafod a'r tasgau fel camau i baratoi ar gyfer y broses, naill ai'n annibynnol neu mewn grŵp. Ceir enghreifftiau o lythyrau/e-byst yn gwneud cais am wybodaeth, yn cadarnhau trefniadau a gwahodd siaradwyr gwadd, yn ogystal â thaflen hysbysebu a gohebiaeth gan reolwr canolfan yn darparu gwybodaeth. Yn sgil y digwyddiad, gellir defnyddio enghreifftiau o ohebiaeth ar gyfer diolch i'r lleoliad sy'n cynnal y digwyddiad, i'r mynychwyr a'r gwesteion. Gellir defnyddio'r patrymau yn yr enghreifftiau ar gyfer llunio llythyrau ac e-byst. Wrth drefnu'r digwyddiad, gellir defnyddio berfau amodol, ac yna berfau'r gorffennol wrth edrych yn ôl ar y digwyddiad a diolch i'r cyfranwyr. Ceir ystod o ansoddeiriau, berfenwau ac ymadroddion yn yr atodiad (gw. adran 2, 3 a 4).

Cyfarwyddiadau

Sut i drefnu digwyddiad

1. Penderfynwch beth fydd eich digwyddiad – beth yw ei bwrpas? Meddyliwch am deitl a fydd yn apelio at y math o gynulleidfa rydych yn ceisio ei denu.
2. Penderfynwch ar leoliad. Meddyliwch am bwy fyddai'n dod. Meddyliwch am drafnidiaeth, maint y lle, maes parcio.
3. Dewiswch ddyddiad ac amser.
4. Cynlluniwch! Meddyliwch am bwy yr hoffech eu gwahodd, beth fydd ei angen arnynt – er enghraifft, ystafelloedd gwely, bwyd a diod, unrhyw anghenion arbennig.
5. A fydd sgwrs gan siaradwr gwadd? Bydd angen anfon llythyr atynt i'w gwahodd.

Taflen yn hysbysebu'r digwyddiad:

- Teitl
- Pwnc y digwyddiad
- Lleoliad y digwyddiad
- Amser a dyddiad
- Pwy fydd yn siarad
- Yr hyn fydd ar gael

Patrwm ysgrifennu llythyr/e-bost

- **Eich cyfeiriad chi:** ochr dde uchaf
- **Dyddiad:** gall hwn fynd ar ochr dde neu ochr chwith y dudalen
- **Cyfeiriad y person** rydych yn anfon y llythyr ato/ati: ochr chwith
- **Cyfarchiad:** Annwyl Miss Jones/Syr/Fadam,
- **Parthed:** (Regarding)
- **Y cynnwys:** Hoffwn drafod . . ./Ysgrifennaf atoch er mwyn ceisio dod o hyd i wybodaeth ynglŷn â . . .
- **Edrychaf ymlaen at glywed gennych.**
- **Diweddglo:** Yn gywir/Yn gywir iawn/Yr eiddoch yn gywir

Pwyntiau trafod

- Trafodwch syniadau am ddigwyddiad/cynhadledd. Mae'n rhaid iddo ymwneud â'r Gymraeg mewn rhyw ffordd, er enghraifft hyrwyddo'r Gymraeg, trefnu cynhadledd ar gyfer swyddogion iaith.
- Pa fath o ganolfan fydd ei hangen? Pa fath o gyfleusterau?
- Pwy allech chi eu gwahodd i fod yn siaradwyr gwadd? Pam penderfynu arnynt?
- Beth yw'r pethau y bydd yn rhaid i chi eu trefnu?
- Eglurwch pa bwnc rydych chi wedi ei ddewis ar gyfer eich cynhadledd, a pham ei fod yn bwysig i chi.

Tasgau

I Cyfieithwch y brawddegau hyn sy'n gwahodd gwestai/siaradwr.

- We are organising a conference to discuss the advantages of Welsh-medium education.
- We would like you to come and give a brief talk on the subject of public transport in Wales.
- We would be very happy if you could attend the conference on the subject of global warming.
- The lecture on climate change will start at 9 a.m.
- The lecture will be held in the main hall.
- The talk should not be more than an hour long.
- Please let us know whether you would like any specific equipment – for example, translation equipment.
- Please give us a call if you require a vegetarian meal.
- Would you be so kind as to let us know your travelling expenses?
- We would like to receive a copy of your programme in advance.

2 Rydych yn trefnu cynhadledd ddeuddydd. Lluniwch bortffolio yn cynnwys y canlynol:

- Llythyr/e-bost oddi wrthoch at reolwr canolfan rydych yn ystyried ei defnyddio, yn gofyn am wybodaeth/argaeledd ac ati.
- Llythyr/e-bost oddi wrth reolwr y ganolfan yn amgáu gwybodaeth.
- Llythyr/e-bost oddi wrthoch yn cadarnhau trefniadau.
- Llythyr/e-bost oddi wrthoch yn gwahodd siaradwr gwadd.
- Taflen yn hysbysebu'r gynhadledd a bwydlen.
- Llythyr/e-bost oddi wrthoch yn diolch i'r ganolfan.
- Llythyr/e-bost oddi wrthoch yn diolch i'r rhai a ddaeth i'r digwyddiad.
- Llythyr/e-bost yn diolch i'r siaradwr gwadd.

Enghreifftiau

ı Llythyr/e-bost oddi wrthoch at reolwr canolfan rydych yn ystyried ei defnyddio, yn gofyn am wybodaeth/argaeledd ac ati

Annwyl _____,

Rwyf yn gweithio i gwmni/sefydliad _____. Rydym yn bwriadu cynnal cynhadledd/digwyddiad ar y [dyddiad]. Y pwnc/maes fydd _____. A fyddai'r ganolfan ar gael ar y dyddiad hwn?

Byddai angen cinio a swper ar gyfer tua _____ o bobl, a llety ar gyfer tua _____ am un noson yn unig. Byddai angen llogi'r prif ystafell gynadledda sy'n dal dau gant o bobl, a hefyd tair ystafell llai o faint ar gyfer paneli trafod. Pe gallech ddarparu offer sain, byddai hynny yn ddelfrydol.

Byddwn yn ddiolchgar iawn pe bai modd ichi anfon amcan o bris a thelerau atom cyn gynted ag y bo modd.

Diolch/Yn gywir,

2   Llythyr/e-bost gan y ganolfan yn amgáu gwybodaeth

Annwyl _____,

Eich cyfeirnod yw: 0782876. Diolch am eich ymholiad, a
dderbyniais ar [dyddiad].
   Mae'n bleser gennym ddweud ein bod yn gallu cynnal
eich digwyddiad yma. Byddwn yn falch iawn o'r cyfle i'w
gynnal.
   Mae gennym un ystafell ar ddeg yn rhydd ar 5 a 6 Ionawr,
a gallwn gynnig y cyfleusterau sydd eu hangen arnoch. Mae
gennym gyfleusterau i'r anabl. Gallwn ddarparu cinio i saith
deg o bobl, a'r pris fydd £25 y pen. Bydd angen digon o
rybudd arnom er mwyn darparu bwyd i unigolion sydd ag
anghenion bwyd arbennig.
   Amgaeaf anfoneb y bydd angen i chi ei thalu ymlaen llaw, a
hefyd gopi o'n catalog darluniadol. Gallwch gadarnhau neu
holi am y trefniadau trwy gysylltu ar y ffôn, neu drwy e-bost.
   A fyddai modd i chi dalu blaendal o £20 y pen, os
gwelwch yn dda? Gallwch chi a'ch gwesteion ddefnyddio ein
holl gyfleusterau tra byddwch yn aros gyda ni. Edrychwn
ymlaen at eich croesawu yma. Gallwn ddarparu
uwchdaflunydd a microffon, ond bydd yn rhaid i chi drefnu
eich cyfieithydd eich hun.

Diolch/Yn gywir,

3 Llythyr/e-bost oddi wrthoch at y ganolfan yn cadarnhau trefniadau, gan hysbysu'r rheolwr am unrhyw newidiadau i'r ymholiad gwreiddiol

Annwyl ____,

Diolch i chi am y wybodaeth. Hoffwn gadarnhau'r trefniadau ar gyfer y digwyddiad ____. Sylwer mai 6 a 7 Ionawr yw'r dyddiadau cywir. A allech anfon copi o'ch bwydlen ataf ymlaen llaw? Hefyd, a fydd modd i ni archebu diodydd ar y diwrnod?

Mae'n flin gennyf ddweud bod llai o bobl na'r disgwyl yn dod. Am resymau annisgwyl, rhaid inni ganslo dwy o'r ystafelloedd. Tybed a fyddech yn caniatáu i ni gael gostyngiad ar bris y llety o'r herwydd?

Amgaeaf siec am y blaendal. Hyderaf fod y trefniadau yn awr wedi eu cadarnhau ac y byddwch yn anfon derbynneb am y blaendal.

Diolch/Yn gywir,

4 Llythyr/e-bost yn gwahodd siaradwr gwadd

Annwyl _____,

Rydym yn trefnu cynhadledd er mwyn trafod y Gymraeg yn y gweithle, yng Ngwesty'r Celt ar 22 Tachwedd. Hoffwn eich gwahodd i gymryd rhan yn y digwyddiad, os gwelwch yn dda. Rydych yn berson uchel eich parch ac yn flaenllaw yn eich maes; rydych yn awdurdod ar y pwnc dan sylw, ac mae canmol mawr ar eich arddull fywiog a'ch sylwadau treiddgar.

Hoffwn i chi ymuno â ni i gyflwyno darlith ar bwnc 'Cymraeg Proffesiynol'. Byddwn yn hapus iawn pe gallech gytuno i hyn. Mae'r ddarlith i ddechrau am 10 y bore yn ystafell H137. Ni ddylai fod yn hwy na 45 munud o hyd er mwyn cynnwys cwestiynau a thrafodaeth ar y diwedd.

Rhowch wybod i ni a fydd angen unrhyw offer penodol arnoch, a chofiwch gysylltu os bydd angen taflunydd, microffon neu liniadur arnoch. A oes angen unrhyw fwyd penodol arnoch? A fydd angen cyfieithu ar y pryd arnoch?

A fyddech mor garedig â rhoi gwybod os ydych am godi tâl am eich gwasanaeth? Talwn eich treuliau a hefyd i chi aros dros nos yn y gwesty. Darparwn ginio ar eich cyfer.

Hoffwn dderbyn copi o'ch darlith ymlaen llaw pe bai hynny'n bosib.

Edrychaf ymlaen at glywed gennych.

Diolch/Yn gywir,

5 Taflen yn hysbysebu'r gynhadledd

Cynhadledd Undydd
'Cymraeg yn y Gweithle'
[Sefydliad/cwmni]
Lleoliad: ____
Dyddiad: _____

Mae'r byd gwaith yng Nghymru a'r Gymraeg fel disgyblaeth yn esblygu yn sgil yr alwad gynyddol am weithwyr proffesiynol â sgiliau dwyieithog. O ganlyniad i'r datblygiadau hyn, cynhelir cynhadledd undydd a fydd yn archwilio'r defnydd o'r Gymraeg yn y gweithle yn y Gymru gyfoes. Bwriad y gynhadledd yw archwilio trywydd cymharol newydd o fewn y Gymraeg fel disgyblaeth a'r pwyslais cynyddol ar ddefnyddioldeb yr iaith ym myd gwaith, gan ystyried y goblygiadau i weithle dwyieithog yr unfed ganrif ar hugain.

Trafodir y pynciau canlynol:
- cyrsiau a modiwlau Cymraeg Proffesiynol
- disgwyliadau myfyrwyr a sefydliadau am y ddisgyblaeth
- gwedd ymarferol a galwedigaethol yr iaith
- datblygiadau polisi iaith yn y gweithle
- y galw am weithwyr sy'n meddu ar sgiliau Cymraeg
- y gweithle dwyieithog

Bydd y gynhadledd hon yn addas ar gyfer darlithwyr, myfyrwyr gradd ac ôl-radd ym maes y Gymraeg, yn ogystal â chyflogwyr a'r sector Cymraeg i Oedolion. Os hoffech fynychu, cysylltwch â: [enw, teitl swydd, cyfeiriad e-bost].

Noddir y gynhadledd gan _____.

6 Llythyr/e-bost yn diolch i'r ganolfan

Annwyl ____,

Gair o ddiolch am eich gwasanaeth proffesiynol yn ystod y digwyddiad/gynhadledd. Roedd y bwyd a'r llety o safon uchel, a'r staff yn gwrtais. Roedd y lleoliad yn gyfleus ac yn ddelfrydol oherwydd y cysylltiadau trafnidiaeth.

Byddwn yn argymell eich canolfan i eraill gan ei bod wedi creu argraff ffafriol iawn ar y cyfranwyr. A wnewch chi gyfeirio'r anfoneb derfynol ataf, os gwelwch yn dda, ac yna gallaf brosesu'r taliad yn syth. Byddwn yn ddiolchgar pe bai modd ichi anfon derbynneb i gadarnhau unwaith i chi dderbyn yr arian.

Diolch/Yn gywir,

7 Llythyr/e-bost yn diolch i'r sawl a fynychodd

Annwyl ____,

Diolch yn fawr am fynychu'r digwyddiad/gynhadledd ____.
Gobeithio ei fod wedi bod o fudd ichi.

Rydym yn gobeithio adeiladu ar hyn trwy gynnal achlysur tebyg yn y dyfodol, a chyhoeddi'r cyflwyniadau ar y wefan.

Byddem yn ddiolchgar iawn pe bai modd ichi gwblhau'r ffurflen adborth ynghlwm a'i dychwelyd atom cyn [dyddiad].

Diolch unwaith eto am eich cefnogaeth.

Yn gywir,

8 Llythyr/e-bost yn diolch i'r siaradwr gwadd

Annwyl ____,

Hoffwn ddiolch yn ddiffuant iawn i chi am ddod i'r
gynhadledd i draddodi darlith. Cafwyd ymateb gwych i'ch
cyflwyniad gan y gynulleidfa, ac roedd pawb yn gwrando'n
astud. Roedd yn gyfraniad gwerthfawr i'r maes, ac roedd yr
hyn roedd gennych i'w ddweud yn dreiddgar ac yn ddifyr.
Roedd eich sylwadau ar y Gymraeg ym myd busnes yn
wirioneddol ddadlennol. Mae'n siŵr eich bod wedi sylwi ar
ymateb brwd y gynulleidfa, a chafwyd trafodaeth ddiddorol
wedi hynny.

Rydym yn hynod o ddiolchgar eich bod wedi cytuno i fod
yn siaradwr gwadd. Cofiwch fod croeso i chi ymweld â ni yn
y ganolfan ar unrhyw adeg.

Diolch/Yn gywir,

PENNOD 7: CYNLLUNIO A GWERTHUSO PROSIECT

Defnyddir 'cynllun prosiect' ar gyfer dogfen benodol y mae'n rhaid i bob cais am gyllid ei chwblhau. Fel arfer, gofynnir i chi hefyd ddisgrifio'r broses a arweiniodd at y prosiect a ddewiswyd gennych, a pham. Mae'n rhaid iddo fod yn ddealladwy, yn ddeniadol ac yn gredadwy er mwyn llwyddo.

Ystyr gwerthuso yw edrych yn ôl ar hanes eich prosiect a chymharu eich gobeithion a'r hyn roeddech wedi ei fwriadu, ochr yn ochr â sut yr aeth pethau mewn gwirionedd. Os derbyniwyd grant neu gyllid, fel arfer bydd angen gwybod a gyflawnwyd y newidiadau a ddisgwyliwyd. Bydd y person/sefydliad sydd wedi ariannu'r prosiect eisiau gwybod a wnaeth y prosiect gynnig gwerth am arian. Hyd yn oed os nad yw'r prosiect yn cael ei ariannu, mae gwerthuso'n fuddiol er mwyn sicrhau prosiectau gwell yn y dyfodol a rhannu arfer da.

Ceir cyfarwyddiadau i ddilyn ar sut i gynllunio a gwerthuso prosiect. Gellir defnyddio'r pwyntiau trafod a'r tasgau fel ymarferion i'ch cynorthwyo i gyflawni prosiect, yn annibynnol neu mewn tîm. Darperir enghreifftiau o'r math o ffurflenni a ddefnyddir ar gyfer y broses gynllunio a gwerthuso. Oherwydd y rheidrwydd i gynllunio ymlaen llaw ac yna myfyrio ar ddiwedd y prosiect, defnyddiwch gyfuniad o ferfau amodol/dyfodol a ffurfiau amherffaith/gorffennol. Ceir patrymau brawddegau ar gyfer arfarnu a gwerthuso yn yr atodiad (gw. adran 6(vii)).

Cyfarwyddiadau

(a) *Cynllunio prosiect*

1 Gwneud cais am gyllid

- beth yw teitl y prosiect a'i bwrpas yn gryno?
- beth yw bwriad y prosiect – cyllid a gweithgareddau?
- pa wahaniaeth wnaiff eich prosiect i'r sefydliad/sawl sy'n cael ei effeithio, sef impact?

2 Proses gynllunio

Ystyriwch eich cynllun yn ofalus, gan feddwl sut rydych yn gwneud penderfyniadau a beth yw union ddiben y gweithgareddau. Nodwch y sefyllfa ar hyn o bryd, gan amlinellu sut mae hynny wedi cyfrannu at ddatblygu'r syniad ar gyfer y prosiect. Bydd hyn yn rhoi rheswm cadarn dros wneud cais am arian, ac yn rhoi dealltwriaeth dda i chi o sut y gall y prosiect newid pethau er gwell. Nodwch yr hyn sy'n drawiadol neu'n unigryw am eich prosiect er mwyn ei wahaniaethu oddi wrth brosiectau eraill.

Ystyried yr amgylchiadau presennol

- cyflwr y sefydliad
- cynulleidfaoedd
- y gweithgareddau sydd ar gael ar hyn o bryd

Gwneud penderfyniadau strategol

- y bwriad yn y dyfodol
- sut mae'r prosiect yn cyfrannu at wireddu'r weledigaeth honno

Gweithredu

- creu cynllun gweithredu ar gyfer eich prosiect – hynny yw, beth i'w gyflawni a phryd

Enghreifftiau

Mae nifer o brosiectau yn y byd gwaith ac yn y gymuned – er enghraifft:

- prosiect cymunedol – cynnig cymorth, coffáu digwyddiad/person, gweithio gyda ieuenctid
- prosiect hyrwyddo – digwyddiad neu achlysur yn ymwneud â'r Gymraeg
- prosiect yn y gweithle – er enghraifft, cyfieithu dogfennau, darparu gwasanaethau Cymraeg (megis sefydlu clwb Cymraeg > amcan y prosiect yw annog ieuenctid i siarad Cymraeg > a ydych chi wedi llwyddo?)

Gall y prosiect fod yn unrhyw beth! Y peth pwysicaf yw dilyn y camau allweddol:

- cefndir
- edrych yn ôl
- edrych ymlaen
- argymhellion

Pwyntiau i'w hystyried:

- canolbwyntiwch ar y ffeithiau trwy ddefnyddio arddull uniongyrchol.
- atgyfnerthwch ac ategwch eich ffeithiau trwy gydol y cais.
- sicrhewch hygrededd eich syniad.
- amrywiwch y brawddegau i gynnal diddordeb y darllenydd.
- pwysleisiwch yr hyn sy'n newydd ac yn wreiddiol am eich syniad.
- trefnwch y paragraffau yn rhesymegol.
- disgrifiwch y syniad yn fanwl.
- cyfeiriwch at bobl sy'n ymwneud â'r prosiect.

Peidiwch â . . .

- dewis prosiect sy'n rhy gymhleth neu uchelgeisiol. Yn aml, y rhai â'r bwriad mwyaf clir a dealladwy sy'n llwyddo i ddenu nawdd.
- gor-liwio'r manteision na chynnig barn bersonol. Defnyddiwch dystiolaeth ddibynadwy.
- cymryd yn ganiataol y bydd y darllenydd yn meddu ar y wybodaeth eisoes. Mae'n rhaid amlinellu popeth yn glir.
- defnyddio hiwmor. Mae'n ddogfen broffesiynol a ffurfiol.

(b) *Gwerthuso prosiect*

Diffiniad gwerthuso: myfyrio ar hanes y prosiect > disgrifio'r hyn a wnaethoch > gweld pa mor dda y gweithiodd hyn.

Beth?	Pryd?	Ble?	Pwy oedd yn gwneud y prosiect?	Ar gyfer pwy oedd y prosiect?	Beth oeddech chi'n ceisio ei gyflawni?
Disgrifiwch nodau eich prosiect	Dyddiad dechrau a gorffen y prosiect	Lle mae'n digwydd	Nodi'r sawl a oedd yn gyfrifol am y prosiect	At bwy oedd y prosiect wedi ei anelu?	Egluro beth oedd eich amcan trwy wneud y prosiect

Mae'n bwysig i chi gofnodi gwybodaeth, monitro a gwerthuso eich cynnydd a'ch perfformiad yn ystod pob rhan o'r prosiect. Gallwch rannu'r prosiect i wahanol gyfnodau yn yr amserlen er mwyn gweld y cynnydd yn gronolegol, a gallwch yna gymharu hynny gyda'ch targedau gwreiddiol. Gyda phrosiectau dros gyfnod hir o amser, mae'n bosib y bydd y ffynhonnell nawdd yn gofyn am adroddiad interim, ac mewn achosion felly gallwch addasu rhai agweddau yn y cynllun cychwynnol os oes angen. Gall gwerthuso prosiectau yn y dull cywir eich cynorthwyo i wneud cais am gyllid yn y dyfodol trwy ddangos gwerth y buddsoddiad. Mae prosiectau llwyddiannus hefyd yn gaffaeliad i'r cwmni, i'w defnyddio fel enghraifft o'u llwyddiant. Mae'r dystiolaeth a'r canlyniadau yn y broses werthuso yn arf effeithiol felly ar gyfer hybu'r sefydliad.

Mae'n rhaid crynhoi tystiolaeth fel prawf o lwyddiannau'r prosiect. Gellir defnyddio amrywiaeth o dechnegau, ond ceisiwch ddefnyddio'r ffynonellau mwyaf dibynadwy:

- Meintiol – er enghraifft, niferoedd targed, ymweliadau, ffigurau penodol
- Ansoddol – er enghraifft, disgrifiadau personol, adborth gan y cyfranogwyr

Awgrymiadau

- Mae defnyddio ystadegau a diffinio allbynnau pendant yn ffordd fanwl a chywir o fesur tystiolaeth, ond cofiwch edrych y tu hwnt iddynt hefyd – hynny yw, sut maen nhw'n arwain at ganlyniadau ac effeithiau hirdymor.
- Adrodd cefndir y prosiect yn gryno. Gellir edrych ar y cynllun gwreiddiol am fanylion llawn, gan mai'r deilliannau sy'n bwysig yn y broses werthuso.
- Cynnwys adborth pobl a'i ystyried wrth lunio casgliadau. Bydd hyn yn rhoi sylwedd a dyfnder i ffigurau moel.
- Dewis dangosyddion/targedau sydd o bwys – cerrig milltir, amserlen.

Cwestiynau allweddol

- A lwyddwyd i gyflawni amcanion y prosiect?
- Pa mor effeithiol oedd y dulliau a ddefnyddiwyd i weithredu'r prosiect?
- Beth oedd y llwyddiannau a'r methiannau? Nodwch y rhesymau a rhannwch arfer da.
- A oes argymhellion ar gyfer gwella'r prosiect?

Camau

- Cefndir y prosiect: braslun, cyfnod dan sylw, manylion.
- Nod: beth oedd nod/pwrpas y prosiect.
- Y fethodoleg: y data neu'r dystiolaeth a gasglwyd i fesur pa mor effeithiol oedd y prosiect.
- Casgliadau/deilliannau: llwyddiannau a methiannau, beth yw canlyniadau ac effeithiau'r prosiect, monitro cynnydd, allbwn.
- Amcanion: wedi llwyddo i gyflawni amcanion y prosiect? Dadansoddi'r canlyniadau.
- Argymhellion/gweithredu: unrhyw amcanion newydd neu awgrymiadau sut i ddatblygu/gwella'r prosiect.

Pwyntiau trafod

1 Trafodwch syniadau am brosiectau, gan ystyried addasrwydd yr enghreifftiau canlynol:
- cael grant i sefydlu clwb Cymraeg i bobl ifanc
- gweithgareddau i hyrwyddo'r Gymraeg yn y gymuned
- trefnu gŵyl gerddorol

2 Wedi cwblhau'r prosiect, trafodwch sut i'w adolygu a'i werthuso. Ystyriwch y canlynol:
- cefndir y prosiect
- amcan/ion
- casgliadau
- deilliannau
- argymhellion
- materion eraill

Tasgau

1 Lluniwch gynllun prosiect yn gwneud cais am gyllid. Gallwch ddefnyddio'r templed isod neu ddilyn eich canllaw eich hun.
2 Gweithredwch y prosiect a amlinellir yn y cynllun os oes modd.
3 Adolygwch a gwerthuswch y prosiect. Gallwch ddefnyddio'r templed sy'n dilyn, neu ddewis eich canllaw eich hun.

Enghreifftiau

Cais am gyllid ar gyfer prosiect

Sefydliad/adran: Uned Gymraeg, cwmni marchnata Gorwelion

Enw'r Cynigydd: Alys Evans, swyddog marchnata

Amlinellwch natur y gweithgarwch arfaethedig:
Gan fod nifer o aelodau staff yn dod o gefndiroedd di-Gymraeg, maent yn aml yn ddihyder iawn pan mae angen siarad neu ddeall Cymraeg llafar. Fel arfer, mae eu Cymraeg ysgrifenedig yn dangos mwy o gywirdeb na'u Cymraeg llafar. Mae angen llawer o waith i annog staff i ddefnyddio'r Gymraeg wrth gyfathrebu ar lafar yn y gweithle.

Byddai trefnu sesiynau sgiliau llafar yn rhoi cyfle i'r unigolion ymarfer eu Cymraeg a magu hyder i ddefnyddio'r iaith mewn cyd-destunau gwahanol yn y gweithle. Mae'r asiantaeth iaith Gymraeg Gloywi yn cynnig sesiynau hyfforddiant sy'n canolbwyntio'n benodol ar ddatblygu hyfedredd ar lafar, sy'n cynnwys sesiwn 2 awr yn wythnosol am 12 wythnos.

Amserlen y gwaith: Ionawr–Mawrth

Nodwch yr unigolion fydd yn gwneud y gwaith:
Cynrychiolwyr o asiantaeth Gloywi, a'r swyddog marchnata i fonitro cynnydd y prosiect.

Pris pob sesiwn yw £120 = £1,440 am 12 wythnos.

Nodwch beth fydd yn newid o ganlyniad i'r datblygiad, a beth fydd effaith y prosiect (impact)
Bydd aelodau staff yn cael cyfle i ymarfer eu sgiliau llafar Cymraeg, a fydd yn eu galluogi i gyfathrebu'n fwy hyderus yn ddwyieithog. Mae mwy a mwy o gwsmeriaid y cwmni yn gofyn am wasanaeth Cymraeg ar y ffôn – bydd ehangu sgiliau cyfathrebu'r staff yn bodloni cleientiaid, ac yn cyfrannu at enw da'r sefydliad. Dylai hefyd ddenu rhagor o gwsmeriaid, a bydd cynnig gwasanaethau Cymraeg yn cydymffurfio â pholisi iaith y Llywodraeth, a allai ddenu nawdd ganddynt yn y dyfodol.

Nodwch pwy a nifer y bobl a fydd yn elwa o'r gweithgarwch
Mae deg aelod o staff wedi nodi eu diddordeb hyd yn hyn ond, trwy hyrwyddo'r sesiynau ymhellach, gellid apelio at gymaint â thri deg dau o staff – mae'r rhain yn cynnwys staff adnoddau dynol, swyddogion marchnata a golygyddion gwefannau.

Sut mae'r gweithgarwch yn berthnasol i'ch gweithle?
Mae sgiliau rhyngbersonol yn hollbwysig ym maes marchnata, ac mae cyfathrebu'n hyderus yn bodloni cwsmeriaid trwy gynnig gwasanaeth dwyieithog.

Manylion ynghylch trafodaethau yn eich gweithle am ddefnydd helaethach o'r datblygiad
Wedi trafodaeth gyda'r adran adnoddau dynol, gellid ymestyn cyfnod y sesiynau llafar er mwyn sicrhau dilyniant. Hefyd, mae'n bosib cynnal sesiynau i ddechreuwyr pur fel bod gan bob aelod o staff sgiliau iaith sylfaenol. Byddai sesiynau anffurfiol yn ystod amser cinio hefyd yn darparu cyfle i staff ymarfer eu Cymraeg.

Arwyddwyd:

Teitl swydd:

Dyddiad:

Ffurflen werthuso: [prosiect]

Er mwyn paratoi ar gyfer gwerthuso'r prosiect, gofynnir i chi lenwi'r ffurflen werthuso isod sydd yn cloriannu'r prosiect. Dylech sôn am eich llwyddiannau yn ogystal ag unrhyw fethiant neu anhawster a gawsoch. Yna, wrth edrych ymlaen at y flwyddyn nesaf dylid nodi eich bwriad i ehangu'r prosiect, a pha ddatblygiadau sydd eu hangen er mwyn cyflawni'r nod.

Enw:
Rôl/Swydd:
Adran:

Cyfnod dan sylw:

Rhan A – Edrych yn ôl
Arolwg o'r prosiect
Nod   *Canlyniad neu ddatblygiad hyd yn hyn*

Rhan B – Edrych ymlaen
Nod yn y dyfodol
Amcanion   *Sut y pwysir llwyddiant?/Deilliannau*

Sylwadau'r sawl sy'n gwerthuso

Llofnod:
Dyddiad:

Gweithredu	Erbyn pryd?	Sut y cyflawnir hyn?	Cyfrifoldeb pwy

Arfarniad o symud ymlaen –
prosiect cymunedol / trosglwyddo
Dysgu y tu Allan i Oriau Ysgol (DAOY)

1. Cyflwyniad

1.1 Mae'r adroddiad hwn yn arfarnu'r prosiect trosglwyddo Dysgu y tu Allan i Oriau Ysgol (DAOY), a gafodd gymorth grant o £____ gan y Cynulliad Cenedlaethol. Comisiynwyd Addysg Cymru, yr elusen sy'n cefnogi dysgu y tu allan i oriau ysgol, i reoli'r prosiect. Roedd y prosiect yn cynnwys y pedwar tymor o fis Medi i fis Rhagfyr 2017.

1.2 Ffocws y prosiect oedd defnyddio gweithgareddau y tu allan i oriau ysgol i hwyluso trosglwyddo disgyblion o'r ysgol gynradd i'r ysgol uwchradd. I lawer, mae gadael yr ysgol gynradd yn gyfnod anodd a all arwain at ddiffyg cynnydd, colli hyder ac ymddieithrio o'r broses ddysgu.

1.3 Roedd y fethodoleg arfarnu yn cynnwys adolygiad o lenyddiaeth a ddarparwyd gan y Cynulliad Cenedlaethol, yr elusen ac ysgolion unigol. Ymwelodd pedwar arolygydd â phump o'r ysgolion yn ystod tymor yr haf, gan siarad â disgyblion, athrawon, partneriaid cymunedol, swyddogion ac ymgynghorwyr. Hefyd, aeth yr arolygydd i'r seminar 'Symud Ymlaen' ym mis Hydref. Trefnwyd y seminar hon gan yr elusen i 'ddathlu llwyddiant y clystyrau a lledaenu arfer da'. Darparodd y seminar dystiolaeth yn ogystal o'r modd y mae disgyblion a gymerodd ran yn y rhaglen 'Symud Ymlaen' wedi ymgartrefu yn eu hysgolion newydd.

2. Prif Ganfyddiadau

2.1 Cafodd y prosiect effaith gadarnhaol ar agweddau disgyblion tuag at symud ymlaen o'r ysgol gynradd i'r ysgol uwchradd. Mae pryderon disgyblion a rhieni ynghylch trosglwyddo yn cael eu tawelu, ac mae disgyblion yn amlwg yn magu hunanhyder a hunan-barch.

2.2 Roedd tystiolaeth o'r canlyniadau cadarnhaol hyn i'w gweld o hyd wrth i'r disgyblion symud i flwyddyn 7 yr ysgol uwchradd. Mae'r disgyblion hyn wedi parhau yn eu cyfeillgarwch â phobl ifanc o ysgolion eraill, ac yn adnabod nifer o'r athrawon a fu'n gweithio gyda nhw ar y prosiect.

2.3 Mae'r prosiect wedi helpu datblygu medrau pynciol disgyblion, yn ogystal â medrau allweddol fel rhifedd, siarad a gwrando, a TGCh. Mae'r medrau hyn yn eu galluogi i ddelio'n well â gofynion cwricwlwm Cyfnod Allweddol 3.

2.4 Mae'r cyfraniadau gan bartneriaid cymunedol wedi cyfoethogi profiadau dysgu'n fawr i bobl ifanc. Cafodd y disgyblion gyfleoedd i gymryd rhan mewn gweithgareddau.

2.5 Mae athrawon uwchradd yn ymestyn eu harbenigedd eu hunain o fedrau addysgu trwy weithio'n agos â chydweithwyr o ysgolion eraill, ac ymarferwyr proffesiynol o'r gymuned.

3. Argymhellion

3.1 Dylai Llywodraeth y Cynulliad ystyried:

- grant pellach i gynnal ac ymestyn y gwaith yn y tymor byr a'r hir-dymor;
- cyfnod rhagarweiniol hwy a gyfer prosiectau yn y dyfodol sy'n derbyn cymorth grant, ac sy'n derbyn cyfraniadau sylweddol gan bartneriaid cymunedol.

3.1 Dylai awdurdodau lleol:

- weithio gyda chlystyrau o ysgolion i archwilio ffyrdd y gellir defnyddio arian craidd i ddarparu adnoddau i weithgareddau trosglwyddo y tu allan i oriau ysgol yn y dyfodol;
- sicrhau bod yr arfer orau o bob un o'r prosiectau yn cael ei ledaenu'n eang er mwyn i ragor o glystyrau o ysgolion allu manteisio mewn ffyrdd tebyg.

ADRAN 3

YMARFER PROFFESIYNOL

PENNOD 1:
CYNLLUNIO GYRFAOL

Pa le bynnag yr ydym ar lwybr ein gyrfa, mae'n bwysig cloriannu'r hyn sydd wedi ei gyflawni gennym yn ogystal ag edrych ymlaen at y dyfodol. A ydych chi'n ansicr beth i'w wneud nesaf? A ydych chi'n colli cyfleoedd am ddyrchafiad? Neu a ydych chi wedi syrffedu yn eich swydd?

Rydym yn treulio'r rhan fwyaf o'n bywydau yn y gwaith, ond pa mor aml fyddwn yn gwneud penderfyniadau am ein gyrfa ac yn ymrwymo i'r dewis? Bydd y canllaw rhyngweithiol hwn yn eich cynorthwyo i ystyried yr hyn sy'n bwysig ichi, a chreu strategaeth ar gyfer gyrfa lwyddiannus.

Ceir cyfarwyddiadau i ddilyn ar sut i greu cynllun datblygiad personol a phroffesiynol, gan gynnwys templedi posib i'w defnyddio. Gellir ystyried y pwyntiau trafod a'r tasgau yn unigol neu mewn grŵp. Gellir defnyddio'r eirfa, ansoddeiriau, berfenwau a'r sgiliau o'r atodiad a ddefnyddiwyd yn y broses recriwtio (gw. adran 1, 2, 3 a 7).

Cyfarwyddiadau

Pam fod angen cynllun datblygu gyrfa?

Mae'n eich galluogi i droi eich syniadau a'ch meddyliau yn gamau pendant er mwyn cyflawni eich amcanion gyrfaol o fewn cyfnod realistig. Mae'r broses yn cymryd yn ganiataol y gall sefyllfaoedd newid a bod modd adolygu neu addasu cynlluniau.

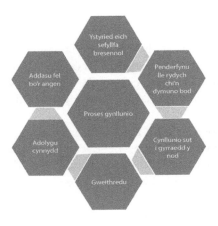

Sut mae cychwyn arni?

1   Ystyried eich sefyllfa bresennol
Mae'n ddefnyddiol asesu eich sefyllfa ar hyn o bryd ac ystyried a ydy eich gwaith yn cyd-fynd â'ch dyheadau o ran gyrfa, eich anghenion a'ch ffordd o fyw. Cymerwch amser i benderfynu a ydych yn teimlo'n fodlon, neu a oes rhaid i rywbeth newid?
2   Penderfynu lle rydych yn dymuno bod
Efallai bod gennych syniad clir am eich gyrfa. Fodd bynnag, gall archwilio posibiliadau newydd fod yn ddiddorol, yn enwedig os nad ydych yn hapus yn eich rôl. Gallwch yna ddefnyddio'r wybodaeth hon fel man cychwyn i greu gweledigaeth realistig ar gyfer eich dyfodol.

Pwyntiau trafod

- Trafodwch eich cynllun datblygiad personol (gan ddefnyddio'r enghraifft ar dudalennau 191–2) gyda phartner, gan geisio adnabod unrhyw le i wella a sut i gyflawni hynny.
- Trafodwch eich dyheadau gyrfaol trwy ddefnyddio'r cwestiynau yn y cynllun gyrfa isod.
- Ystyriwch pwy yw eich model rôl, a nodwch pam. Sut y mae'n eich hysbrydoli?
- Disgrifiwch eich swydd ddelfrydol, gan nodi pam.

Tasgau

1. Cwblhewch y cynllun datblygiad personol ar dudalennau 191–2.
2. Cwblhewch y cynllun gyrfa ar dudalennau 193–4.

Cynllun datblygiad personol

Cyraeddiadau:

Addysg:

Sgiliau:

Un peth rwy'n falch ohono:

Sut wnes i gyflawni hyn:

[   ]

Pam ydw i wedi dewis y modiwl/cwrs hwn, neu'r swydd/yrfa hon?

[   ]

Beth ydw i eisiau ei gyflawni erbyn diwedd y modiwl/cwrs/cyfnod y swydd/gyrfa?

[   ]

Beth sy'n rhaid i mi ei wneud i gyflawni hyn?

[   ]

Faint o oriau'r wythnos sy'n rhaid i mi eu gweithio?

[   ]

Beth yw fy hoff ddull dysgu, yn y dosbarth neu yn y gweithle?

[   ]

Cynllun datblygu gyrfa

Canllaw gyrfa[1]

Defnyddiwch y canllaw canlynol i roi ffurf ar eich meddyliau a'ch syniadau. Yna, diffiniwch eich bwriad os oes gennych restr hir o amcanion, ac yna'u blaenoriaethu.

Fy ngyrfa

A ydych yn cael eich ysbrydoli gan eich gwaith?	Y	N
A ydych yn defnyddio eich cryfderau a'ch doniau yn y gwaith?	Y	N
A ydych yn teimlo'n gyffyrddus gyda chydweithwyr?	Y	N
A yw eich gwaith yn caniatáu ichi gyflawni eich potensial?	Y	N
A ydych yn cael eich gwerthfawrogi a'ch cydnabod yn y gwaith mewn modd sy'n ystyrlon i chi?	Y	N
A yw lefel eich pwysau gwaith yn briodol ichi?	Y	N

Fy mywyd

A ydych yn teimlo y gallwch reoli eich bywyd?	Y	N
A oes gennych ymdeimlad clir o bwrpas yn eich bywyd?	Oes	Nac oes
A oes digon o amser ar gyfer teulu a ffrindiau?	Oes	Nac oes
A oes gennych ddigon o amser ar gyfer ymlacio a chadw'n iach?	Oes	Nac oes
A oes digon o amser ar gyfer hamdden a dilyn eich diddordebau?	Oes	Nac oes

Fy anghenion

Beth sydd angen i chi ei wneud i wireddu eich dyheadau?
Beth sy'n eich cymell a'ch ysbrydoli?
Beth sy'n eich ymegnïo?
Beth yw eich blaenoriaethau?
Pa fath o waith hoffech chi ei wneud?
Beth sy'n bwysig i chi yn eich bywyd a'ch gwaith?
Beth yw eich hoff amgylchedd waith?

---

[1] Yn seiliedig ar holiadur ar wefan *www.jobs.ac.uk* (cyrchwyd ar 8 Rhagfyr 2017).

Fy nyfodol

Beth fyddech chi'n ei wneud pe baech yn gwybod nad oes siawns methu?

A oes rhywbeth yn eich dal yn ôl ac, os felly, sut allwch chi newid hynny?

Beth ydych chi eisiau ei gyflawni erbyn diwedd eich gyrfa?

Beth yw eich dewisiadau a'ch blaenoriaethau ar gyfer y dyfodol?

Crëwch weledigaeth realistig o'ch dyfodol, gan ystyried eich gwaith a'ch ffordd o fyw

A oes angen imi ganfod rhagor o wybodaeth?

Beth wnaf i? Beth yw fy amcanion cyffredinol?

Cynllunio sut i gyrraedd y nod

Penderfynwch ar strategaeth i gyflawni amcanion eich gyrfa. Os ydych eisiau canolbwyntio ac ymrwymo i'r rhain, mae'n fuddiol amlinellu tasgau penodol er mwyn eu cyflawni. Bydd eich amcanion cyffredinol yn darparu trosolwg o'ch bwriadau. Y cam nesaf yw eu rhannu'n amcanion llai a mwy ymarferol.

Gall gosod nodau fod o gymorth wrth gadw ffocws. Maent yn amcanion clir, wedi eu hysgrifennu'n syml ac yn gryno: CAMPUS (Cyraeddadwy, Amserol, Mesuradwy, Penodol, Uchelgeisiol, Synhwyrol). Maent yn amlinellu yn union beth fyddwch yn ei wneud, gan nodi canlyniad clir a dyddiad cyflawni. Bydd yn rhaid i'r dasg fod yn rhywbeth yr ydych yn awyddus ac yn abl i'w wneud, yn ogystal â bod yn berthnasol i'ch amcanion.

Gweithredu

Dyma pryd fyddwch chi'n gweithredu eich cynllun. Fodd bynnag, gall gwireddu eich uchelgais fod yn heriol. Dyma rai syniadau i'ch cynorthwyo:

- Asesu eich ymrwymiad i gyflawni eich nodau

Os nad ydych yn gwbl ymrwymedig i'ch nodau, mae'n annhebygol y byddwch yn eu cyflawni. Ystyriwch hwy'n ofalus, a rhowch sgôr o 0–10 ar gyfer pob un (0 = dim ymrwymiad, 10 = ymrwymiad llwyr). Os yw eich sgôr yn llai na 10, beth fyddai'n rhaid ei newid er mwyn sgorio 10? Addaswch eich cynlluniau os oes angen.

- Ydy eich nodau ac amcanion yn glir ac yn ymarferol bosib?

Mae'n rhaid diffinio nodau ac amcanion yn glir er mwyn iddynt fod yn realistig. Dylent fod yn heriol, ond o fewn eich cyrraedd.

- Gwnewch restrau

Gall rhestrau o bethau i'w cyflawni fod yn ddefnyddiol wrth eich galluogi i weld eich cynnydd bob tro y byddwch yn cyflawni un ohonynt. Gallwch atgoffa eich hun yn gyson o'r hyn sydd angen ei gyflawni.

- Gofynnwch am gefnogaeth

Gall cynnwys eraill yn eich cynllun gynyddu'r siawns o lwyddo; gofynnwch i ffrindiau, teulu neu fentor eich cefnogi a'ch cymell.

- Lluniwch fap meddwl

Os ydych yn ansicr o'ch trywydd, ceisiwch greu map meddwl o'ch camau nesaf. Ysgrifennwch unrhyw beth sy'n dod i'ch meddwl wrth ystyried eich nod, heb fod yn feirniadol, ac yna trefnwch y rhestr yn ôl blaenoriaeth. Gall hyn osgoi unrhyw oedi, hyd yn oed os bydd pethau'n newid yn nes ymlaen.

- Gwobrwyo eich hun

Er mwyn cynnal cymhelliant wrth gwblhau cyfres o dasgau, gall wneud gwahaniaeth i chi wobrwyo eich hun fel rydych yn cyrraedd pob carreg filltir.

Adolygu cynnydd

Gall sefyllfaoedd a blaenoriaethau newid yn rheolaidd, ac felly mae proses adolygu cyson yn werthfawr er mwyn sicrhau bod eich nodau yn dal i fod yn addas a gwneud lle i rai newydd. Penderfynwch pa mor aml y dylid eu diweddaru. Os aiff pethau o le, defnyddiwch y profiad fel cyfle i ddysgu ac addasu eich cynllun yn ôl yr angen.

Canllawiau

- Cydnabod yr hyn sy'n bwysig yn eich gyrfa a'ch bywyd yn gyffredinol
- Gwybod beth yw eich cryfderau a'r doniau y gallwch eu cynnig, a sut y gallwch gyfrannu i'r sefydliad
- Cadw llygad cyson ar y newidiadau yn y byd gwaith a'r sector y mae gennych ddiddordeb ynddi
- Adnabod unrhyw rwystrau personol a sut y gallwch eu goresgyn
- Amlinellu gweledigaeth glir ar gyfer y dyfodol
- Nodi amcanion cyffredinol a nodau
- Chwilio am bobl a fydd yn eich cefnogi wrth wireddu eich amcanion
- Gwobrwyo eich hun am eich llwyddiannau
- Gall camgymeriadau ddigwydd i'r bobl mwyaf profiadol, felly defnyddiwch y profiad er mwyn dysgu gwersi a symud ymlaen
- Byddwch yn hyblyg, adolygwch eich cynnydd yn gyson a byddwch yn barod i addasu a newid

Enghraifft

Nod	Beth fydda i'n ei wneud?	Dyddiad/ targed	Canlyniad	Dyddiad cwblhau
1	Gwneud ymchwil ar y we i ganfod ymgynghorydd gyrfa, trefnu apwyntiad i ystyried opsiynau gyrfa a chwrdd wyneb yn wyneb.		Wedi cael hyd i ymgynghorydd gyrfa, gwneud apwyntiad.	
2	Ymchwilio a dethol tair gyrfa addas bosib.		Tair swydd o ddiddordeb: athro, cyfieithydd, swyddog iaith.	
3	Gan ddefnyddio'r we, dewis tri sefydliad sy'n cynnig swyddi o ddiddordeb, trefnu cyfarfod gyda phob un er mwyn dysgu rhagor am bob rôl.		Cyfarfodydd wedi eu trefnu: ysgol gynradd leol, cwmni cyfieithu, Comisiynydd y Gymraeg.	
4	Cwrdd â staff, ystyried manteision ac anfanteision pob swydd er mwyn deall realiti pob un. Blaenoriaethu'r dewisiadau.		Diddordeb archwilio dysgu a chyfieithu yn arbennig.	
5	Siarad ag ymgynghorydd gyrfa er mwyn trafod dewisiadau mewn manylder, a phenderfynu ar y cam nesaf.			
6	Trefnu cysgodi aelod o staff profiadol er mwyn gweld y gwaith drosof fy hun.		Penderfynu ar gyfieithu fel gyrfa.	

Dechreuwch gydag amcanion cyffredinol a bras, yna eu blaenor-iaethu cyn ffurfio cyfres o nodau clir.

nodau **CAMPUS**

Penodol	Nodi amcan clir yr ydych eisiau ei gyflawni.
Mesuradwy	Sut fyddwch yn gwybod eich bod wedi ei gyflawni?
Cyraeddadwy	A yw hyn yn bosib o fewn yr amser penodedig? A oes gennych y cymhelliad i'w gwblhau?
Perthnasol	A yw hyn yn berthnasol i amcanion eich gyrfa?
Amserol	Erbyn pryd y byddwch wedi cyflawni hyn?

Enghraifft
Amcan cyffredinol cael dyrchafiad fel arweinydd tîm yn ystod y 2–3 blynedd nesaf.
Nod **CAMPUS** trafod fy amcan gyrfaol gyda'm rheolwr llinell erbyn diwedd Ebrill er mwyn asesu a yw fy nghynlluniau gyrfaol yn bosib. Cydnabod a chytuno ar dargedau datblygiad personol a phroffesiynol erbyn diwedd Mai er mwyn hwyluso datblygiad fy ngyrfa.

Templed

Nod	Beth fydda i'n ei wneud?	Dyddiad/ targed	Canlyniad	Dyddiad cwblhau
1				
2				
3				
4				
5				

PENNOD 2:
ARFARNU/GWERTHUSO STAFF

Mae gofyn i bob aelod o staff mewn unrhyw weithle fod yn rhan o broses arfarnu neu werthuso, fel arfer bob chwe neu ddeuddeg mis. Mae'n gyfle i'r cyflogwr neu gynrychiolydd ar ei ran – er enghraifft, rheolwr llinell neu bennaeth adran – drafod â'r gweithiwr yr hyn mae ef neu hi wedi ei gyflawni, a'i ddymuniad ar gyfer ei gyfnod nesaf yn y swydd neu yn y dyfodol. Fel arfer, trefnir cyfarfod ar lafar rhwng y ddau i ddechrau, ac yna disgwylir iddynt gwblhau dogfen sy'n cofnodi'r hyn a drafodwyd ar y cyd.

Ceir cyfarwyddiadau i ddilyn sy'n amlinellu amcanion y broses, gan geisio ateb y cwestiynau canlynol: beth yw gwerthusiad staff, a pham fod gwerthusiad yn bwysig? Sut fydd hyn o fantais imi? Beth sy'n digwydd cyn, yn ystod ac ar ôl y gwerthusiad? Sut fedra i baratoi ar gyfer y gwerthusiad? Gellir defnyddio'r pwyntiau trafod fel sail i waith grŵp neu fel materion i'w hystyried yn unigol. Bwriad y tasgau yw rhoi cyfle i chi baratoi ar gyfer y broses, yn ogystal â dadansoddi'r camau priodol gan ddefnyddio'r enghraifft o ffurflen arfarnu/werthuso i'w chwblhau. Ceir rhestr o eirfa a phatrymau defnyddiol yn yr atodiad (gw. adran 6(vii)).

Cyfarwyddiadau

Pwrpas? Sicrhau bod gan y staff y sgiliau a'r wybodaeth berthnasol i wneud eu gwaith yn effeithiol. Hefyd, sicrhau eu bod yn gwbl glir o'r hyn a ddisgwylir ohonynt er mwyn eu galluogi i gyfrannu i'r gweithle yn y dull gorau posibl, yn ogystal â datblygu eu hamcanion eu hunain ar gyfer y dyfodol.

Beth? Cynllun ffurfiol yn y gweithle i adolygu perfformiad ac anghenion datblygu.

Pwy? Goruchwyliwr/rheolwr llinell

Pryd? Bob chwe mis/yn flynyddol

Ble? Nid oes rheolau – dim ond bod y ddau yn gysurus, ac nad oes modd i unrhyw un darfu arnoch na chlywed y drafodaeth.

Pa mor hir? Mae'n dibynnu ar y rôl a'r materion sydd angen eu trafod. Fel arfer tua un i ddwy awr.

Pwy sy'n gweld y gwaith papur? Y sawl a werthusir (y gwerthusai) a'r gwerthuswr – pennaeth, uned datblygiad staff, adnoddau dynol.

Mae'n bosib y bydd gofyn i chi amlinellu sut mae eich amcanion unigol yn berthnasol i weledigaeth y sefydliad cyfan neu'r adran rydych yn gweithio ynddi. Efallai y bydd gofyn i chi ddiffinio eich nodau yn ôl eu gwerthoedd craidd – er enghraifft, creadigrwydd, ysbrydoliaeth, proffesiynoldeb, ymateb i heriau ac addasu.

Canllawiau

| Bernir bod y broses werthuso a datblygu staff yn dasg a rennir ar y cyd gan y gwerthuswr a'r gwerthusai, gyda'r ail o'r rhain yn ymwneud â phob cam o'r broses. Dylid gwerthuso aelodau'r staff ar sail eu perfformiad yn eu swydd yn hytrach nag ar sail eu nodweddion personol. Mae'n hanfodol na wahaniaethir ar sail anabledd, hil, rhyw, oed, ailbennu rhywedd, cyfeiriadedd

rhywiol, crefydd a chred, beichiogrwydd a mamolaeth, neu briodas a phartneriaeth sifil.

2   Mae amcanion y cynllun gwerthuso a datblygu staff fel a ganlyn:

- adnabod amcanion unigol sy'n uniongyrchol gysylltiedig â chyflawni nodau strategol y sefydliad
- gwella perfformiad y staff a gwella'r boddhad a gânt o'u swyddi
- helpu aelodau staff unigol i ddatblygu eu gyrfaoedd
- helpu i adnabod potensial ar gyfer dyrchafiad
- gwella effeithlonrwydd rheoli'r sefydliad

3   Nodwedd allweddol o'r broses werthuso yw cyfweliad gwerthuso strwythuredig blynyddol, a fydd yn seiliedig ar ffurflenni a deunydd cyfarwyddyd a ddosberthir cyn y cyfweliad. Ategir hyn trwy gyflwyno adolygiad canol blwyddyn, sy'n anelu at adolygu a diweddaru'r cynnydd a wnaed tuag at gyflawni'r amcanion.

4   Cynhelir y cyfweliadau gwerthuso yn arferol rhwng 1 Awst a 31 Hydref, a byddant yn ymwneud â'r cyfnod ers yr adolygiad blaenorol.

5   Fel rheol, y gwerthuswr fydd rheolwr llinell dynodedig y gwerthusai, er y gall trefniadau gwahanol fod yn gymwys mewn achosion unigol. Trafodir materion gyda'r gwerthusai, a bydd y gwerthusai yn cytuno arnynt.

6   Darperir hyfforddiant yn ôl yr angen er mwyn sicrhau bod gwerthuswyr/gwerthuseion yn hyddysg mewn technegau cyfweld a gwerthuso.

7   O dan amgylchiadau arferol, ni roddir i werthuswr mwy na chwe gwerthusai.

8   Gwneir darpariaeth i ddatrys unrhyw anghytundeb difrifol sy'n codi yn sgil dynodi gwerthuswyr a gwerthuseion, a/neu'r adroddiad gwerthuso.

9   Bydd nodiadau cyfarwyddyd manwl yn amlinellu'r modd y gweithredir y cynllun.

10 Ni ddefnyddir cofnodion gwerthuso mewn trafodaethau disgyblu.

11 Bydd gwerthuso'r staff yn broses barhaus a fydd yn cynnwys cymryd camau ategol yn ystod y flwyddyn i helpu'r gwerthusai i gyrraedd yr amcanion y cytunwyd arnynt ac i'w helpu i'w cyflawni.

12 Gwneir pob ymdrech i fodloni'r anghenion hyfforddi a nodir trwy'r broses werthuso, yn amodol ar yr adnoddau sydd ar gael a'r anghenion gweithredol. Bydd y pennaeth adran neu wasanaeth priodol yn gyfrifol am flaenoriaethu anghenion hyfforddi pob aelod o staff ac am yr adran/y gwasanaeth canolog yn gyfan. Yna, ystyrir anghenion hyfforddi cyfansawdd y sefydliad gan grŵp sy'n cynnwys y rheolwyr hŷn, a fydd yn penderfynu'n derfynol ar sut i flaenoriaethu adnoddau hyfforddi'r corff ymhob blwyddyn ariannol.

13 Adolygir gweithrediad y cynllun yn barhaus a chynhwysir unrhyw newidiadau gweithrediadol yn y trefniadau ar gyfer y flwyddyn ganlynol.

Y broses werthuso

1 **Adolygu perfformiad**
Ystyried y flwyddyn a aeth heibio, safon eich perfformiad, beth a gyflawnwyd, problemau, sut wnaethoch chi gyfrannu i'r tîm.

2 **Cytuno ar amcanion/targedau**
Trafod amcanion am y flwyddyn sydd i ddod. Sut fedrwch chi barhau i gynnal/datblygu llwyddiannau'r flwyddyn flaenorol, a mynd i'r afael ag unrhyw broblemau?

3 **Anghenion datblygu**

Wrth i chi drafod amcanion, byddwch yn sylweddoli beth sydd angen ei wneud i gyflawni eich gôl – hynny yw, meistroli neu ddatblygu sgiliau, gwybodaeth, hyder, profiad, cysylltiadau.

4 **Cynllunio gyrfaol**

Anghenion hirdymor – hynny yw, eich cynlluniau ar gyfer y dyfodol, a sut mae eich gyrfa yn cydfynd ag amcanion y gweithle.

5 **Trafodaeth rhwng y gwerthusai a'r gwerthuswr**

Mae nifer o fanteision o gynnal gwerthusiad, ond mae'n rhaid i'r gwerthusai a'r gwerthuswr fod yn rhan o'r broses a pharatoi'n drylwyr ymlaen llaw. Bydd angen i'r ddau gyfrannu at y drafodaeth mewn modd adeiladol cyn adolygu unrhyw amcanion a gytunwyd arnynt.

Pwyntiau trafod

- Cymerwch ran mewn arfarniad fel aelod staff sefydliad o'ch dewis neu eich gweithle presennol, gan ddewis swydd i'w thrafod. Paratowch trwy ddefnyddio'r cwestiynau ar dudalen 204.

- Cymerwch ran mewn arfarniad o safbwynt cyflogwr. Holwch y cwestiynau canlynol i'r sawl sy'n cael ei arfarnu, gan gymryd nodiadau a chytuno ar amcanion ar gyfer y flwyddyn nesaf.

1   Sut fyddech chi'n disgrifio'r flwyddyn ddiwethaf: da, boddhaol, gwael? Pam?

2   Beth ydych chi'n teimlo yw eich prif gyflawniadau yn ystod y flwyddyn ddiwethaf?

3   A ydych chi wedi cyrraedd y targedau a osodwyd ar eich cyfer eisoes?

4   Beth sydd wedi eich cynorthwyo i fod yn effeithiol yn eich swydd?

5   Beth, os unrhyw beth, sydd wedi eich atal rhag cyrraedd eich targedau?

6   A oes unrhyw gyflawniadau eraill y dylid tynnu sylw atynt?

7   Disgrifiwch effaith unrhyw weithgaredd neu ddatblygiad yr ydych wedi bod yn rhan ohono.

8   Pa elfennau o'ch swydd sy'n tanio eich diddrodeb fwyaf/leiaf?

9   Pa agweddau o'ch swydd ydych chi'n teimlo sy'n fwyaf heriol?

10 A yw'r disgrifiad o'r swydd yn adlewyrchu'r gwaith sy'n cael ei gyflawni?

11 Amlinellwch eich cyfraniad i'r adran/tîm.

12 Beth yw eich llwyth gwaith? Pa mor effeithiol ydych chi wrth ddelio ag ef?

13 Yn eich tyb chi, pa safon yw'r gwaith a gynhyrchir gennych? Defnyddiwch dystiolaeth neu adborth lle bo'n briodol.

14 Pa mor effeithiol ydych chi wrth sefydlu perthynas â chyd-weithwyr, rhanddeiliaid ac unrhyw unigolion eraill? Sut mae hyn yn effeithio ar y gwaith sy'n cael ei gyflawni?

15 Pa mor effeithiol ydych chi wrth gyflawni dyletswyddau rheoli, boed hynny gyda phrosiectau neu gyllidebau?

Tasgau

1   Cwblhewch gynllun personol ar sail y cyfarfod arfarnu – hynny yw, gwerthuso eich perfformiad yn ystod y flwyddyn ddiwethaf/beth fydd eich targedau ac amcanion am y flwyddyn nesaf. Gallwch ddefnyddio'r ffurflen fel templed neu ddilyn eich canllaw eich hun.

2 Darllenwch y nodiadau canlynol o gyfarfod arfarnu rhyngoch chi, y rheolwr llinell ac aelod o staff o'r enw Alwyn Williams. Mae Alwyn yn gyfreithiwr sy'n gweithio i gwmni llwyddiannus yn delio ag achosion teuluol. Ar sail y nodiadau, ysgrifennwch adroddiad cryno yn gwerthuso ei flwyddyn ddiwethaf o waith ar gyfer eich rheolwr chi (sef pennaeth y cwmni). Gwnewch ddefnydd o ffurfiau cryno berfau y gorffennol a'r dyfodol. Gallwch ychwanegu unrhyw fanylion pellach.

Targed gwaith	Cyflawni?	Sylwadau
Datblygu sgiliau ysgrifennu	Do	Mae'r cwrs Cymraeg yn y Gweithle wedi codi safon ei allu i ysgrifennu'n ffurfiol.
Cydweithio â gweddill y tîm	Do	Mae'n parchu barn gweddill y tîm ac yn derbyn eu harweiniad wrth weithio ar wahanol achosion.
Dysgu gweithio yn annibynnol, heb orfod dibynnu ar gydweithwyr am arweiniad	Naddo	Derbyn rhagor o brofiad er mwyn magu hyder wrth ddelio ag achosion.
Rheoli amser yn well	Naddo	Angen creu amserlenni a sicrhau bod gwaith yn cael ei gyflwyno mewn pryd.
Hyfforddiant:		
Cwrs Cymraeg yn y Gweithle	Do	Rhuglder llafar wedi gwella.
Cwrs cyfrifiadurol	Naddo	Wedi methu'r arholiad, felly rhaid ailsefyll.

Cryfderau

- Prydlondeb
- Agwedd ddeinamig
- Sgiliau ysgrifennu graenus
- Gweithio'n rhan o dîm

Gwendidau

- Cyfathrebu ar lafar yn wan
- Rheoli amser
- Ddim yn gallu cydweithio'n annibynnol drwy'r amser
- Sgiliau technoleg gwybodaeth

Templed ffurflen arfarnu

ADRODDIAD DATBLYGU A GWERTHUSO STAFF

Enw: **Dyddiad:**

Teitl Swydd:

Adran:

Y cyfnod y cyfeirir ato yn yr adroddiad:

Adroddiad Gwerthuso

1. Crynodeb o'r prif ddyletswyddau a chyfrifoldebau – gan gynnwys adolygiad o'r swydd-ddisgrifiad presennol.

2. Crynodeb o berfformiad yn erbyn yr amcanion a osodwyd yn y gwerthusiad diwethaf, os yw'n berthnasol.

3. Beth yw'r prif gyraeddiadau o blith yr amcanion a gyflawnwyd?

4. Pa feysydd gwaith y gellid eu gwella? Beth yw'r gwelliannau hynny?

5. Sut ddylid gwneud y gwelliannau hyn?

6. A oes unrhyw ffactorau cyfundrefnol neu ffactorau eraill a allai fod wedi amharu ar y perfformiad?

7. Rhestr o unrhyw gyrsiau hyfforddi neu weithgareddau datblygu ffurfiol (hynny yw seminarau, cynadleddau, gweithdai ac ati) yn ystod y cyfnod.

8. A oes unrhyw agweddau o'r gwaith lle byddai'r deiliad swydd ar ei ennill o dderbyn rhagor o brofiad, cyfarwyddyd neu hyfforddiant? Os oes, nodwch hwy.

Adran A: sylwadau'r gwerthusai (lle bo'n briodol)

Adran B: sylwadau'r gwerthuswr (lle bo'n briodol)

Adran C: rhestr o amcanion a gytunwyd ar gyfer y flwyddyn sy'n dod (dylai'r amcanion a nodir fod yn benodol, mesuradwy, cyflawnadwy, realistig ac amserol). Nodwch unrhyw raddfeydd amser cysylltiedig er mwyn cyflawni'r amcanion.

Dyddiad dechrau/ cwblhau amcan	Teitl amcan/ disgrifiad	Sut mae'n cysylltu â nod strategol yr adran/y sefydliad?
Dyddiad dechrau/ cwblhau tasgau neu weithredu	Nodwch bob tasg berthnasol er mwyn cyflawni'r amcan uchod.	Sut fyddwch chi'n mesur llwyddiant?

Adran D: y prif hyfforddiant a gofynion datblygu y cytunwyd arnynt ac y mae eu hangen er mwyn cyflawni'r amcanion a restrir yn adran C uchod

Pa hyfforddiant/ datblygu?	Pa amcanion a ddymunwch eu cyflawni o'r hyfforddiant? Beth yw'r manteision disgwyliedig a'r rheswm dros y cais?	Sut mae modd cyflawni eich anghenion hyfforddi?	Erbyn pa ddyddiad y mae angen yr hyfforddiant?

Adran E: dilyniant gyrfa (i'w gwblhau gan y sawl sy'n cael ei werthuso). Gallwch nodi eich cynlluniau a'ch dyheadau o ran dilyniant gyrfa:

CYNLLUN GWERTHUSO A DATBLYGU STAFF

Gwerthusai:	Gwerthuswr:
Y cyfnod y cyfeirir ato yn yr adroddiad gwerthuso: Hyn sydd i dystio bod y cyfweliad gwerthuso blynyddol wedi ei gynnal a bod adroddiad wedi ei gwblhau a'i gytuno	
Llofnodwyd: Gwerthusai:	Dyddiad:
Llofnodwyd: Gwerthuswr:	Dyddiad:
Canolwr (os penodwyd un):	Dyddiad:

SYLWCH Deialog yw'r broses arfarnu/werthuso, ac felly dylid cwblhau'r ffurflen wedi i'r gwerthusai a'r gwerthuswr gytuno ar ei gynnwys.

Enghraifft

Swyddog Hyrwyddo'r Gymraeg
Crynodeb o berfformiad a chyraeddiadau yn unol â'r
amcanion blaenorol a nodwyd.

- Wedi trefnu sesiynau anffurfiol ar gyfer sgyrsio, ac felly wedi cynyddu'r cyfleoedd i ddefnyddio'r Gymraeg mewn gwahanol gyd-destunau
- Wedi cyflwyno adroddiadau misol mewn cyfarfodydd monitro
- Wedi ymweld â deg sefydliad er mwyn trafod sut i hyrwyddo dwyieithrwydd

Amcanion ar gyfer y flwyddyn nesaf

- Meithrin sgiliau rheoli amser, gan drafod paratoi a chynllunio ar gyfer dyddiadau cau gyda'r rheolwr llinell (erbyn Rhagfyr 2018)
- Derbyn sesiynau hyfforddiant er mwyn datblygu sgiliau cyfathrebu ar lafar (erbyn Mehefin 2018)
- Cynyddu'r nifer sy'n cofrestru ar gyfer sesiynau gloywi Cymraeg o bump i wyth, yn ôl ein targedau recriwtio (erbyn Medi 2018)

Hyfforddiant	Rheswm/mantais	Dyddiad
Gweithdy ar ddefnyddio'r cyfryngau cymdeithasol	Mae'r cyfryngau cymdeithasol yn hollbwysig er mwyn marchnata yn effeithiol	Hydref 2018
Cwrs cyfathrebu	Mae angen magu hyder wrth gyfathrebu ar lafar	Awst 2018

Crynodeb

(i) Y gwerthusai

Rwyf wedi gweithio'n gydwybodol yn ystod y flwyddyn, ac wedi ymdrechu hyd eithaf fy ngallu i gynyddu'r niferoedd sy'n dymuno astudio cyrsiau Cymraeg. Fodd bynnag, mae nifer o weithleoedd yn gyndyn i roi caniatâd i'r staff dderbyn hyfforddiant yn ystod oriau gwaith. Rwy'n cydnabod y gallwn fod wedi rheoli amser yn well, ond roedd nifer o ddyddiadau cau yn cyd-ddigwydd, ac felly roeddwn yn gweithio o dan bwysau. Cytunaf y gallwn ddatblygu fy sgiliau llafar ymhellach, a bydd sesiynau hyfforddiant o fudd imi gyflawni hynny.

(ii) Y gwerthuswr

Mae _____ yn aelod gwerthfawr o'r tîm, gan wneud cyfraniad amlwg i'r sefydliad. Mae bob amser yn ddymunol a chwrtais, ac mae'n cwblhau ei ddyletswyddau mewn modd proffesiynol a chyfrifol. Llwyddodd i roi cynllun newydd 'Cymraeg Llafar' ar waith, sydd wedi bod yn hynod boblogaidd. Cyflawnodd waith hyrwyddo sylweddol mewn lleoliadau niferus, ond gellid ehangu ar hyn trwy ddefnyddio sgiliau marchnata ar y cyfryngau cymdeithasol. Gall gyflwyno adroddiadau misol ar lafar o flaen y panel monitro, ond gellid gwella sgiliau cyfathrebu ymhellach trwy dderbyn hyfforddiant. Byddaf yn trafod pwysigrwydd cyflwyno gwaith cyn dyddiadau cau gyda _____.

PENNOD 3:
DYDDIADUR GWAITH

Gall llunio dyddiadur gwaith fod yn gyfle i chi gloriannu eich cyr-
haeddiad yn y byd gwaith, ac edrych tua'r dyfodol wrth ystyried eich
gyrfa. Gan amlaf, defnyddir tasg o'r fath yn dilyn cyfnod o fod ar
leoliad gwaith fel modd o asesu'r profiad yn hunanfeirniadol, ond
gellir hefyd ei gwblhau yn y gweithle fel rhan o broses gynllunio
gyrfaol. Mae'n hollbwysig eich bod yn defnyddio dull *dadansoddi* yn
hytrach na *disgrifio* yn unig, ac mae'r broses fyfyrio yn ddefnyddiol
er mwyn ystyried yr hyn rydych wedi ei gyflawni mor belled, a'ch
dyheadau gyrfaol yn y dyfodol.

Ceir cyfarwyddiadau i ddilyn ar sut i lunio dyddiadur gwaith a
chrynodeb o'i gynnwys, a gellir defnyddio'r pwyntiau trafod a'r tasgau
fel ymarferion paratoadol ar gyfer cwblhau'r dasg, yn annibynnol
neu wrth gydweithio ag eraill. Yn ogystal, ceir enghreifftiau o ddarnau
o ddyddiadur fel esiampl. Gellir defnyddio patrymau'r broses arfarnu
a gwerthuso ar gyfer y diben hwn ynghyd ag amrywiaeth o eirfa,
ansoddeiriau, berfau, ymadroddion a sgiliau (gw. adran 1, 2, 3, 4,
6(vii) a 7 yn yr atodiad).

Cyfarwyddiadau

Mae'r dasg hon yn gofyn am waith meddwl a phendroni, ac felly mae angen bod yn fanwl a thrwyadl. Wrth asesu sgiliau a'r hyn a ddysgwyd, dylid ymhelaethu ar enghreifftiau penodol o dasgau neu sefyllfaoedd byd gwaith er mwyn cefnogi'r safbwynt, yn hytrach na dim ond disgrifio'r dasg a rhoi braslun cyffredinol o'ch cynnydd.

Cynnwys

1 Natur y gwaith (disgrifiad cryno o'r dyletswyddau a'r cyfrifoldebau)

2 Natur y sefydliad/gofynion ieithyddol y gweithle (amlinellu'n fras beth yw cefndir y sefydliad a'i bolisi iaith)

3 Y dyddiadur – nodi'r tasgau (cofnod bras o'r gwahanol dasgau a gyflawnir gennych)

4 Gwersi a ddysgwyd/rhwystrau (gwerthuso profiadau cadarnhaol a negyddol, gan nodi sut y llwyddwyd i oresgyn unrhyw anawsterau)

5 Sut y defnyddiwyd y sgiliau rydych wedi eu datblygu yn ystod eich cyfnod yn y brifysgol/gweithle blaenorol, a sut y gallwch ddefnyddio'r wybodaeth newydd hon mewn swydd yn y dyfodol (edrych yn ôl ac ymlaen wrth asesu eich cryfderau ac unrhyw sgiliau sydd angen eu datblygu ymhellach)

6 Atodiad: deunyddiau ac ati – er enghraifft, copi o unrhyw weithgareddau neu enghreifftiau o dasgau a gwblhawyd trwy gyfrwng y Gymraeg

Cofiwch

1 Ddefnyddio'r cywair ffurfiol.

2 Mae angen manylder/sylwedd yn y dyddiadur, a gallwch felly ddefnyddio unrhyw ddogfennau i gefnogi'r hyn rydych chi'n ei ddweud – er enghraifft, cynllun/polisi iaith, dogfennau'r Llywodraeth (megis Mesur y Gymraeg (Cymru) 2011).

3 Ystyriwch sut y bydd y tasgau rydych chi'n eu cyflawni yn perthnasu i fframwaith ehangach neu gyd-destun y sefydliad/ amcanion y Llywodraeth – er enghraifft, cyfieithu dogfen i'r Gymraeg > bodloni anghenion y gweithle trwy gynnig

gwasanaeth dwyieithog > cydymffurfio â strategaeth neu Fesur Iaith y Llywodraeth o sicrhau Cymru ddwyieithog a statws cyfartal i'r ddwy iaith.

Llythyr/e-bost i holi am brofiad gwaith

Annwyl ____,

A fyddai'n bosib …? A allech chi gynnig …?

Manylion – dyddiadau ac ati

Gair amdanoch chi fel person – pam fod hyn yn bwysig i chi a'ch gyrfa

Sgiliau/diddordebau

Byddwn yn gwerthfawrogi …

Manylion cyswllt

Cloi'r llythyr yn briodol – er enghraifft, 'Diolch am ddarllen y llythyr'/'Yn gywir'

Pwyntiau i'w cynnwys

- Pwy ydych chi
- Pam rydych yn ysgrifennu
- Pa brifysgol/coleg ydych chi'n mynychu
- Yr hyn rydych chi'n ei astudio ar hyn o bryd
- Eich sgiliau
- Yr hyn rydych chi'n hoffi ei wneud
- Eich gweithle llawn-amser neu ran-amser presennol (os yw'n berthnasol)

Cofiwch ymddwyn yn briodol yn ystod cyfnod eich profiad gwaith – mae'n gyswllt pwysig â chyflogwr, ac mae'n bosib y byddwch yn ymgeisio am swydd yno yn y dyfodol. Mae'r broses ddysgu yn y gweithle yn fodd i arddangos eich dulliau gwaith. Dylech ymgyfarwyddo â rheolau'r sefydliad a darllen yr adroddiadau a'r polisïau yn drylwyr.

Pwyntiau trafod

1   Ble hoffech chi fynd ar brofiad gwaith? Pam?
2   Lluniwch linell amser yn nodi eich defnydd o'r Gymraeg:
    - yn ystod eich bywyd
    - yn ystod diwrnod cyffredin yn eich bywyd

Mae'r dasg hon yn rhoi cyfle i chi wneud hunanasesiad o'ch sgiliau ieithyddol, gan werthuso eich gallu hyd yn hyn. Bydd hyn yn eich galluogi i greu strategaeth ddysgu ar gyfer eich astudiaethau/gyrfa.

3   Trafodwch beth yw gofynion ieithyddol eich prifysgol/gweithle, gan graffu ar eu cynllun/polisi iaith.
4   Beth yw effaith y safonau arfaethedig ar ofynion ieithyddol y sefydliad rydych yn ei drafod?
5   Trafodwch eich profiad gwaith, hynny yw datrys problemau, unrhyw rwystrau, gwerthuso sgiliau, cynllunio at y dyfodol, hyfforddiant pellach.
6   Dewiswch un elfen o'ch profiad gwaith sy'n ymwneud â'r Gymraeg, gan fanylu ar sut y mae wedi cyfoethogi eich deall-wriaeth o weithle dwyieithog.
7   Dewiswch un dasg yn ystod eich profiad gwaith sy'n adlewyrchu eich defnydd o sgiliau defnyddiol. Ymhelaethwch, gan nodi eich cryfderau wrth ymdrin â'r sefyllfa yn ogystal â gwelliannau posib.

Tasgau

1   Cyfieithwch y patrymau canlynol ar gyfer llythyr/e-bost yn trefnu lleoliad gwaith:
    - I'm writing to ask . . .
    - I hope to . . .
    - In the future . . .
    - I look forward to . . .
    - Thank you for considering my request.

2 Lluniwch ddyddiadur gwaith yn seiliedig ar eich profiadau mewn gweithle yn ystod y flwyddyn. Byddwch yn crynhoi digwyddiadau/ profiadau er mwyn canolbwyntio ar eu dadansoddi, gan fynegi eich barn arnynt lle bo'n briodol. Ystyriwch eich profiadau mewn dull beirniadol (gan gydnabod y cadarnhaol a'r negyddol).

3 Ystyriwch beth o'r rhestr isod sy'n addas ar gyfer trafod profiad gwaith mewn modd beirniadol a dadansoddol, yn hytrach na chynnig disgrifiad yn unig:

- Defnyddiais y Gymraeg wrth sgyrsio â chydweithiwr bore yma. Buom yn sôn am ffrindiau, teulu a gwaith.
- Heddiw, trafodais gyda'r pennaeth y sgiliau rwyf wedi eu datblygu yn ystod fy amser yn y gweithle. Soniais fy mod wedi datblygu ar lafar, a chytunodd gan ddweud bod fy iaith lafar yn dda. Rhoddodd lyfryn am yr iaith Gymraeg i mi gan ddweud y byddai o gymorth wrth ddatblygu fy sgiliau iaith ysgrifenedig.
- Heddiw oedd fy niwrnod olaf yn y swyddfa. Roeddwn i wedi setlo'n dda ac nid oeddwn i eisiau gadael. Prynais fisgedi a cherdyn i'r adran, a phrynon nhw gerdyn i mi hefyd.
- Heddiw, cyfieithais ddogfen am gosbau parcio. Adborth fy nghydweithiwr oedd nad oes angen defnyddio'r ffurf amhersonol, gan fod y rhan fwyaf o'r darnau yn anffurfiol.
- Yn ystod fy amser yn y cyngor, dysgais eirfa newydd yn Gymraeg yn ymwneud â maes gwleidyddiaeth. Mae yna hefyd lawer o wefannau newydd a systemau cof cyfieithu y gallaf eu defnyddio.
- Ceisiais gofio'r gwahaniaeth rhwng a/ac/â wrth gyfieithu dogfennau, gan fy mod wedi dysgu hyn yn y brifysgol. Cofiais dreiglo enwau ac ansoddeiriau ar ôl 'yn' – ond cyn dechrau yn y gweithle, roeddwn i'n meddwl bod angen treiglo berfenwau ar ôl 'yn'.

SYLWCH sut y mae rhai o'r darnau hyn yn cofnodi/disgrifio tasgau, yn hytrach na defnyddio'r dasg fel enghraifft o'r sgiliau a ddatblygir yn y gweithle. Er mwyn asesu eich hun yn llwyddiannus, mae'n rhaid cynnwys rhagor o wybodaeth er mwyn dod i ddeall sut y mae'r tasgau unigol yn cyfrannu at eich datblygiad proffesiynol.

Enghraifft

Y lleoliad

Ar gyfer fy mhrofiad gwaith, rydw i wedi cynorthwyo mewn ysgol gynradd Gymraeg. Adeilad newydd yw'r ysgol, yn cyflogi deg ar hugain aelod staff ac yn gyfrifol am 600 o blant rhwng tair a deg oed.

Natur y profiad gwaith

Natur fy mhrofiad gwaith oedd helpu a chynorthwyo dosbarth derbyn trwy gyfrwng y Gymraeg. Roedd fy nyletswyddau'n cynnwys siarad Cymraeg, darllen llyfrau Cymraeg i'r plant a'u hannog i gyfathrebu yn y Gymraeg drwy'r dydd. Yn ogystal â hyn, roedd yn rhaid imi weithio gyda grŵp bach o blant oedd yn gweld yr iaith yn heriol. Fel staff cynorthwyol, mae'n rhaid defnyddio'r system gyfrifiadurol er mwyn dod o hyd i ddogfennau sy'n addas ar gyfer y disgyblion yma. Yn ogystal â hyn, roedd yn rhaid darparu unrhyw wybodaeth ychwanegol a fyddai'n ddefnyddiol er mwyn cwblhau'r dasg.

Defnydd o'r Gymraeg yn y sefydliad

Dysgais fod yr ysgol yn hyrwyddo'r Gymraeg ym mhob agwedd o'i gwaith. Roedd geiriau Cymraeg ymhob man, gyda phosteri a llyfrau Cymraeg. Dywedodd yr athrawes wrthyf fod gan yr ysgol reolau caeth, a ategir gan ddatganiad o genhadaeth 'Gwnawn ein Gorau'. Roedd ethos Gymraeg yr ysgol yn ysbrydoledig – gofynion ieithyddol y sefydliad oedd bod yn rhaid cyflawni popeth trwy gyfrwng y Gymraeg. Mae'r ysgol hefyd yn cynnal gwersi dysgu Cymraeg ar gyfer oedolion er mwyn hyrwyddo'r iaith a sicrhau ei pharhâd.

Diwrnod I

Dechreuodd y diwrnod gyda chyfarfod staff yn yr ystafell athrawon. Yn ystod y cyfarfod, gall y staff leisio unrhyw gyhoeddiadau pwysig neu bryderon i weddill y staff. Yna, roedd yn rhaid i'r plant yn y dosbarth derbyn fynd i grwpiau a oedd yn seiliedig ar eu gallu.

Roedd gweithgareddau i'w gwneud ar y carped, yn yr adran chwarae rôl, yn yr adran gelf ac ar y desgiau. Roedd yn rhaid imi sicrhau bod fy sgiliau siarad Cymraeg o safon uchel, gan fod y plant yn gofyn i mi gyfieithu llawer o eiriau trwy gydol y diwrnod, ac roedd yn rhaid imi eu hannog i ddefnyddio'r Gymraeg yn gyson. Yn y dosbarth roedd llawer o'r plant yn siaradwyr Cymraeg hyderus, ond roedd ambell un yn ansicr o'i allu, felly fy nyletswydd oedd sicrhau bod y rhai hynny yn teimlo'n hyderus wrth siarad Cymraeg gyda'u cyd-ddisgyblion a'r staff. Un ffordd o wneud hyn oedd canu caneuon Cymraeg fel 'Mynd ar y ceffyl'. Dywedodd yr athrawes ei bod yn hapus gyda fy mrwdfrydedd dros y Gymraeg.

Pa sgiliau a ddefnyddiwyd?

Mae'r sgiliau a ddysgais yn y brifysgol wedi bod yn werthfawr iawn trwy gydol y profiad gwaith, gan olygu fy mod yn hyderus wrth ymdrin â'r Gymraeg. Mae'r gwersi gramadeg wedi bod yn fuddiol, yn enwedig pan oeddwn yn dysgu patrymau berfau i'r plant. Mae'r cyflwyniadau llafar yn y gwahanol fodiwlau hefyd wedi fy helpu i gyfathrebu'n hyderus â staff.

Casgliad

Mae'r profiad gwaith wedi fy ngalluogi i gynllunio fy llwybr gyrfaol ar gyfer y dyfodol, ac wedi cadarnhau mai athrawes yr hoffwn i fod. Bydd gweithio mewn ysgol gynradd Gymraeg yn swydd ddelfrydol i mi, a chefais fudd o bob agwedd o'r profiad gwaith.

PENNOD 4:
CYDYMFFURFIO

Yn sgil Mesur y Gymraeg (Cymru) 2011 a'r safonau iaith a bennir gan Gomisiynydd y Gymraeg, mae disgwyl i sefydliadau ym mhob sector gydymffurfio â meini prawf yn ymwneud â'r Gymraeg. Mae'r ddeddfwriaeth yn nodi na ddylai'r Gymraeg gael ei thrin yn llai ffafriol na'r Saesneg yng Nghymru, ac o ganlyniad mae angen sicrhau statws cyfartal i'r ddwy iaith yn y gweithle/sefydliad.

Ceir gwybodaeth i ddilyn am y maes polisi iaith, ac mae'r pwyntiau trafod a'r tasgau yn addas ar gyfer unigolyn neu grŵp. Yn ogystal, ceir enghreifftiau o bolisi iaith, templed o holiadur asesiad ieithyddol, ymgynghoriad y Llywodraeth ar strategaeth, a fframwaith cymwys-eddau iaith. Gellir defnyddio adnoddau cyffredinol yn yr atodiad ar gyfer y defnydd o eirfa, berfenwau ac ymadroddion (gw. adran 1, 3 a 4).

Cyfarwyddiadau

Mae'n fuddiol i weithwyr proffesiynol dwyieithog ymgyfarwyddo â pholisi iaith eu cyflogwr er mwyn bod yn ymwybodol o'r modd y mae'r sefydliad yn gweithredu trwy gyfrwng y Gymraeg a'r Saesneg. Dylech hefyd holi am y ddarpariaeth o ran cyrsiau hyfforddiant a sesiynau gloywi iaith neu sesiynau anwytho (induction) yn y Gymraeg.

Mae Mesur y Gymraeg 2011 a gyflwynwyd gan y Llywodraeth yn rhoi statws swyddogol i'r Gymraeg yng Nghymru, sy'n golygu gorfodi sefydliadau i wneud defnydd o'r Gymraeg trwy bennu safonau penodol. Mae Comisiynydd y Gymraeg yn gyfrifol am warchod hawliau siaradwyr Cymraeg, hybu a hwyluso defnyddio'r iaith, a sicrhau bod pob un yn teimlo rhyddid i fyw eu bywydau trwy gyfrwng y Gymraeg os dymunant wneud hynny. Mae'r safonau yn cynnwys rhestr o'r hyn y mae'n rhaid ei gyflawni a'i ddarparu er mwyn gweithredu gofynion statudol yn briodol – er enghraifft, cynnig gwasanaethau Cymraeg i'r cyhoedd. Gall sesiynau hyfforddiant ymwybyddiaeth iaith fod yn ddefnyddiol er mwyn cyflwyno gwybodaeth am gyd-destun y Gymraeg, unrhyw ofynion cyfreithiol, ac o ran mynd i'r afael ag unrhyw agweddau negyddol. Bydd y safonau yn gosod dyletswydd ar sefydliadau i beidio â thrin y Gymraeg yn llai ffafriol na'r Saesneg yn y meysydd canlynol:

- Cyflenwi gwasanaethau
- Llunio polisi
- Gweithredu
- Hybu
- Cadw cofnodion

Bydd hyn yn cael ei weithredu drwy'r camau canlynol:

Gall y comisiynydd gynnal ymchwiliad i unrhyw achosion neu gwynion lle nad yw'r unigolyn yn teimlo rhyddid i ddefnyddio eu dewis iaith – er enghraifft, mewn llythyr, ar y ffôn, ar-lein neu wyneb yn wyneb.

Gyda pha sefydliadau y mae gennych hawliau i ddefnyddio'r Gymraeg?

Ar hyn o bryd, mae gennych hawliau cyfreithiol i ddefnyddio'r Gymraeg wrth ymwneud â sefydliadau cyhoeddus, rhai cwmnïau preifat, a rhai cyrff trydydd sector. Mae'r rhain yn cynnwys eich cyngor sir, Llywodraeth Cymru, y parciau cenedlaethol, sefydliadau cyhoeddus cenedlaethol, heddluoedd, gwasanaethau tân ac achub, a mwy. Dros amser, bydd nifer y sefydliadau yn cynyddu, a'r Mesur fydd yn pennu pa rai fydd yn gorfod cydymffurfio.

Gall sefydliadau weithredu strategaeth sgiliau iaith neu strategaeth sgiliau dwyieithog sy'n gofalu bod gan y gweithlu sgiliau iaith angenrheidiol i ymateb i anghenion cwsmeriaid neu gleientiaid. Mae'r broses yn cynnwys asesu anghenion ieithyddol y sefydliad, diffinio gallu ieithyddol staff a chynllunio er mwyn cynnal a chynyddu medrau'r gweithlu wrth ddefnyddio'r Gymraeg. Gall cynnig gwasanaethau dwyieithog esgor ar nifer o fanteision i'r cyflogwr – er enghraifft, ymateb i ddisgwyliadau defnyddwyr a sicrhau eu teyrngarwch, bodloni meini prawf polisi iaith y Llywodraeth, ac ehangu'r farchnad darged. Fel cyflogai, gall beri i chi sefyll allan wrth ymgeisio am swydd, ennill cyflog uwch, gwella eich sgiliau gwybyddol a chreadigrwydd, a chreu cyfleoedd newydd i chi.

Pennu anghenion iaith swyddi

Gellir defnyddio fframwaith cymwyseddau iaith i benderfynu ar ofynion iaith penodol gwahanol swyddi. Yn aml, caiff hyn ei asesu trwy edrych ar allu ieithyddol staff fesul adran, er enghraifft dylid sicrhau bod gan yr adran amrywiaeth o gymwyseddau iaith ar lefelau amrywiol. Dylid ystyried y canlynol wrth greu proffil iaith ar gyfer staff: diben y gwaith; swyddogaethau'r staff; natur y cwsmeriaid/cleientiaid; dulliau cyfathrebu â'r cyhoedd; a gweledigaeth y sefydliad o ran dwyieithrwydd. Os nad oes amrediad digonol o sgiliau iaith, gellir penodi unigolion newydd i unrhyw swyddi gwag, ac ad-drefnu swyddi fel bod cynrychiolaeth o fedrau ieithyddol amrywiol mewn gwahanol dimau. Gellir hefyd addasu rhaglen waith gweithwyr presennol a chynnig hyfforddiant neu ddatblygiad proffesiynol iddynt.

Os oes amwysedd ynghylch union anghenion y swydd o ran trin a thrafod y Gymraeg, dylid pennu lefel cymhwysedd benodol ar gyfer pob swydd. Mae Comisiynydd y Gymraeg yn awgrymu gosod yr anghenion mewn categoriau, a'u priodoli i gymwyseddau penodol – er enghraifft, noda safon 136:

> Pan fyddwch yn asesu'r anghenion ar gyfer swydd newydd neu swydd wag, rhaid ichi asesu'r angen am sgiliau yn y Gymraeg, a'i chategoreiddio fel swydd pan fo un neu ragor o'r canlynol yn gymwys: (a) bod sgiliau yn y Gymraeg yn hanfodol; (b) bod angen dysgu sgiliau yn y Gymraeg pan benodir rhywun i'r swydd; (c) bod sgiliau yn y Gymraeg yn ddymunol; neu (ch) nad yw sgiliau yn y Gymraeg yn angenrheidiol.

Pwyntiau trafod

- Darllenwch yr enghraifft o gynllun/polisi iaith ar dudalennau 227–8. Beth yw ei nodweddion arbennig? Sut mae modd ei wella? (Gallwch ganfod rhagor o enghreifftiau ar y we, gan fod y cynllun fel arfer yn berthnasol ar gyfer gweithle neu sector penodol.)
- Gan ddefnyddio'r cwestiynau yn yr holiadur sy'n dilyn, cynhaliwch asesiad iaith yn eich sefydliad. Ystyriwch y gwasanaethau a gynigir ar hyn o bryd, ac a oes angen camau pellach i gydymffurfio â'r ddeddfwriaeth.
- Darllenwch yr ymgynghoriad sy'n dilyn. Trafodwch sut y gallwch ymgorffori gweledigaeth y Llywodraeth yn eich gweithle/sector.
- Darllenwch y fframwaith cymwyseddau iaith sy'n dilyn. Trafodwch i ba gategori yr ydych chi'n perthyn, a rhowch enghreifftiau penodol o'ch sgiliau ieithyddol. Defnyddiwch yr un fframwaith i asesu sgiliau iaith cyd-fyfyriwr neu gydweithiwr.
- Sut mae paratoi sefydliad ar gyfer cydymffurfio â deddfwriaeth iaith, a chael pethau yn eu lle cyn i broblem godi? Sut mae sicrhau bod y Gymraeg yn rhan o'r cytundeb gwreiddiol, a bod y Gymraeg a'r Saesneg yn cael eu datblygu law yn llaw, yn hytrach na cheisio

adeiladu rhywbeth Cymraeg ar system gyfrifiadurol? Sut mae sicrhau na fydd yn rhy ddrud/yn broblem weinyddol, ac a fydd yn berthnasol i bawb?

- Trafodwch pa sesiynau hyfforddi a allai fod yn addas ar gyfer eich tîm/adran/gweithlu yn gyffredinol, er mwyn ehangu eu hyfedredd ieithyddol.

- Trafodwch yr hyn a fyddai'n ddefnyddiol i'w gynnwys mewn sesiwn hyfforddiant ymwybyddiaeth iaith yn eich sefydliad. Ceisiwch dargedu agweddau penodol at yr iaith.

- Amlinellwch fanteision cynnig gwasanaethau Cymraeg i'r sefydliad, ac ystyriwch hefyd sut i egluro buddiannau sgiliau Cymraeg i aelodau staff.

Tasgau

1 Cwblhewch yr holiadur asesiad iaith sy'n dilyn, ar gyfer eich sefydliad/gweithle yn benodol. Ystyriwch y cwestiynau canlynol:

- Faint o gymwyseddau iaith a gynrychiolir gan staff yr adran ar hyn o bryd?

- Beth yw proffil ieithyddol yr ardal neu'r sector sy'n cael ei wasanaethu?

- Pwy yw'r bobl sy'n cael eu heffeithio?

- Sut gall yr adran gyfrannu at amcanion y sefydliad o gyd-ymffurfio â deddfwriaeth y Gymraeg?

2 Edrychwch ar y rhaglen hyfforddi sydd eisoes yn ei lle, ac ychwanegwch unrhyw sesiynau neu gyrsiau hyfforddi ychwanegol a allai fod o fudd i gyflogeion. Gallwch hefyd ystyried swydd unigol – er enghraifft, rheolwyr, swyddogion, gweinyddwyr.

3 Lluniwch sesiwn hyfforddiant ymwybyddiaeth iaith sy'n berthnasol i'ch sefydliad.

4 Lluniwch adroddiad i'r pennaeth/aelodau staff yn amlinellu manteision defnyddio'r Gymraeg i'r unigolyn ac i'r sefydliad.

5 Lluniwch holiadur asesiad iaith sy'n berthnasol i'ch gweithle/sefydliad/sector penodol chi.

6 Ysgrifennwch adroddiad yn nodi sut rydych wedi cydymffurfio â deddfwriaeth iaith. Nodwch pa broblemau neu anawsterau

rydych wedi gorfod eu hwynebu a sut y'u datryswyd, sefyllfa staffio, a niferoedd cwsmeriaid ac ati. Gwnewch ymchwil i ganfod pa wasanaethau Cymraeg a gynigir yn eich sefydliad/gweithle, a lluniwch strategaeth briodol ar gyfer sicrhau cydymffurfiaeth yn llwyddiannus.

7   Ymchwiliwch i dri o bolisïau iaith sefydliadau amrywiol. Rhowch grynodeb o'u hamcanion. Beth yw eu polisi yn y meysydd canlynol? Arwyddion, gohebiaeth (llythyr, e-bost), anfon biliau, galwadau ffôn, ffurflenni, hysbysebu swyddi, cyrsiau Cymraeg.

8   Lluniwch bolisi/cynllun gweithredu iaith ar gyfer gweithle o'ch dewis chi.

9   Lluniwch ymateb i'r ymgynghoriad isod yn nodi sut y gall eich sefydliad/gweithle/sector gyfrannu at y weledigaeth mewn modd ymarferol. Amlinellwch eich strategaeth a thargedau yn fras.

10   Lluniwch fframwaith cymwyseddau iaith yn benodol ar gyfer eich swydd/sefydliad/sector chi.

11   Cynhaliwch arolwg/astudiaeth achos o weithle dwyieithog, a lluniwch adroddiad yn trafod sefyllfa'r iaith yn y sefydliad hwn. Gallwch gynnig argymhellion/gwelliannau er mwyn newid y sefyllfa. Bydd yn rhaid asesu sgiliau iaith aelodau staff. Ystyriwch a oes ffyrdd o ddynodi pa staff sy'n ddwyieithog. A oes arwyddion dwyieithog? Faint o staff sy'n siarad Cymraeg? Faint o'r ohebiaeth sydd trwy gyfrwng y Gymraeg? A oes gan y sefydliad bolisi/cynllun iaith, neu a ydyw wedi cydymffurfio â'r safonau?

Enghraifft o bolisi iaith Gymraeg

Mae Cyngor Sir _____ wedi mabwysiadu'r egwyddor y bydd yn trin y Gymraeg a'r Saesneg ar y sail eu bod nhw'n gyfartal. Mae'r ddogfen bolisi yn disgrifio sut y bydd y Cyngor yn gweithredu'r egwyddor honno wrth gynnig gwasanaethau i'r cyhoedd o fewn y sir.

Mae'r Cyngor yn cydnabod:
- y gall ein cwsmeriaid fynegi eu barn a'u hanghenion yn well yn eu dewis-iaith
- mai mater o arfer da yn hytrach na goddefgarwch yw eu galluogi i ddefnyddio'u dewis-iaith
- gall gwadu'r hawl i ddefnyddio'u dewis-iaith eu rhoi mewn sefyllfa anfanteisiol

Felly, bydd y Cyngor yn cynnig i'r cyhoedd yr hawl i ddewis pa iaith i'w defnyddio wrth ddelio â hwy.

Dylai'r cynllun gweithredu ddisgrifio sut y bydd y corff cyhoeddus yn trin y Gymraeg a'r Saesneg ar sail gyfartal wrth ddarparu gwasanaethau a chyfathrebu â'r cyhoedd, a dylai gynnwys adrannau ar y materion canlynol:

- cyhoeddi dogfennau dwyieithog
- cynnal delwedd gorfforaethol ddwyieithog
- hyrwyddo defnydd o'r Gymraeg mewn cyfarfodydd cyhoeddus
- ateb y ffôn yn ddwyieithog
- gohebu â'r cyhoedd yn ddwyieithog
- sicrhau bod sefydliadau trydydd parti yn darparu gwasanaethau yn Gymraeg
- darparu gwasanaethau dwyieithog
- prif ffrydio'r Gymraeg i bolisïau a gwasanaethau

Nod y Cyngor yw:

- meithrin dwyieithrwydd ar draws y Cyngor ac ymhob cwr o'r sir
- galluogi pawb sy'n defnyddio gwasanaethau'r cyngor, neu'n cyfrannu at y broses ddemocrataidd, i wneud hynny trwy gyfrwng y Gymraeg neu'r Saesneg yn ôl eu dewis personol
- gwella safon y gwasanaethau trwy gyfrwng y Gymraeg ar draws yr adrannau
- annog pobl i ddefnyddio'r Gymraeg yn amlach ym mywyd yr ardal; gyda hynny, bydd y Cyngor yn cyfrannu at yr ymgyrch i adfywio'r Gymraeg ar draws Cymru yn unol ag agenda strategol Cynulliad Cenedlaethol Cymru
- gofalu bod holl bolisïau, strategaethau, prosiectau a phartneriaethau'r Cyngor yn hyrwyddo defnyddio'r Gymraeg ac yn annog pobl i'w defnyddio'n amlach
- helpu pob unigolyn a sefydliad ar draws y sir i ddefnyddio'r Gymraeg
- datblygu gallu disgyblion ysgol a myfyrwyr o bob oedran i fod yn gadarn ddwyieithog ac yn llythrennog yn y ddwy iaith, er mwyn bod yn aelodau cyflawn o'r gymuned ddwyieithog y maen nhw'n byw ynddi
- codi hyder a gwella sgiliau dwyieithog staff, cynghorwyr a thrigolion y sir
- datblygu delwedd fodern a deinamig i'r sir gyfan, sy'n parchu ei threftadaeth ac yn hyrwyddo'r Gymraeg

Mae'n ofynnol bod y Cyngor Sir yn llunio adroddiad blynyddol i gydfynd â gweithrediad y polisi er mwyn cadarnhau cydymffurfiaeth ac i adrodd ar berfformiad.

Templed holiadur asesiad iaith

Safonau Cymraeg
Gohebiaeth a galwadau ffôn
1 **Wrth gyfathrebu â grŵp o unigolion/aelodau'r cyhoedd, mae'r ohebiaeth yn cael ei hanfon yn ddwyieithog.**
Ydy
Nac ydy
Ddim yn berthnasol
Sylwadau:

2 **Os oes rhywun yn cysylltu â'r adran/sefydliad dros y ffôn ac yn gofyn am wasanaeth Cymraeg, rydym yn ymwybodol o'r broses briodol.**
Ydym
Nac ydym
Sylwadau:

Cyfarfodydd a digwyddiadau cyhoeddus
3 **Os gwahoddir rhywun i gyfarfod a'u bod yn gofyn am gynnal y cyfarfod yn Gymraeg, mae digon o staff yn yr adran/sefydliad sy'n gallu cynnal cyfarfod yn Gymraeg.**
Oes
Nac oes
Sylwadau:

4 **Os cynhelir cyfarfod/digwyddiad sy'n agored i staff, mae'r digwyddiad yn cael ei hysbysebu a'i hyrwyddo'n ddwyieithog.**
Ydy
Nac ydy
Ddim yn berthnasol
Sylwadau:

5 **Mae pob ffurflen, dogfen neu ganllaw a gaiff ei greu ar gyfer cwsmeriaid/cleientiaid/y cyhoedd ar gael yn ddwyieithog.**
Ydy
Nac ydy
Nodwch unrhyw ddogfennau nad ydynt ar gael yn ddwyieithog, os yw hynny'n berthnasol:

Gwefan a gwasanaethau ar-lein

6. Mae tudalennau gwe'r adran/sefydliad ar gael yn ddwyieithog neu wedi'u teilwra i gynulleidfa Gymraeg.

Ydynt

Nac ydynt

Sylwadau:

7 Pan fydd y tudalennau gwe yn cael eu diweddaru yn Saesneg neu'n Gymraeg, mae'r cyfieithiad yn cael ei ddiweddaru ar yr un pryd.

Ydy

Nac ydy

Amlinellwch eich proses ar gyfer diweddaru tudalennau gwe:

Arwyddion

8 Os bydd arwydd (parhaol neu dros dro) yn cael ei arddangos, mae'n ddwyieithog.

Ydy

Nac ydy

Amlinellwch y broses, os gwelwch yn dda:

Cyffredinol

9 Mae gwasanaethau Cymraeg yr adran/sefydliad yn cael eu hyrwyddo yn ddigonol.

Ydynt

Nac ydynt

Sylwadau:

10 Os oes angen cyfieithu geiriau a/neu gyfieithu ar y pryd, rydym yn gwybod gyda phwy y mae angen cysylltu.

Ydym

Nac ydym

Sylwadau:

Ymgynghoriad ar strategaeth ddrafft Llywodraeth Cymru: miliwn o siaradwyr Cymraeg erbyn 2050[1]

Crynodeb gweithredol

Mae'r weledigaeth yn glir – bod yna filiwn o siaradwyr Cymraeg erbyn 2050. Er mwyn gwireddu hynny, rydym yn rhagweld bod angen i sawl peth ddigwydd: mwy o blant mewn addysg Gymraeg, gwell cynllunio ynghylch sut mae pobl yn dysgu'r iaith, rhagor o gyfleoedd i'w defnyddio a'r rheini'n hawdd eu cyrraedd, cryfhau'r seilwaith a chwyldro i wella darpariaeth ddigidol yr iaith, a newid sylweddol yn y ffordd rydym yn siarad amdani.

Mae'r ddogfen hon yn gosod ein blaenoriaethau strategol o ran sut i gyrraedd miliwn, ac yn nodi'r prif bethau y mae'n rhaid iddyn nhw ddigwydd os ydym am weld y newid angenrheidiol.

Ein blaenoriaethau

1 Mae'r iaith Gymraeg yn un o drysorau Cymru. Mae'n rhan o'r hyn sy'n ein diffinio fel pobl, ac yn rhan annatod o'n bywydau bob dydd. Yn ôl y Cyfrifiad diwethaf yn 2011, roedd 562,000 o siaradwyr Cymraeg yng Nghymru. Ar sail hynny, nod y strategaeth hon fydd bron i ddyblu nifer y siaradwyr Cymraeg erbyn canol y ganrif. Rydym yn cynnig felly ein bod yn blaenoriaethu chwe maes gweithredu allweddol.

2 **Cynllunio a pholisi iaith:** Er mwyn i holl elfennau eraill y strategaeth hon fod yn effeithiol, mae angen cynllunio synhwyrol a phwrpasol i roi'r rhaglenni priodol yn eu lle ar yr amser cywir. Er enghraifft, os am gynyddu'r niferoedd ar y raddfa sydd ei hangen, y cam cyntaf angenrheidiol mewn unrhyw strategaeth fydd creu cyflenwad digonol o athrawon i addysgu plant trwy gyfrwng y Gymraeg.

[1] Gweler *https://ymgyngoriadau.llyw.cymru/sites/default/files/consultation_doc_files/160729-consultation-language-cy.pdf* (cyrchwyd ar 7 Rhagfyr 2017).

2 **Normaleiddio:** Trwy feithrin parodrwydd i ddefnyddio'r Gymraeg ymysg pobl sy'n ei siarad, ac ewyllys da tuag ati ymysg y rheini nad ydynt yn ei siarad, rydym am weld y Gymraeg yn rhan normal o fywyd bob dydd. Mae hyn yn golygu bod pobl yn teimlo'n gyfforddus yn dechrau sgwrs yn Gymraeg, y gallant ddisgwyl derbyn gwasanaethau yn Gymraeg, a bod pobl yn gyfarwydd â chlywed a gweld y Gymraeg.

3 **Addysg:** Mae angen cynnydd sylweddol yn nifer y bobl sy'n cael addysg Gymraeg ac sydd â sgiliau Cymraeg, am mai dim ond trwy alluogi rhagor o bobl i ddysgu Cymraeg y bydd modd cyrraedd miliwn o siaradwyr. Mae'r blynyddoedd cynnar hefyd yn hanfodol, oherwydd y cynharaf y mae plentyn yn cael cyffyrddiad â'r iaith, y mwyaf o gyfle sydd ganddo i ddod yn rhugl.

4 **Pobl:** Yn ogystal â dysgu, bydd yn hollbwysig cynyddu nifer y bobl sy'n trosglwyddo Cymraeg i'w plant. Mae angen rhagor o gyfleoedd ar bobl i ddefnyddio'r iaith mewn amrywiaeth o gyd-destunau, ac annog rhagor ohonynt i fanteisio ar y cyfleoedd hynny. Mae'r rhain yn cynnwys ar lefel unigolion, y teulu, wrth gymryd rhan mewn gweithgareddau lleol, neu fel aelodau o rwydweithiau a chymunedau diddordeb ehangach a all fod ar wasgar ym mhedwar ban byd.

5 **Cefnogi:** Mae datblygu seilwaith cadarn a chyfoes i gefnogi'r iaith yn hanfodol er mwyn cynyddu nifer y bobl sy'n siarad Cymraeg, gwella eu hyder i wneud hynny, a hwyluso ei defnyddio mewn amrywiaeth eang o gyd-destunau. Mae adnoddau digidol, cyfryngau iach ac amrywiol, proffesiwn cyfieithu ymatebol a modern, a chorpws sy'n adlewyrchu ac yn cynnal statws y Gymraeg fel iaith fyw, yn hollbwysig, a hynny ar gyfer siaradwyr Cymraeg ar bob lefel.

6 **Hawliau:** Mae deddfwriaeth yn gosod sylfaen ddiamod i gyrff weithredu o blaid yr iaith ac i siaradwyr Cymraeg ei defnyddio. Mae angen ysgogi unigolion i fanteisio ar y cyfleoedd y mae'r hawliau hyn yn eu cynnig. Y nod hirdymor yw symud at sefyllfa lle mae'r hawliau hyn wedi eu gwreiddio fel rhan naturiol o wasanaethau.

Fframwaith cymwyseddau iaith[2]

Cymwysterau CBAC/CDCG Fframwaith CEFR

Lefel Mynediad (A1)
- Gallu deall a defnyddio ymadroddion llafar syml pob dydd.
- Gallu eich cyflwyno eich hun ac eraill ar lafar, gallu gofyn ac ateb cwestiynau am wybodaeth syml – er enghraifft, ble mae rhywun yn byw a gweithio, beth maen nhw'n hoffi ei wneud, gallu trafod manylion personol, amserau a rhifau.
- Gallu deall testunau ysgrifenedig byr lle mae pobl yn rhoi gwybodaeth bersonol syml amdanynt eu hunain neu eraill – er enghraifft, ar ffurflenni.
- Trosglwyddo neges ysgrifenedig syml neu wneud cais syml – er enghraifft, trwy e-bost.

Lefel Sylfaen (A2)
- Gallu deall brawddegau pan fydd pobl yn siarad yn araf am sefyllfaoedd pob dydd – er enghraifft, gwybodaeth bersonol a theuluol syml, trafod materion syml am y gwaith gan gynnwys beth mae pobl wedi ei wneud neu'r hyn y bydden nhw'n ei wneud.
- Gallu cynnal sgwrs syml am bynciau cyffredin – er enghraifft, pethau sydd wedi digwydd neu gynlluniau yn y dyfodol.
- Gallu deall negeseuon ysgrifenedig am bethau bob dydd a llythyron/negeseuon e-bost syml.
- Gallu ysgrifennu negeseuon byr at gydweithwyr – er enghraifft, i drosglwyddo neges.

[2] Mae copi llawn o fframwaith cymwyseddau ar gael ar wefan *www.dysgucymraeg.cymru/cyrsiau/lefelau* (cyrchwyd ar 7 Rhagfyr 2017).

Lefel Ganolradd (B1)

- Gallu deall y prif bwyntiau pan fydd rhywun yn siarad am bynciau pob dydd o fewn a thu allan i'r gweithle, neu pan fydd materion gwaith yn cael eu trafod – er enghraifft, mewn sgwrs, neu mewn cyfarfod grŵp bach.
- Gallu cynnal sgwrs estynedig â siaradwr rhugl am bwnc cyfarwydd sy'n ymwneud â bywyd pob dydd – er enghraifft, diddordebau, teithio, neu bynciau sy'n ymwneud â'r gwaith yn uniongyrchol.
- Gallu disgrifio profiadau a digwyddiadau, gobeithion ac uchelgeisiau, a rhoi esboniadau a rhesymau cryno dros eich barn a'ch cynlluniau.
- Gallu deall erthyglau neu negeseuon e-bost uniongyrchol am bynciau pob dydd neu bynciau'n ymwneud â'r gwaith.
- Gallu ysgrifennu llythyr/e-bost ar y rhan fwyaf o bynciau, gofyn am bethau, rhoi gwybodaeth, gwahodd rhywun neu drefnu digwyddiad.

Lefel Uwch (B2)

- Gallu dilyn y rhan fwyaf o sgyrsiau neu drafodaethau fel arfer, hyd yn oed am bynciau anghyfarwydd, oni bai bod rhywun yn siarad ag acen gref, anghyfarwydd – er enghraifft, mewn cyd-destun cynhadledd neu'n siarad am bwnc technegol neu arbenigol iawn.
- Gallu siarad yn hyderus â siaradwyr rhugl am bynciau cyfarwydd sy'n ymwneud â bywyd pob dydd neu'r gwaith, ac yn gallu mynegi barn, cymryd rhan mewn trafodaeth, a siarad yn helaeth am bynciau cyffredin – er enghraifft, mewn cyfarfod, neu mewn sefyllfa un-i-un.
- Gallu deall y rhan fwyaf o ohebiaeth, erthyglau papur newydd ac adroddiadau sydd wedi eu bwriadu ar gyfer siaradwyr rhugl, gyda chymorth geiriadur, a sganio trwy destunau hir i gael hyd i fanylion.

- Gallu ysgrifennu erthyglau byr, llythyrau busnes neu adroddiadau am amrywiaeth o bynciau cyffredinol eu natur, neu sy'n ymwneud â'r gwaith, ac ymateb yn gywir i'r rhan fwyaf o ohebiaeth gan gysylltwyr mewnol neu allanol, efallai gyda chymorth golygyddol

Lefel Hyfedredd (C1)

- Deall yn hawdd bron popeth sy'n cael ei glywed neu ei ddweud.
- Siarad yn estynedig am faterion cymhleth, cyflwyno dadleuon, ac arwain trafodaethau.
- Crynhoi gwybodaeth o wahanol ffynonellau llafar ac ysgrifenedig, ail-greu dadleuon a disgrifiadau mewn cyflwyniad cydlynus.
- Eich mynegi eich hun yn rhugl ac yn fanwl, gan addasu arddull eich iaith yn ôl y gynulleidfa – er enghraifft, mewn cyd-destun ffurfiol neu anffurfiol.

PENNOD 5:
SGILIAU CYFLWYNO

Mae sgiliau cyflwyno yn hanfodol mewn nifer o wahanol swyddi fel dull cyfathrebu hynod o werthfawr. Gall cyflwyniad ddarparu gwybodaeth, ffeithiau ac ystadegau am bwnc neu brosiect arbennig. Gall hefyd drafod materion cyffredinol fel llwyddiant y sefydliad, datblygiadau yn y gweithle, ymhlith nifer o faterion eraill.

Ceir cyfarwyddiadau i ddilyn ar sut i fynd ati i lunio cyflwyniad. Gellir defnyddio'r pwyntiau trafod a'r tasgau fel gweithgareddau grŵp neu fel ystyriaethau i'r unigolyn. Yna, gwelwch enghraifft o gyflwyniad a threfn sleidiau. Gellir defnyddio amrywiaeth o ferfau, ond bydd y eirfa fel arfer yn dibynnu ar union natur y pwnc. Ceir ystod o ansoddeiriau, berfau ac ymadroddion yn yr atodiad, yn ogystal â chanllawiau ar gywair er mwyn gwahaniaethu rhwng yr iaith lafar a'r iaith ffurfiol (gw. adran 2, 3, 4 a 5).

Cyfarwyddiadau

Dewis testun

- Dewis pwnc sydd yn ysbrydoli neu yn eich tanio, gan gynnal eich diddordeb wrth i chi gynllunio a pharatoi
- Peidio â dewis pwnc rhy gymhleth nac yn rhy eang. Mae'n well canolbwyntio ar archwilio pwnc manwl mewn dyfnder na rhoi braslun arwynebol
- Ymchwilio i'r ffynonellau gwybodaeth sydd ar gael – er enghraifft, deunydd print (llyfrau, erthyglau, cylchgronau, papurau newydd, taflenni, pamffledi, adroddiadau), y rhyngrwyd (gwefannau perthnasol), a ffynonellau llafar (recordiadau neu gyfweliadau ag unigolion neu grwpiau o bobl sy'n gyfarwydd â'ch maes)

Paratoi a chynllunio'r cyflwyniad

- Beth yw nod/pwrpas y cyflwyniad?
- Pwy yw'r gynulleidfa, a pha mor gyfarwydd ydynt â'r maes?
- A fydd angen eglurhad pellach ar rai termau neu eirfa arbenigol?
- Beth yw hyd y cyflwyniad?
- Beth yw'r offer sydd ar gael?
- A oes angen dosbarthu taflenni i'r gynulleidfa i egluro unrhyw fanylion arbenigol?

Strwythur y cyflwyniad

1 Cyflwyno eich hun yn gryno
2 Amlinellu nodau/amcanion y cyflwyniad
3 Rhagarweiniad – trosolwg o'r cynnwys, gan geisio dal sylw'r gynulleidfa
4 Prif ran – cyflwyno'r cynnwys mewn dull rhesymegol sy'n llifo'n rhwydd
5 Casgliad – crynhoi prif bwyntiau'r cyflwyniad, diolch i'r gynulleidfa am wrando, holi a oes cwestiynau

Elfennau gweledol

- Gall cymhorthion gweledol atgyfnerthu eich cyflwyniad, cyn belled â'u bod yn ategu eich pwyntiau hanfodol trwy gynnig enghreifftiau

- Ni ddylid gorlwytho'r gynulleidfa â gwybodaeth
- Dylent alluogi'r unigolyn i gyflwyno gwybodaeth mewn modd syml a chlir
- Sicrhewch eich bod yn gyfarwydd â'r cyfarpar ymlaen llaw
- Mae tua deg i ddeuddeg sleid fel arfer yn ddigonol
- Nid oes angen darllen y sleidiau yn uchel; gadewch i'r gynulleidfa ddarllen yr hyn a ddymunant
- Mae cynnwys siart, graff, tabl, llun neu fideo yn ddeniadol i'r gynulleidfa
- Dylid crynhoi pwyntiau mewn modd sy'n ddarllenadwy ac yn ddealladwy i'r gynulleidfa
- Ystyriwch ddiwyg y sleidiau – er enghraifft, fformat, ffont, lliw

Cynghorion

- Amseru'r cyflwyniad trwy ymarfer ymlaen llaw
- Pennu cywair addas a chadw cysondeb trwy gydol y cyflwyniad
- Ystyriwch nodweddion lleisiol – er enghraifft, eglurder wrth siarad, cryfder y llais, cyflymder, pwyslais, lefel y sŵn, seibiau, goslef, ynganu. Peidiwch â mwmian, a defnyddiwch lefel addas y gall pawb ei chlywed yn ddidrafferth
- Ystyriwch eich edrychiad – er enghraifft, ystumiau wyneb a chorff, symudiadau, gwenu
- Penderfynwch ar ddull addas o annerch y gynulleidfa
- Edrychwch yn uniongyrchol at y gynulleidfa, gan gynnal cyswllt llygaid bob amser
- Gosodwch nod clir ar ddechrau'r cyflwyniad
- Defnyddiwch arddull naturiol o gyfathrebu â'r gynulleidfa, gan fynegi'r cynnwys yn eich geiriau eich hunain. Mae modd cyflwyno gwybodaeth mewn dull safonol heb fod yn or-ffurfiol
- Mae'n bosib y bydd aelodau o'r gynulleidfa yn holi cwestiynau ar ddiwedd y cyflwyniad, felly ceisiwch baratoi eich atebion cyhyd ag y bo modd trwy ragweld y math o gwestiynau posib y gallai eich cyflwyniad eu sbarduno
- Ceisiwch roi'r argraff eich bod yn sicr o'ch gwaith, gan argyhoeddi'r gynulleidfa o ddilysrwydd y wybodaeth yn eich cyflwyniad

Peidiwch â . . .

- rhuthro
- siarad am ragor o amser na'r hyn oedd wedi ei bennu ar eich cyfer
- defnyddio gormod o eiriau a therminoleg newydd neu anghyfarwydd i'r gynulleidfa
- darllen y sleidiau na'r sgript yn slafaidd. Defnyddiwch nodiadau i danio eich cof. Bydd ymarfer y cyflwyniad yn sicrhau eich bod yn cofio'r wybodaeth i gyd
- defnyddio gormod o sleidiau na phwyntiau rhy gymhleth
- crwydro gormod oddi wrth y wybodaeth angenrheidiol sydd i'w gyflwyno
- plygu eich breichiau na rhoi dwylo yn eich poced. Ceisiwch osgoi chwarae â'ch dwylo yn ormodol
- defnyddio geiriau ac ymadroddion llanw a seibiau gwag, gan osgoi ailadrodd diangen

Pwyntiau trafod

- Dewiswch bedwar pwnc sydd o ddiddordeb i chi, gan nodi rhesymau pam. Dewiswch eich ffefryn, a lluniwch deitl ar gyfer y cyflwyniad.
- Sut mae modd hoelio sylw'r gynulleidfa a chynnal eu diddordeb? Disgrifiwch dechnegau cyflwyno sydd yn eich tyb chi yn addas.
- Ystyriwch ffynonellau ymchwil posibl. Ydyn nhw'n ddibynadwy? Crynhowch y ddwy brif ffynhonnell.
- Pa ddulliau sy'n addas ar gyfer esbonio/symleiddio cysyniadau cymhleth?
- Sut mae modd amlygu pwyntiau pwysig?
- Pa mor bwysig yw'r defnydd o elfennau gweledol? Nodwch eu manteision/anfanteision.
- Ydy 'iaith y corff' ac ystumiau yn bwysig? Beth am gyswllt llygad? Sut mae defnyddio'r llais yn effeithiol?
- Sut y gellir cynnal cywair ffurfiol ar lafar a chyfathrebu'n naturiol â'r gynulleidfa?

Tasgau

1 Lluniwch gyflwyniad pum munud o hyd ar bwnc o'ch dewis chi.
2 Ymchwiliwch i'r ffynonellau gwybodaeth sydd ar gael yn ymwneud â'ch maes dewisol, gan nodi pedair ffynhonnell ddefnyddiol fel man cychwyn.
3 Lluniwch sleidiau a fydd yn cyd-fynd â'ch cyflwyniad.
4 Lluniwch adroddiad hunanfeirniadol o'r cyflwyniad, gan ystyried y pwyntiau canlynol wrth fyfyrio ar y profiad (gellir trafod y pwyntiau isod ar lafar hefyd):

- Cynnwys a sylwedd y cyflwyniad, gan roi crynodeb o'r prif bwyntiau
- Trefn, datblygiad a llif y strwythur
- A wnaethoch chi gyflawni nod y cyflwyniad?
- Defnydd o elfennau gweledol
- Defnydd o ffynonellau ymchwil ac enghreifftiau penodol i gefnogi pwyntiau
- A lwyddwyd i gadw at yr amser penodedig?
- Perthynas â'r gynulleidfa. Sut wnaethon nhw ymateb? A lwyddwyd i ymateb i'w disgwyliadau/anghenion?
- Addasrwydd y technegau cyflwyno
- Cywirdeb iaith
- A oedd yr arddull, geirfa a chywair yn briodol?
- Patrymau ac ymadroddion a ddefnyddiwyd yn llwyddiannus/ aflwyddiannus

Sgript cyflwyniad

Sleid 1
Prynhawn da, a diolch am y cyfle i ddod i siarad â chi heddiw
am bapur bro *Cwm Clonc*.

Sleid 2
Dros y munudau nesaf, byddaf yn cyflwyno rhywfaint o hanes y
papur a'i gynnwys, yn esbonio pwy sy'n darllen, a natur ein
cynulleidfa. Ac yn sôn hefyd am ein cynlluniau ar gyfer y dyfodol.

Sleid 3
Cafodd y papur ei sefydlu nôl ym 1990 gan griw bach ond
brwdfrydig o bobl yr ardal. Roedd e'n cael ei gyhoeddi unwaith
y flwyddyn i gychwyn. Ond ers y flwyddyn 2000 – yn sgil galw
mawr gan bobl y cwm, mae wedi cael ei gyhoeddi unwaith y mis
– a dyna'r drefn o hyd. Tîm golygyddol bach sydd gyda ni –
pedwar ohonom sy'n rhan o'r tîm craidd – ond mae hyd at ugain
o wirfoddolwyr gyda ni hefyd. Dyma nhw ar ddiwedd cyfarfod
golygyddol gawson ni yn ddiweddar. Mae rhai ohonyn nhw'n
ysgrifennu erthyglau ar gyfer y papur. Rhai yn helpu gyda dylunio
a rhai'n helpu trwy ddosbarthu. Mae'n cael ei werthu mewn deg
o ganolfannau ledled y cwm – siopau bach lleol a chanolfannau
hamdden, ac yn y llyfrgell. Mae'n costio £1.50 i'w brynu. Bargen
yn ein barn ni!

Sleid 4
O ran cynnwys y papur, rydym yn ceisio sicrhau ei fod yn
amrywiol ac yn apelio at ystod eang o ddarllenwyr. Rydym yn
cynnwys o leiaf un adolygiad y mis – llyfr, neu ddrama, neu
gyngerdd, neu raglen deledu. Fe welwch chi yma rai o'r pethau
sydd wedi cael eu hadolygu yn y papur. Fis diwethaf, fe adolygwyd
y ddrama *Llwyth*, ac yn rhifyn y mis hwn mae adolygiad o'r
ddrama deledu *Byw Celwydd*.

Sleid 5

Asgwrn cefn y papur, mewn gwirionedd, yw newyddion lleol.
Mae llawer o bobl yn cysylltu trwy'r flwyddyn gyda chyfarchion
o wahanol fathau – genedigaethau a marwolaethau, pen-blwyddi
arbennig a phriodasau. Dyma lun i chi o Jane Thomas o
Aberpennar a briododd fis diwethaf. Un o'r elfennau mwyaf
poblogaidd yw ein hysgrifau coffa am rai o drigolion y gorffennol.
Mae'r rhain yn cael derbyniad da bob tro. Rydym ni hefyd yn
rhoi sylw i weithgareddau clybiau lleol – canghennau lleol
Merched y Wawr a'r ffermwyr ifainc ac ati.

Sleid 6

Ond rydyn ni'n ymwybodol hefyd fod llawer o'n darllenwyr
yn rhai nad ydyn nhw'n darllen papurau Cymru, Golwg,
Y Cymro, Barn ac ati – felly rydym wastad yn ceisio bwrw golwg
ar newyddion cenedlaethol Cymru. Fe roddon ni sylw i'r brotest
dros addysg Gymraeg yn Aberthenwan mewn rhifyn diweddar,
er enghraifft. Mae'n bwysig i ni ein bod yn gwneud hyn mewn
ffordd gytbwys a gwrthrychol – gan fod gwahaniaethau barn
mawr ymhlith ein darllenwyr ar lawer o bynciau cyfoes.

Sleid 7

Felly, i symud ymlaen at ein darllenwyr: mae gwerthiant ein
papur ymhlith yr uchaf ymhlith papurau bro Cymru – mae
rhyw 3,000 copi yn cael ei werthu bob mis. Mae hyn yn cymharu
â 2,000 o bapur bro Cwm Rheidol bob mis, a 1,500 o bapur bro
Aberteifi a'r cylch. Rydym yn amcangyfrif bod o leiaf tri pherson
yn darllen pob copi sy'n cael ei werthu. Felly, mae gyda ni o leiaf
9,000 o ddarllenwyr misol, sy'n ffigwr anhygoel o uchel, mewn
gwirionedd. Yn ôl arolwg wnaethom ni'n ddiweddar, mae rhyw
hanner y darllenwyr dan bum deg oed, ac 20% rhwng pum deg a
chwe deg oed. Mae'r proffil oedran hwn yn eithaf ifanc mewn
gwirionedd. Mae papur Cwm Rheidol yn credu bod 75% o'i
ddarllenwyr dros chwe deg pump oed. Felly, rydym yn llwyddo i
gyrraedd cynulleidfa iau na bron i bob un o bapurau bro eraill
Cymru.

Mae 60% o'n darllenwyr yn ferched. Mae hyn yn debyg i bapurau bro eraill Cymru. Mae'r proffil hwn o'n darllenwyr yn esbonio pam ein bod wedi dod atoch chi – cwmni sy'n gwerthu dillad i fenywod deugain oed a hŷn – i ofyn am nawdd. Yr un bobl yw eich darpar gwsmeriaid chi a'n darllenwyr ni. Byddai'n berthynas ddelfrydol rhyngoch chi a ni.

Sleid 8
Gofyn am arian yr ydym ni, a hynny er mwyn ein helpu gyda'n cynlluniau uchelgeisiol at y dyfodol. Yn fras, dyma ein nodau:

- cynyddu'r nifer sy'n darllen
- ac, yn benodol, cynyddu'r nifer o bobl ifanc sy'n darllen

Sleid 9
I wneud hyn, ein bwriad yw:

- cynyddu'r nifer sy'n darllen
- sefydlu gwefan
- cynyddu'r nifer sy'n darllen
- gwella diwyg y fersiwn print (lluniau lliw)
- cynyddu'r nifer sy'n darllen
- cyflogi golygydd rhan-amser
- cynyddu'r nifer sy'n darllen
- cyflogi dosbarthwr/swyddog marchnata rhan-amser.
- cynyddu'r nifer sy'n darllen
- byddai hyn yn cynyddu apêl y papur bro, sydd eisoes yn boblogaidd iawn, a'i wneud hyd yn oed yn fwy poblogaidd. Gyda chyfraniad rhesymol oddi wrthoch chi, rydw i'n gwbl hyderus y gallwn lwyddo.

Sleid 10
Diolch yn fawr i chi am wrando. Hoffwn wahodd unrhyw gwestiynau.

PENNOD 6:
EFELYCHIADAU O
SEFYLLFAOEDD BYD GWAITH

Gall nifer fawr o sefyllfaoedd godi yn y gweithle, rhai'n heriol ac yn annisgwyl. Nid oes un ateb syml a phendant ar gyfer ymdrin â phroblemau, a gall yr amgylchiadau amrywio'n fawr rhwng sefydliadau a gweithleoedd. Fodd bynnag, gall fod yn ddefnyddiol i ni ystyried sut y byddem yn delio â rhai o'r sefyllfaoedd sydd wedi amlygu eu hunain yn y byd gwaith trwy chwarae rôl.

Ceir cyfarwyddiadau cyffredinol i ddilyn ar sut i ymateb i broblemau yn y gweithle, ynghyd â rhestr o bwyntiau trafod a thasgau i'w cyflawni yn unigol neu mewn grwpiau fel sbardun ar gyfer ymdrin â sefyllfaoedd o'r fath. Gwelwch hefyd enghreifftiau o sefyllfaoedd sydd wedi codi mewn gwahanol sectorau; gellir eu defnyddio fel tasgau estynedig ar gyfer meithrin sgiliau trin a thrafod, dadansoddi, dadlau, rhesymu a datrys problemau. Gwelir hefyd enghraifft o adroddiad sy'n dangos y broses o ran sut i ymdrin â sefyllfa benodol, a'r camau sydd eu hangen i ddatrys y broblem. Gellir defnyddio adnoddau yn yr atodiad ar gyfer sicrhau cysondeb y cywair ffurfiol a defnyddio amrywiaeth o eirfa, berfau, ymadroddion a sgiliau (gw. adran 1, 3, 4, 5 a 7).

Cyfarwyddiadau

Mae gan bob sector a gweithle eu gweithdrefnau penodol eu hunain, ac mae'r dull o ymdrin â materion yn wahanol yn ôl y cyd-destun. Fodd bynnag, gall rhai canllawiau cyffredinol fod yn fuddiol er mwyn i ni ystyried sut i ddatrys problemau:

- Mae'n rhaid ymddwyn mewn dull proffesiynol ar bob adeg, gan gymryd amser priodol i asesu a rheoli'r sefyllfa. Bydd ymateb yn fyrbwyll ac yn anghwrtais yn chwyddo'r broblem.
- Dylid trafod unrhyw faterion sy'n codi gyda'ch rheolwr llinell a/neu gydweithiwr. Mae'n bosib y bydd ganddynt y profiad angenrheidiol neu y gallant eich cyfeirio at ganllawiau sydd ar gael i ymateb i sefyllfaoedd o'r fath. Gallant argymell hyfforddiant pellach neu gyfarfod staff os oes angen.
- Wrth ddechrau yn eich swydd, dylid ymgyfarwyddo cyn gynted ag y bo modd ag unrhyw weithdrefnau, polisïau neu strategaethau sydd gan y sefydliad a allai fod yn berthnasol i chi.
- Cofiwch fod sefyllfaoedd sy'n codi yn y gweithle yn aml yn ymdrin â materion cyfrinachol, a dylid delio â hwy gyda sensitifrwydd a sgiliau negydu/diplomyddol o safon uchel er mwyn lleihau tensiwn.

Camau/proses
- Amlinelliad o'r sefyllfa (cofnod o'r broblem/cwyn neu'r mater sydd wedi codi)
- Penderfynu ar y camau priodol, ac yna manylu ar effaith y penderfyniad (a yw'r penderfyniad wedi cynorthwyo'r gweithiwr i ddatrys y broblem, neu a yw'r cwsmer yn fodlon â'r canlyniad?)
- Strategaeth (cyfres o weithdrefnau ar gyfer delio â mater tebyg yn y dyfodol)
- Cryfderau (rhinweddau'r strategaeth a'r dulliau gwaith a ddefnyddiwyd er mwyn datrys y broblem)
- Digwyddiadau yn sgil y penderfyniad (a oes unrhyw ganlyniadau/deilliannau cadarnhaol neu negyddol? A yw'r penderfyniad wedi effeithio ar y canlyniad o gwbl?)

- Gwelliannau (adolygu unrhyw gamau a gymerwyd wrth ddelio â'r mater, gan nodi sut y gellid gwella'r broses gyda materion o'r fath yn y dyfodol)

Gellir defnyddio'r meini prawf **STAR** er mwyn mynd ati i ddatrys y broblem mewn dull trefnus:

S Situation/sefyllfa – asesu beth yw'r sefyllfa ar y pryd..

T Task/tasg – diffinio union natur y dasg neu'r broblem dan sylw.

A Action/gweithredu – penderfynu beth i'w wneud a pha gamau sy'n briodol i ddatrys y broblem.

R Results/canlyniadau – ystyried canlyniadau'r camau a gymerwyd ac asesu a ydych wedi ymdrin â'r sefyllfa yn llwyddiannus. Nodi'r weithdrefn rhag ofn i sefyllfa debyg godi yn y dyfodol a'r hyn a ddysgoch o'r profiad. Gall hyn fod yn sail i arfer da yn y gweithle, neu gall eich cynorthwyo yn eich datblygiad personol.?

Pwyntiau trafod

- Trafodwch sut y byddech yn ymdrin â'r sefyllfaoedd sy'n codi yn yr enghreifftiau sy'n dilyn. Sut mae modd goresgyn y broblem? A oes sgiliau penodol sydd eu hangen ar gyfer hyn?
- Cynhaliwch gyfarfod staff er mwyn trafod sut i ddatrys un o'r problemau sy'n dilyn, gan weithredu'r camau uchod wrth drafod.
- A oes gwahaniaeth rhwng y problemau sy'n codi mewn sectorau amrywiol a'r modd yr ymdrinnir â hwy? A oes dulliau cyffredinol y gellir eu mabwysiadu er mwyn delio â nhw?
- Ffoniwch reolwr cwmni lleol nad yw'n cynnig gwasanaethau Cymraeg, a cheisiwch ddwyn perswâd arno i gynnig gwersi Cymraeg i staff. Ystyriwch eich ymddygiad wrth chwarae rôl, gan sylwi ar nodweddion fel ystumiau, llais, iaith y corff wrth gyfathrebu a thrafod. Trafodwch sut y gellid eu datblygu/gwella.
- Trafodwch dair tasg yr ydych wedi eu cyflawni yn y brifysgol/ gweithle, gan ddefnyddio'r fframwaith **STAR**.

Tasgau

1   Lluniwch siart yn amlinellu'r camau posib ar gyfer delio ag un o'r sefyllfaoedd isod.

2   Ysgrifennwch grynodeb o'r penderfyniad y byddech yn ei wneud yng nghyd-destun y problemau isod. Gallwch gymharu eich ateb gyda chydweithiwr neu gyd-fyfyriwr er mwyn gweld a oes dulliau gweithredu mwy addas.

3   Lluniwch adroddiad llawn sy'n ymateb i un o'r sefyllfaoedd isod, gan amlinellu'r camau a gymerwyd wrth ddelio â hi.

4   Lluniwch strategaeth neu gyfres o weithdrefnau cyffredinol a ellir eu defnyddio fel sail ar gyfer delio â sefyllfaoedd tebyg yn y dyfodol.

5   Pa mor anodd yw dod i benderfyniad am wahanol faterion sy'n codi yn y sefyllfaoedd isod, a sut y mae gwneud y penderfyniad gorau?

6   Pa bwyntiau oedd yn hawdd cytuno arnynt/yn peri llawer o anghytuno? A oes modd osgoi hyn mewn sefyllfa debyg yn y dyfodol?

7   Beth oedd y technegau a ddefnyddiwyd i ddwyn perswâd ar weddill y grŵp? Sut oeddech chi'n cyflwyno dadleuon, a'r manteision/ anfanteision?

8   Lluniwch daflen ar gyfer perchennog busnes yn amlinellu manteision cynnig gwasanaethau dwyieithog. Ystyriwch pam ei bod yn bwysig defnyddio'r Gymraeg mewn byd busnes, sut mae rhai gweithleoedd yn defnyddio'r iaith, pam fod gwersi Cymraeg i staff yn bwysig, a pha fath o wersi y dylid eu cynnig. Ymchwiliwch er mwyn cefnogi eich testun gydag ystadegau, ffeithiau a thystiolaeth.

9   Lluniwch strategaeth hyrwyddo iaith ar gyfer eich sefydliad, gan adnabod eich uchelgais a'ch nodau strategol. Ystyriwch sut y gellir mesur llwyddiant.

10   Ysgrifennwch erthygl i bapur newydd yn trafod potensial dwy-ieithrwydd ym myd busnes. Ystyriwch y pwyntiau yn y rhestr fwled flaenorol.

Enghraifft

Adroddiad yn amlinellu sut i ddelio â sefyllfa yn y byd gwaith yn ymwneud â'r Gymraeg.

Y Sefyllfa

Ym mis Mehefin 2017 gwrthodwyd caniatâd i ddysgwraig Cymraeg i Oedolion (Dysgwraig A) fynychu dosbarthiadau yn ystod ei horiau gwaith. Bu'n mynychu dosbarthiadau yn y gweithle er 2008. Mae dyletswydd ar y sefydliad i gydymffurfio â'i gynllun iaith.

Mehefin 2017 cafodd Dysgwraig A e-bost gan ei rheolwr llinell yn dweud na fyddai'n derbyn caniatâd i fynychu dosbarthiadau Cymraeg yn y gweithle gan nad oedd bellach yn gweithio'n uniongyrchol â'r cyhoedd. Hyd hynny, roedd Dysgwraig A wedi ymrwymo i ddysgu'r iaith, roedd ei phresenoldeb yn y dosbarthiadau'n ardderchog, a'i gwaith o'r safon uchaf.

Effaith y dyfarniad

- Mae dysgu iaith yn broses barhaus; os na châi barhau a'i hastudiaethau, ni fyddai'n llwyddo i ddod yn rhugl
- Dirywiad yr iaith yr oedd eisoes wedi ei chaffael
- Buddsoddiad blaenorol y sefydliad yn y ddysgwraig yn mynd yn ofer

Strategaeth

Penderfynwyd ymgynghori â chyfarwyddwr y ganolfan ddysgu, a chynhaliwyd cyfarfod i drafod dulliau posib i ddatrys y broblem.

Cyfeiriwyd at bolisi iaith y sefydliad:

'Anogir ein staff yng Nghymru i ddysgu neu wella eu gallu i siarad Cymraeg, a byddwn yn cefnogi'r rhai sy'n dymuno gwneud hynny. Rhoddir blaenoriaeth i'r rhai sydd â chyswllt sylweddol a rheolaidd â'r cyhoedd fel rhan o'u gwaith. Byddwn yn caniatáu i staff fynychu cyrsiau yn ystod oriau gwaith.'

Penderfynwyd ysgrifennu e-bost at reolwr llinell Dysgwraig A a chyfeirio'r cynnwys at brif weithredwr y sefydliad.

Amlinellodd y cyfarwyddwr y rhesymau pam y dylai Dysgwraig A gael parhau â'i hastudiaethau, ac anfonwyd adroddiad am ei chyraeddiadau.

Cryfderau'r strategaeth

Derbyniodd rheolwr llinell Dysgwraig A e-bost gan brif weithredwr y sefydliad yn gofyn iddo ailystyried ei benderfyniad. Penderfynodd y rheolwr llinell ganiatáu, fel y gwelai'n ddoeth, i Ddysgwraig A fynychu'r dosbarthiadau a pharhau â'i hastudiaethau.

Digwyddiadau yn sgil y penderfyniad

Mae Dysgwraig A wedi gwneud cynnydd da iawn yn ystod blwyddyn academaidd 2017–18. Er iddi dderbyn caniatâd ei rheolwr llinell, bu'r berthynas rhyngddi ag yntau yn anodd ar adegau. Nid oedd yn hapus bod y prif weithredwr yn gwybod am y broblem, a chwynodd am y ffaith bod cyfarwyddwr y ganolfan ddysgu wedi cynnwys y prif weithredwr yn y trafodaethau. Bu rhai o'i chydweithwyr yn cwyno hefyd oherwydd pwysau gwaith ychwanegol pan nad oedd Dysgwraig A yn y swyddfa, gan arwain at agweddau negyddol at ddysgu Cymraeg ymhlith y staff.

Yr hyn sydd yn parhau'n destun trafod yw bod geiriau polisi iaith y sefydliad – 'Rhoddir blaenoriaeth i'r rheini sydd yn delio â'r cyhoedd' – yn dibynnu ar ddehongliad rheolwyr llinell gweithle, ac felly mae'r penderfyniad i ganiatáu gwersi Cymraeg yn dibynnu ar eu hewyllys da hwythau.

SYLWCH ar strwythur yr adroddiad a sut mae'r cynnwys wedi ei rannu'n glir o dan benawdau amrywiol. Mae'r camau yn amlinellu'r broses a ddilynir wrth ddelio â'r sefyllfa.

Efelychiadau/senarios ym myd gwaith

Cyfarfodydd

Mae angen cynnal cyfarfod gydag ugain aelod staff. Mae dau yn ddi-Gymraeg, ac un yn deall Cymraeg ond yn ansicr iawn ar lafar, ac yn gyndyn o siarad o flaen mwy nag un. Sut ddylai'r cyfarfod staff wythnosol gael ei gynnal?

a   cynnal yn Saesneg, pawb yn deall, ac arbed amser

b   cynnal yn ddwyieithog – ond perygl o godi gwrychyn rhai, ac o ddyblygu gwybodaeth, neu o golli gwybodaeth, ac o ymestyn amser y cyfarfod

c   cynnal gyda chyfieithydd – a yw'r gost yn cyfiawnhau cyfieithu i ddau yn unig ac, os felly, beth yw'r ffin?

d   cynnal yn Gymraeg, a chynnig cyfarfod ar wahân i'r ddau aelod arall o staff. Eto, mwy o dreth ar amser, ac o bosib yn medru creu ymdeimlad o gael eu heithrio

Beth sydd o blaid ac yn erbyn pob dewis yma? Beth ddylid ei wneud i hwyluso gwaith, bod yn deg i'r Gymraeg a phob gweithiwr? Gydag aelod sydd yn medru deall popeth ond yn rhoi atebion hir yn Saesneg, mae perygl bod aelodau eraill yn troi i'r Saesneg wrth siarad â'r aelod hwn. Sut ddylid delio â hyn? (Ateb posib: egluro ar y dechrau am y sefyllfa, a chadeirio yn gadarn, gan ateb bob amser yn Gymraeg ac annog eraill i wneud hynny hefyd.)

Cyngor sir

1   Rheolwyr llinell yn gwrthod rhyddhau staff i dderbyn
    hyfforddiant yn Gymraeg neu dalu am yr hyfforddiant
    hwnnw. Sut y gellir dwyn perswâd ar y rheolwyr? Faint o
    gyllid sydd ei angen? Dangoswch y manteision i'r cyflogwr
    (er enghraifft, cofio bod y ddwy iaith yn gyfartal/mae'n rhaid
    parchu dewis iaith/delio mewn modd cwrtais/recriwtio
    digon o siaradwyr Cymraeg ar gyfer pob adran yn y cyngor
    er mwyn gallu darparu gwasanaeth cydradd yn y ddwy iaith).

    Bydd y Safonau Iaith yn sail i bopeth sy'n cael ei wneud yn
    y gweithle erbyn hyn. Edrychwch ar hysbysiad cydymffurfio
    statudol cyngor lleol (bydd hysbysiadau tebyg iawn gyda
    phob cyngor yng Nghymru – er y bydd yr amserlen yn
    amrywio). O ran hyfforddiant Cymraeg, gweler Safonau
    130–3 yn benodol.

2   Cwyn am wasanaeth uniaith Saesneg (ar y we/yn
    ysgrifenedig/dros y ffôn, gofal cwsmer/wyneb yn wyneb).
    Sut orau i ymateb, a beth yw'r broses wrth ddelio â
    chwynion? Trafodwch gyda'r unigolion perthnasol.

3   Cwyn yn sgil diffyg 'cynnig rhagweithiol' yn y sector gofal
    cymdeithasol (cartrefi hen bobl/gofal yn y cartref/
    gwasanaethau i blant). Sut orau i ymateb i'r gŵyn yn y
    cyd-destun arbennig hwn?

    Gweler gwefannau Gofal Cymru am fideos o sefyllfaoedd yn
    ogystal â strategaeth 'Mwy na Geiriau' gan y Llywodraeth, a
    fideos ar YouTube. Mae'r ddogfen *They all speak English
    Anyway* yn trafod grym iaith, hunaniaeth, parch ac ati.

4   Mae'n rhaid cau un o'r canolfannau hamdden yn yr ardal er
    mwyn arbed arian. Lluniwch asesiad effaith a fydd yn arwain
    at benderfyniad pa un i'w gau. Wrth ichi gyfiawnhau eich
    penderfyniad, amlinellwch y broses ddethol trwy ystyried
    effaith cau'r ganolfan ar y gymuned, gwasanaethau a
    thrigolion yr ardal.

Busnes

- Mae gan berson X dargedau, ond maent yn amwys o ran faint o gwsmeriaid sydd angen eu denu. Mae pawb (heblaw person X) o'r farn nad yw person X yn denu digon o gwsmeriaid – tra nad yw person X yn credu bod modd gwneud llawer am hyn, er bod y rheolwyr o'r farn bod llawer mwy y gellid ei wneud. Mae'r broblem yn deillio o'r ffaith nad yw'r targed o ran nifer o gwsmeriaid yn ddigon clir. Fodd bynnag, y broblem yw sut i annog person X i fod yn fwy rhagweithiol a chydnabod bod diffyg yn y niferoedd.

- Mae gwaith ychwanegol posib a fyddai'n cael effaith gadarnhaol iawn ar y busnes o ran denu rhagor o gwsmeriaid. Nid oes modd gorfodi'r staff i wneud y gwaith hwn, ond byddai o les iddynt a'u swyddi pe baent yn ei wneud. Sut mae dwyn perswâd arnynt i wneud y gwaith pan na fyddent yn derbyn unrhyw gymorth ariannol ychwanegol, ac maent eisoes yn brysur iawn yn y gwaith o ddydd i ddydd?

- Wrth sefydlu a chynnal busnes, mae'n rhaid delio ag adrannau o'r Llywodraeth sy'n amharod iawn i gynnig gwasanaethau Cymraeg – nifer o'r rhain mewn meysydd heb eu datganoli – er enghraifft, treth ar werth, pwysau a mesuriadau, a hefyd gwerth trethiannol adeiladau'r busnes ac yn y blaen. Mae'n rhaid dod o hyd i ateb gwleidyddol i'r problemau hyn. Lluniwch lythyr at y swyddog perthnasol yn y Llywodraeth yn amlinellu pam y dylid cynnig canllawiau dwyieithog i fusnesau yn y meysydd hyn.

Prifysgol

- Gallem dderbyn cwyn 'cam un' sy'n gŵyn neu'n sylw answyddogol – fel arwydd uniaith Saesneg ar wal, neu fyfyriwr yn derbyn gohebiaeth uniaith Saesneg. Yn y sefyllfa hon, byddem yn trafod gyda'r unigolyn a cheisio datrys y sefyllfa'n syth. Os yw'r sawl sy'n cwyno'n hapus gyda'r datrysiad, dyna ddiwedd arno, ond rydym yn gwneud nodyn ar gyfer ein cofnodion. Os nad ydynt yn hapus gyda'r datrysiad, gallant gyflwyno cwyn swyddogol i'r brifysgol/swyddog iaith/swyddfa'r comisiynydd. Mae hyn yn mynd yn fwy cymhleth, ac yn rhan wedyn o drefn cwynion y brifysgol sy'n golygu trafod, negodi a chynllunio mewnol ac allanol. Mae gohebu a chyfathrebu cyson yn bwysig yn y sefyllfa hon. Sut fyddech yn mynd ati i ddelio â chŵyn answyddogol o'i chymharu ag un swyddogol?
- O ran darpariaeth, mae niferoedd myfyrwyr a chyllideb y brifysgol yn bwysig. Fel arfer, mae'r Gymraeg yn eithriad i'r drefn gyffredinol (yn yr un modd ag y mae nyrsio a bydwreigiaeth) oherwydd cyllid a goblygiadau gwleidyddol, ond lle ceir anawsterau mae'n rhaid trafod gyda phennaeth yr ysgol, adnabod cynllun datblygu priodol, a monitro'r datblygiad yn raddol. Mae'n rhaid hefyd edrych ar y farchnad a gwneud gwaith mapio. Sut y mae modd sicrhau cysondeb i'r Gymraeg ar draws y sefydliad?

Cyfryngau cymdeithasol

Mae angen i sefydliad rannu gwybodaeth yn Gymraeg ac yn Saesneg. A ddylai'r sefydliad greu un cyfrif dwyieithog, neu dau gyfrif? Beth yw'r manteision ac anfanteision (er enghraifft, gydag un cyfrif, mae pob neges yn ymddangos ddwywaith)? Ym mha ffordd ddylid rheoli'r cyfrifon ar wahân? A ddylid cyfieithu pob neges neu deilwra negeseuon fel mai dim ond y rhai sy'n berthnasol i'r gynulleidfa darged sy'n cael eu cyfieithu?

Cydraddoldeb ac amrywiaeth

- Sefydliad yng Nghymru sy'n hyrwyddo cydraddoldeb yn cynnig cyrsiau ar amrywiaeth, ond nid ydynt wedi penodi staff sy'n siarad Cymraeg nac yn cynnwys ystyriaethau ieithyddol fel rhan o'u cyrsiau. Sut fyddech ch'n ymateb i hyn? Drafftiwch ddogfen sy'n amlinellu hawliau ieithyddol staff, gan gyfeirio at bolisi cydraddoldeb ac amrywiaeth y sefydliad. Os nad oes adran ynghylch yr iaith ar y rhestr gynnwys, bydd yn rhaid ymgynghori er mwyn addasu'r polisi.
- Dim ond tri dyn sydd ar gael ar gyfer panel cyfweld, ond mae canllawiau cydraddoldeb yn ymwneud â rhywedd yn nodi bod yn rhaid cynnwys o leiaf un ferch er mwyn sicrhau cydbwysedd. Sut y gellir delio â hyn? A yw'n bosib cynnwys rhywun allanol neu annibynnol? Cyfeiriwch yn gyson at eirfa cydraddoldeb a thermau sy'n gallu newid o dro i dro.

Materion yn ymwneud â chyllid

- Rydych yn reolwr cyllid ar gyfer cwmni sy'n cyflogi 200 o weithiwyr. Mae angen i'r cwmni arbed £200,000 yn ystod y flwyddyn nesaf, a fydd yn golygu llawer o ailstrwythuro adrannau a rhoi rhai swyddi yn y fantol. Mae cynrychiolydd y staff wedi gofyn am gyfarfod i drafod effaith y toriadau ar y gweithwyr. Ystyriwch faterion megis incwm, treuliau, hawliau, a lle gellir gwneud arbedion.
- Rydych yn gynrychiolydd staff y cwmni. Mae'r cwmni wedi cyhoeddi y bydd ailstrwythuro a thoriadau yn rhoi swyddi yn y fantol. Mae'r staff yn poeni ac maent eisiau sicrwydd pa swyddi fydd yn cael eu heffeithio, ac felly mae'n rhaid i chi drafod eich pryderon gyda'r rheolwr. Bydd rhaid cysylltu â'r undeb am gadarnhad o hawliau gweithwyr. Hefyd, bydd rhaid ystyried sefyllfa ariannol y cwmni, effaith y toriadau ar y staff ac awgrymiadau ynglŷn â lle i arbed arian.

- Rydych yn gyfrifol am godi arian ar gyfer cyngerdd fel rhan o brosiect hybu'r Gymraeg yn y fenter iaith leol. Bydd yn rhaid i chi drafod y trefniadau a'r telerau gyda bandiau a pherfformwyr posib. Ystyriwch hyd y gyngerdd, costau, natur y gynulleidfa, sut i hyrwyddo'r digwyddiad, a gwerthu tocynnau a nwyddau.
- Rydych yn asiant ar gyfer band a pherfformwyr enwog, ac yn cynnig eich telerau ar gyfer y digwyddiad uchod. Ystyriwch y ffioedd, dulliau marchnata a thelerau'r sawl sydd yn cymryd rhan yn y digwyddiad.

Cyffredinol

- Staff sydd yn ymwybodol eu bod i fod i drosglwyddo cwsmeriaid Cymraeg i siaradwyr Cymraeg (wyneb yn wyneb, neu alwadau ffôn) ond nad ydynt yn gwybod sut i fynd ati i wneud hynny neu pwy yw'r siaradwyr Cymraeg o fewn y sefydliad. Mae hyn yn ychwanegu at amharodrwydd staff di-Gymraeg i ateb y ffôn yn ddwyieithog oherwydd eu bod yn ofni'r canlyniad. Mae'r sefydliad hefyd wedi adnabod bod ganddynt siaradwyr Cymraeg, ond heb ystyried yr angen i'r rota staffio sicrhau bod o leiaf un ar gael drwy'r amser yn y llefydd mwyaf priodol. Sut mae modd rhoi gwybod i staff pwy yw'r siaradwyr Cymraeg?

- Amharodrwydd gan benaethiaid neu reolwyr i ryddhau dysgwyr y Gymraeg er mwyn iddynt fynychu gwersi yn ystod oriau gwaith (er bod y dysgwr wedi cael caniatâd gan y sefydliad). Ysgrifennwch lythyr at y pennaeth neu'r rheolwr yn eu hatgoffa o'u dyletswydd i sicrhau bod gan staff y sgiliau iaith priodol a'u hymrwymiad i ddatblygiad proffesiynol eu gweithlu.

- Penaethiaid/rheolwyr yn gwrthod talu costau cyfieithu gan ei fod yn ddrud ac yn cymryd llawer o amser. Maent yn honni bod rhai dogfennau ar gael eisoes yn ddwyieithog, ac nad oes diben cyfieithu pob dogfen gan nad ydynt yn berthnasol i'r rhan fwyaf o staff. A ddylid cyfieithu popeth? Ystyriwch y costau a'r oblygiadau, ac yna cynhaliwch drafodaeth gydag un o'r penaethiaid/rheolwyr am bwysigrwydd cyfieithu dogfennau a chydymffurfiaeth â pholisi iaith.

- Dewis yr opsiwn Cymraeg wrth ffonio cwmni, sydd wedyn yn eich trosglwyddo i rywun sy'n siarad Cymraeg ond sydd ddim wir â'r wybodaeth/gallu i'ch helpu. Sut ddylai'r person hwn ddelio â'r sawl sydd ar y ffôn, a beth yw'r neges? Mae'n rhaid i'r person hwnnw wneud ymholiadau yn fewnol a dod yn ôl atoch chi yn nes ymlaen.

- Cwmni'n gosod nifer o arwyddion dwyieithog newydd yn y siop/adeilad/swyddfa, ond mae sawl un yn anghywir neu'n gyfieithiadau gwael. Gyda phwy ddylech chi gysylltu er mwyn datrys hyn? Drafftiwch e-bost, gan nodi enghreifftiau o'r arwyddion a chywiriadau. Ystyriwch sut i osgoi hyn yn y dyfodol trwy awgrymu gwasanaethau cyfieithu.

- Cymro/Cymraes Gymraeg yn cwyno bod cyfieithiadau yn rhy llenyddol/ffurfiol/anodd eu deall – er enghraifft, cyfieithydd yn cyfieithu 'significant' fel 'arwyddocaol', ond yna'r cwmni yn rhoi'r adborth, 'The Welsh speakers in our office don't understand the word "arwyddocaol". You'll have to change it.' Sut fyddech chi'n ymateb i'r gŵyn? Beth yw'r ffin rhwng Cymraeg dealladwy a chlir/safonol a ffurfiol?

- Cwmni sydd â rhywun sy'n hapus i siarad Cymraeg yn y swyddfa ond nad yw'n fodlon gwneud unrhyw beth swyddogol yn yr iaith – er enghraifft, cyflwyniadau, ateb y ffôn, cyfieithu. Trafodwch gyda'r aelod staff beth yw eu cyfyngiadau, ac amlinellwch eu dyletswyddau'n fanwl. Mae'n bosib y bydd angen addasu'r hysbyseb swydd neu gyfeirio nôl ati.

- Cwmni'n derbyn cwyn bod y derbynnydd (newydd ac ifanc, ac a fynychodd ysgol cyfrwng Saesneg) yn galw 'ti' ar bobl nad yw'n eu hadnabod, ac yn defnyddio gormod o eiriau Saesneg wrth ymdrin â siaradwyr Cymraeg. Sut mae ymateb i hyn heb danseilio hyder ieithyddol y derbynnydd? A oes modd awgrymu hyfforddiant neu gyrsiau gloywi Cymraeg?

- Rhywun sy'n dysgu Cymraeg, ond heb fod yn rhugl eto, yn chwilio am gyfleoedd i ddefnyddio'i iaith yn y gwaith. Ymchwiliwch i ba gyfleoedd sydd ar gael (gan gynnwys rhai anffurfiol, fel clwb cinio), a chysylltwch i ddarparu manylion.

- Sut fyddech chi'n ymateb i'r e-bost isod ac yn datrys y sefyllfa? Gallwch gyfeirio at bolisi iaith a chydraddoldeb y cyflogwr.

Mae'n ddrwg gen i orfod cysylltu â chi, ond rydw i wedi cyrraedd pen fy nhennyn. Mae'r ffordd rydw i'n cael fy nhrin yn y swyddfa yn peri gofid mawr imi. Yn ddiweddar, mae aelod newydd o staff wedi dechrau gweithio gyda ni, ac mae hi'n ddilornus iawn o'r Gymraeg. Cefais fy mychanu ganddi sawl gwaith yn ystod y mis diwethaf oherwydd 'mod i'n siarad Cymraeg â chydweithwyr eraill, a gofynnodd imi siarad Saesneg o'i blaen. Mae hyn yn annerbyniol, gan fod gan bawb yr hawl i gyfathrebu yn eu hiaith ddewisol. Byddwn yn ddiolchgar iawn pe baech yn delio â'r mater ar frys gan ei fod yn creu awyrgylch o ddrwgdeimlad yn y swyddfa, ac mae morál y staff yn isel o ganlyniad.

- Rydych chi'n gyfrifol am anwytho staff newydd. Lluniwch gynllun o'r swyddfa, gan gynnwys enwau'r holl adrannau. Mae'n rhaid ichi dywys yr aelod staff newydd drwy'r gweithle a'i gyflwyno i gydweithwyr. Mae'r aelod hefyd yn ddihyder wrth siarad Cymraeg, ac mae angen amlinellu gofynion y polisi iaith wrth ymdrin â chleientiaid. Hefyd, mae'n rhaid rhoi cyfarwyddiadau i ddefnyddio offer yn y swyddfa.

- Mae anghydfod wedi codi rhwng aelodau staff, ac maent yn gwrthod siarad â'i gilydd. O ganlyniad, mae gweddill y staff wedi dechrau ochri gyda'r naill neu'r llall, ac mae gwaith y swyddfa'n dioddef. Rydych chi'n rheolwr llinell, ac felly mae'n rhaid trefnu cyfarfod i geisio datrys y sefyllfa. A oes modd lleihau'r gwrthdaro? Ysgrifennwch adroddiad yn amlinellu union natur yr anghydfod, a sut y cafodd y broblem ei datrys.

- Mae aelod o'r cyhoedd wedi gwneud cais am wybodaeth ynghylch eich sefydliad, yn unol â Deddf Rhyddid Gwybodaeth 2000. Lluniwch ymateb iddynt gan ystyried goblygiadau'r Ddeddf, ac yna ymchwilio er mwyn canfod y wybodaeth briodol y gallwch ei rhannu am y sefydliad. Ystyriwch y gweithdrefnau rhyddhau a diogelu data.

- Mae grant wedi cael ei wrthod i unigolyn, oherwydd nad oedd yr amcanion yn ddigon clir ac roedd y costau yn uwch na'r disgwyl. Ystyriwch sut i gynnal trafodaeth neu sgwrs sy'n rhoi adborth ar y mater.

- Mae angen rhoi gwybod i gwmni argraffu sy'n derbyn arian grant nad yw eu gwaith o'r safon sy'n ddisgwyliedig. Mae'r gwaith dylunio yn wael, a'r dosbarthu yn hwyr bob wythnos. Anfonwch lythyr neu e-bost yn amlinellu eich cwyn, ac yn eu hatgoffa o amodau'r grant a dderbyniwyd gan eich sefydliad.

- Mae angen i ragor o staff mewn corff cyhoeddus ddysgu Cymraeg. A oes modd annog aelodau staff presennol a rhai newydd i ddysgu'r iaith? A oes modd hybu a hwyluso defnydd o'r iaith gan y staff hynny sy'n dysgu wrth annog y cyhoedd i ddefnyddio'r gwasanaethau a ddarperir? Lluniwch strategaeth er mwyn datrys y broblem. Hefyd, trefnwch ddigwyddiad lle mae angen trin y Gymraeg yn gyfartal â'r Saesneg, gan gynnwys pwyntiau i'w hystyried wrth gynllunio yn ogystal â rhagweld problemau a allai godi.

- A oes modd cynllunio gwasanaethau dwyieithog sy'n rhagweithiol, fel nad yw'r cleient/cwsmer yn teimlo pryder am greu trafferth wrth ofyn am ddogfennau yn y Gymraeg? Mae prosesau 'diofyn' yn cynnwys bathodynnau, lle nad oes angen i'r unigolyn fynnu gwasanaethau Cymraeg yn uniongyrchol gan fod yr hyn sydd ar gael yn amlwg. Lluniwch gynllun gweithredu a thargedau ar gyfer darparu gwasanaethau Cymraeg.

- Mae angen darbwyllo cyflogwr fod angen ymgeisydd Cymraeg i swydd. Rydych yn swyddog polisi, ac felly mae'n rhaid sicrhau bod sgiliau Cymraeg penodol yn cael eu nodi yn y prosesau recriwtio. Ystyriwch pa sgiliau a fyddai'n briodol ar gyfer gwahanol swyddi yn eich sefydliad. Wedi llwyddo i ddarbwyllo'r rheolwr llinell bod angen sgiliau Cymraeg, gall y broses gyfweld daflu heriau megis, 'Do we have to accept someone with Welsh language skills over someone who has the other skills we require, but is not a Welsh speaker?' Lluniwch ymateb sydd yn amlinellu pwysigrwydd polisi iaith wrth recriwtio, a manteision cyflogi staff dwyieithog.

- Mae sawl e-bost wedi cyrraedd eich blwch yn cwyno am wahanol bethau. Mae'n rhaid ichi ateb un, blaenoriaethu tri arall, a gwrthod un a'i drosglwyddo i'r adran briodol. Defnyddiwch eich sgiliau beirniadol i asesu'r dull mwyaf addas o anfon e-bost at ffrind, aelod o'r cyhoedd, cydweithiwr, rheolwr llinell a'r prif weithredwr.

- Mae angen cyfieithu termau ar gyfer prosiectau neu ymgyrchoedd marchnata arbennig yn eich gweithle. Ystyriwch sut i ddenu pobl yn naturiol at yr iaith, gan gyfeirio at arfer y sefydliad. Nid oes rhaid cyfieithu'n llythrennol nac yn slafaidd. Meddyliwch am gyfieithiad i fentrau neu brosiectau sy'n anodd eu trosi'n ddwyieithog er mwyn cyfleu ystyr – er enghraifft, Making Waves.

ATODIAD

Yn yr atodiad hwn, ceir adnoddau ieithyddol y gallwch eu defnyddio i gwblhau'r tasgau a'r pwyntiau trafod yn y llawlyfr. Mae'r cyfarwyddiadau i'r tasgau ym mhrif gorff y llawlyfr yn eich cyfeirio at yr adran hon fel bo'r angen. Mae'n cynnwys:

- Rhestr eirfa (gellir ychwanegu ati fel y dymunwch)
- Rhestr o rai ansoddeiriau perthnasol
- Rhestr o rai berfenwau addas ar gyfer y byd gwaith
- Ymadroddion cyffredinol
- Canllawiau ar gywair
- Patrymau iaith at ddefnydd penodol
- Rhestr sgiliau

Gan mai darparu llawlyfr ymarferol yw bwriad y gyfrol hon, mae'n bosib y bydd angen i chi ddefnyddio canllaw gramadeg i'ch cynorthwyo ymhellach. Ceir rhestr isod o rai cyfrolau gramadegol cyffredinol a rhai sy'n ymdrin â phwyntiau penodol. Gallwch eu defnyddio yn ôl yr angen er mwyn gwella eich dull o drin a thrafod y Gymraeg trwy ymgyfarwyddo â'r agweddau canlynol:

- Amseroedd y ferf – er enghraifft, y presennol, y dyfodol, yr amodol, y gorffennol, yr amherffaith, yr amhersonol, gorchmynion
- Strwythur brawddegau – er enghraifft, y frawddeg bwysleisiol, cymalau perthynol/is-gymalau
- Treigladau
- Ansoddeiriau a'u graddau – er enghraifft, cyfartal, cymharol, eithaf

- Arddodiaid rhedadwy, arddodiaid sy'n cyd-fynd gyda berfau
- Rhagenwau amrywiol
- Rhifolion a threfnolion
- Dyddiadau, trafod amser

Adnoddau/Llyfryddiaeth

Bolton, G. E. J., *Reflective Practice Writing and Professional Development* (London, 2010).

Brake, Phyl, *Cymraeg Graenus* (Llandysul, 1998).

Cownie, Alun Rhys, *A Dictionary of Welsh and English Idiomatic Phrases* (Cardiff, 2001).

Emlyn, Non ap, *Sglein ar y Sgiliau* (Aberystwyth, 2002).

Evans, H. Meurig, a W. O. Thomas (goln), *Y Geiriadur Mawr* (Llandysul, 2006).

Griffiths, Bruce, a Dafydd Glyn Jones, *Geiriadur yr Academi* (Caerdydd, 1995).

Hughes, J. Elwyn, *Canllawiau Iaith a Chymorth Sillafu* (Llandysul, 1997).

—, *Canllawiau Ysgrifennu Cymraeg* (Llandysul, 1997)

Ifans, Rhiannon, *Y Golygiadur* (Aberystwyth, 2006).

Jones, Ceri, *Dweud eich Dweud* (Llandysul, 2013).

King, Gareth, *Modern Welsh: A Comprehensive Grammar* (New York: 1993).

Lewis, D. Geraint, *Y Llyfr Berfau* (Llandysul, 1993).

—, *Pa Arddodiad?* (Llandysul 1998).

—, *Y Geiriau Lletchwith* (Llandysul 2001).

—, *Ar flaen fy nhafod* (Llandysul, 2012).

—, *Y Treigladur* (Llandysul, 2014).

Rhys, Elen, *Cymraeg Busnes* (Caerdydd, 1992).

Schon, D. A., *The Reflective Practitioner: How Professionals Think in Action* (Ashgate, 1994).

Tarrant, P., *Reflective Practice and Professional Development* (London, 2013).

Thomas, Gwyn, *Ymarfer Ysgrifennu Cymraeg* (Talybont, 2012).

Thorne, David, *Gramadeg Cymraeg* (Llandysul, 1996).

—, *Gafael mewn Gramadeg* (Llandysul, 2000).

Uned Iaith Genedlaethol Cymru, *Gramadeg Cymraeg Cyfoes* (Llandysul, 2013).

Williams, Cen, *Cymraeg Clir* (Bangor, 1999).

Y Thesawrws Cymraeg (Abertawe, 1993).

Gwefannau/Apiau

www.geiriaduracademi.org
www.geiriadur.net
Ap geiriaduron
www.gyrfacymru.com
www.comisiynyddygymraeg.cymru
www.lleol.cymru
www.golwg360.cymru
www.swyddle.com
www.safleswyddi.com

ADRAN 1: GEIRFA

Yn yr adran hon, ceir rhestr o rai geiriau sy'n gysylltiedig â'r byd gwaith mewn gwahanol ffyrdd. Maent wedi eu categoreiddio o dan enwau gwrywaidd, enwau benywaidd, enwau lluosog neu dermau cyffredinol a meysydd amrywiol.

Gwrywaidd

adroddiad	diwyg
amrediad	dyddiad cau
arwyddocâd	dyfodol
asesiad	estyniad
buddsoddiad	gweithgaredd
cais	gweithgarwch
cryfder	gweithgor
cwestiwn	hyfforddiant
cwmni	hyfforddwr
cyfarfod	hysbysfwrdd
cyfarwyddwr	lleoliad
cyfeirnod (swydd)	llungopïwr
cyflog (cychwynnol, hyd at, sefydlog)	maes
	marchnad
cyflogwr	mynediad
cyflwyniad	panel
cyfrif	parthed
cyfrifiadur	penderfyniad
cyfrifoldeb	polisi
cyfweliad	prawf
cyngor	profiad
cylchlythyr	prosiect
cyllid	pwyllgor
cymhwyster	rheolwr
cynllun	safle
cynnydd	swyddog
cysylltiad	trywydd
cytundeb (tymor sefydlog, dros dro, parhaol)	tystysgrif
	unigolyn
chwyddiant	ymgeisydd
datblygiad	ymgyrch
deunydd	ysgrifennydd

Benywaidd

agwedd	peirianneg
amcan	proses
archeb	rhaglen
cefnogaeth	rhinwedd
cyfundrefn	strategaeth
darpariaeth	swydd
diddordeb	swyddfa
dyletswydd	taenlen
ffurflen	tasg
gradd	trafodaeth
graddfa	y we
hawl	ymchwil
her	ymwybyddiaeth
llyfrgell	ysgrifenyddes
nod	ystod

Lluosog/termau cyffredinol

anghenion	hawliau cyfartal
amodau gwaith/amodol	hyfforddiant mewn swydd
amrywiaeth	israddedigion
Buddsoddwyr mewn Pobl	myfyrwyr gradd
cydraddoldeb	myfyrwyr ôl-radd
cyfarfod adran	papur newydd
cyhoeddusrwydd	pennaeth yr adran
cymorth cyntaf	pwysau
deilydd y swydd	rheoli risg
ffurflenni cais	rheoli cyllid
gofynion cyffredinol	sector [eg/b]
gofynion iechyd a diogelwch	staff gweinyddol
graddedigion	y cyhoedd

Meysydd

cyfathrebu
cyfieithu
cysylltiadau cyhoeddus
dysgu gydol oes
hamdden
marchnata
rheolaeth
technoleg gwybodaeth (TG)
y gyfraith
y sector preifat/cyhoeddus/gwirfoddol

ADRAN 2: ANSODDEIRIAU

Gellir defnyddio pob math o ansoddeiriau wrth ymgeisio am swydd er mwyn disgrifio eich rhinweddau, ond fe'u defnyddir hefyd yn y byd gwaith mewn gwahanol gyd-destunau fel modd i egluro neu ddisgrifio rhywbeth yn fwy manwl. Isod ceir rhestr o rai ansoddeiriau defnyddiol yn y byd gwaith.

addas	cyfrinachol	llwyddiannus
aflwyddiannus	cyffrous	manteisiol
allanol	cyffyrddus	medrus
allblyg	cysurus	mewnblyg
amyneddgar	chwilfrydig	mewnol
aneffeithiol	defnyddiol	moethus
anfoddhaol	delfrydol	penderfynol
arwyddocaol	diddorol	poblogaidd
atodol	diffwdan	priodol
awyddus	dymunol	profiadol
brwd	eangfrydig	proffesiynol
brwdfrydig	effeithiol	prydlon
buddiol	effeithlon	rhesymegol
bywiog	egnïol	sefydledig
cadarnhaol	eiddgar	siriol
caredig	galluog	trefnus
cefnogol	gweithgar	uchelgeisiol
croesawgar	hanfodol	uniongyrchol
cryno	heriol	ychwanegol
cwrtais	hoffus	ymarferol
cyfeillgar	hwylus	ymroddedig
cyfleus	hyblyg	

ADRAN 3: BERFENWAU

Defnyddir nifer o ferfau wrth ymdrin â thasgau amrywiol yn y byd gwaith. Ceir rhestr isod o ferfenwau a allai fod yn ddefnyddiol yn y gweithle. Mae'r isod yn ferfau gweithredol gan mwyaf, felly maent yn gryno ac yn ddeinamig mewn tasgau byd gwaith. Cofiwch nad yw berfenwau yn treiglo ar ôl 'yn'.

ad-drefnu	casglu	cynnig
adeiladu	cofrestru	cynorthwyo
adfywio	creu	cynrychioli
adleoli	credu	cynyddu
adolygu	crynhoi	cysylltu
adnabod	cwblhau	cywiro
ailwampio	cychwyn	chwilio
amcangyfrif	cydgysylltu	chwilota
amgáu	cydlynu	dadansoddi
amlinellu	cydnabod	dangos
amserlennu	cydymffurfio	darganfod
anfon	cyfansoddi	darparu
annog	cyfarwyddo	datblygu
arbrofi	cyfathrebu	datrys
arfer	cyfeirio	dathlu
argyhoeddi	cyflawni	dehongli
arloesi	cyflogi	derbyn
arolygu	cyflwyno	diffinio
argymell	cyfoethogi	dileu
archwilio	cyfrifo	dirprwyo
asesu	cyfuno	diwygio
atal	cynghori	dogfennu
awdurdodi	cyhoeddi	dosbarthu
blaenoriaethu	cylchredeg	drafftio
briffio	cymell	dychwelyd
bywiogi	cymeradwyo	dyfalbarhau
cadarnhau	cymharu	dyfarnu
caffael	cynhyrchu	dyfeisio
canfod	cynllunio	dylunio
canoli	cynnal	

dymuno
dyrchafu
dysgu
effeithio
egluro
ehangu
esgusodi
estyn
ffurfio
galw
galluogi
gobeithio
gorffen
graddio
gwaethygu
gwahardd
gwahodd
gwarantu
gweddnewid
gweinyddu
gweithredu
gwerthu
gwerthuso
gwirfoddoli
goruchwylio
honni
hwyluso
hyfforddi
hyrwyddo
hysbysebu

hysbysu
integreiddio
lansio
lawrlwytho
lleihau
lleoli
llofnodi
llunio
llywodraethu
masnachu
moderneiddio
monitro
mynegi
negodi
noddi
osgoi
paratoi
penderfynu
penodi
perfformio
profi
prosesu
pwrcasu
rhagori
rhagweld
rheoli
rheoleiddio
saernïo
sefydlu
sicrhau

sôn
symbylu
symleiddio
tanio
tanlinellu
teilwra
teimlo
terfynu
traddodi
trafod
trefnu
treulio
trin
tybio
tynhau
unioni
ymchwilio
ymddangos
ymddiheuro
ymddiswyddo
ymgynghori
ymgynnull
ymhelaethu
ysbrydoli
ysgogi
ysgrifennu
ystyried

Berfenwau a ddefnyddir yn aml mewn cyfarfod busnes

adrodd	enwebu
cael gwared ar	esgor
cofnodi	ethol
cydweld	eilio
cyfethol	gofyn
cyflogi	gohirio
cyfweld	llunio
cynnal	marchnata
cynnig	penderfynu
cytuno	peri
derbyn	sicrhau
disgyblu	tangyflawni
diswyddo	trafod
dylanwadu	trefnu
ehangu	

ADRAN 4: YMADRODDION

Ceir rhestr isod o ymadroddion defnyddiol y gellir eu defnyddio mewn amrywiaeth o frawddegau. Gallant ychwanegu gwybodaeth at yr hyn rydych yn ceisio'i ddweud, neu roi rhagor o fanylion wrth gyflwyno ffeithiau. Mae'r rhain hefyd yn eich cynorthwyo i amrywio brawddegau a mynegiant.

yn barod	ar y cyfan
I'r pwrpas hwn ...	ar y naill llaw ... ar y llall ...
eisoes	taro'r hoelen ar ei phen
Yn unol â'r rheolau ...	ar bob cyfrif
o dro i dro	bob amser
fel arfer	gwaetha'r modd
weithiau	A wnewch chi ailedrych ar y
fodd bynnag	sefyllfa?
yn enwedig	nesa peth i ddim
yn aml	er hynny
Hoffwn eich hysbysu ...	ac eithrio
ar ôl llenwi'r ffurflen	Er gwaethaf ...
Gallwch/Gallech ...	ei gilydd
Ar ôl cwblhau'r ffurflen ...	Ynglŷn â ...
Mae angen i chi adolygu'r	cyhyd â
sefyllfa ...	gan gynnwys
I'r perwyl hwn ...	gan amlaf
oherwydd bod	wedi dweud hynny
ar frig y rhestr	eto i gyd
i ryw raddau	manteision/anfanteision ... yw
yn sgil	...
ar y cyfan	A ydych yn gwrthwynebu
yn deillio	...?
ar sail	mae'n bosibl/amhosibl bod ...
yma ac acw	mae'n debygol/annhebygol bod
nawr ac yn y man	... o ganlyniad i hynny ...
yn y pen draw	mae'n rhesymegol bod ...
agoriad llygad	felly

mae'n anodd iawn credu/deall/
　derbyn hynny
rwy'n amau hynny'n fawr
fyddai rhywun ddim yn
　disgwyl hynny
rwy'n (hollol) siŵr/sicr o'r
　ffaith
ar y llaw arall
yn gyffredinol
Yn ogystal â ...
serch hynny
Er bod hyn yn wir ...
wrth ystyried y sefyllfa
bob yn ail
arian parod
ynghylch
cyfateb i
hyd yn oed
cyfystyr â
yn seiliedig ar
yn raddol
fel ei gilydd
fel rheol
nifer o weithiau/
　sawl gwaith
yn sicr
yn bendant
ymwneud â
yn benodol
heb os
yn rhannol
yn gyfan gwbl
trwy gydol y
yn ddigonol
yn fwy na hynny
dim ond/yr unig/yn unig

yn ystod y flwyddyn
　ddiwethaf ...
hynny yw
yn ystod y cyfnod dan sylw ...
golygai hyn ...
roedd hyn yn golygu ...
roedd fy nyletswyddau'n
　cynnwys ...
er enghraifft
o bryd i'w gilydd
mae'n bleser gweld ...
amcanion/nodau a osodwyd/a
　nodwyd
ceir nifer o elfennau
　diddorol ...
nid yw'n adlewyrchiad
　cywir ...
mae gennyf gyfrifoldebau
　ychwanegol ...
Gwn ...
â bod yn deg (â)
wrth ystyried y sefyllfa
buddiol/o fudd
sef
megis
manteisiol/o fantais
gormod o
rhy
digon o/digonol
cynifer o
eithaf
iawn
yn y man cyntaf
yn y cyfamser
yn y man
yn ôl pob tebyg

ADRAN 5: CYWAIR

Pan ydym yn cyfathrebu ar lafar neu'n ysgrifenedig, rydym yn gwneud newidiadau i'n hiaith neu'n addasu ein dull o gyfathrebu yn ôl cyd-destun y sefyllfa. Yr hyn a wneir yw newid cywair iaith. Gellir siarad neu ysgrifennu'n anffurfiol, yn dafodieithol, yn weddol ffurfiol ac yn ffurfiol iawn. Yn y gweithle, fel arfer, defnyddir y cywair ffurfiol gan fod angen ymdrin â materion mewn modd proffesiynol a safonol.

Beth sy'n digwydd pan fyddwn ni'n newid cywair iaith? Pa agweddau o'r iaith sy'n newid a pham? Er mwyn meistroli'r cywair ffurfiol, mae'n rhaid inni roi sylw i'r pwyntiau canlynol wrth inni addasu ein hiaith yn briodol ar gyfer sefyllfa yn y byd gwaith:

- Ffurfiau berfau
- Arddodiaid
- Rhagenwau
- Sillafu
- Geirfa
- Geiriau Saesneg wedi eu Cymreigio
- Cymalau
- Cyffredinol

(i) Ffurfiau Berfau

Y ferf 'bod' – presennol

Anffurfiol/llafar	Lled-ffurfiol	Ffurfiol (dim angen rhagenw)
Dw i	Rwyf i	Yr wyf
Rwyt ti	Rwyt ti	Yr wyt
Mae e/hi	Mae e/hi	Mae
Dyn ni	Rydyn ni	Rydym
Dych chi	Rydych chi	Rydych
Ma'n nhw	Maen nhw	Maent

Y negyddol

Anffurfiol/llafar	Lled-ffurfiol	Ffurfiol (dim angen rhagenw)
Smo fi/Sa i yn	Dydw i ddim	Nid wyf
Smo ti	Dwyt ti ddim	Nid wyt
Smo fe	Dydy e/hi ddim/ Dyw e ddim	Nid yw
Smo ni	Dydyn ni ddim	Nid ydym
Smo chi	Dydych chi ddim	Nid ydych
Smo nhw	Dydyn nhw ddim	Nid ydynt

Ond beth am ddefnyddio'r negyddol mewn brawddegau? Mae'r negyddol 'Ni' (cyn cytseiniaid) a 'Nid' (cyn llafariaid) yn achosi **treiglad meddal** a **threiglad llaes**:

Lled-ffurfiol: Chyflawnodd y myfyrwyr ddim o'r gwaith.
Ffurfiol: Ni chyflawnodd y myfyrwyr y gwaith.

Ar lafar, rydym yn fwy tueddol o ddefnyddio ffurfiau cwmpasog y ferf, ond mewn ysgrifennu ffurfiol defnyddiwn y ffurfiau cryno yn aml.

Presennol
Rydyn ni'n mynd   >   Awn

Amherffaith/amhenodol
Roedd hi'n gwylio   >   Gwyliai

Perffaith/gorffennol
Mae hi wedi gorffen   >   Gorffennodd

Gorberffaith
Roedd hi wedi ysgrifennu   >   Ysgrifenasai

Dyfodol

Byddan nhw'n credu	>	Credant

Y ferf amhersonol

Mae'r dyn yn cael ei weld	>	Gwelir y dyn
Cafodd y ferch ei dal	>	Daliwyd y ferch

Ar lafar, dywedir 'mi' neu 'fe' o flaen berf yn aml. Nid oes angen gwneud hyn yn y cywair ffurfiol.

Os ydym yn negyddu yng nghanol brawddeg, dywedwn 'na' neu 'nad'. Wrth lunio cymal enwol, aiff 'bod . . . ddim' yn 'nad yw/ydynt', er enghraifft:

Dw i'n credu bod e ddim yn dod > Credaf nad yw'n dod

(ii) Arddodiaid

Mae terfyniadau arddodiaid rhedadwy yn wahanol yn y cywair ffurfiol ac ni ddefnyddir rhagenw, er enghraifft:

Arnyn nhw	>	arnynt
Aton ni	>	atom
Drosta i	>	drosof

(iii) Rhagenwau

Ar lafar, tueddir i ollwng rhagenwau o flaen yr enw, gan ddweud, er enghraifft: 'bag fi', 'cot fi'. Wrth ysgrifennu'n ffurfiol, dylid gosod y rhagenw o flaen yr enw:

Fy (treiglad trwynol)	Ein
Dy (treiglad meddal)	Eich
Ei (treiglad meddal – gwrywaidd/ treiglad llaes – benywaidd)	Eu

Os yw'r enw yn dechrau gyda llafariad, defnyddir 'h' o'i flaen gyda'r rhagenwau lluosog, er enghraifft: ein/eich/eu hiaith.

Yn ogystal, un o nodweddion y cywair ffurfiol yw defnyddio'r rhagenw mewnol 'ei' cyn berfenw, er enghraifft: 'Wyt ti'n gwybod beth mae hi'n ei hoffi?' a 'Beth mae ef yn ei wneud?' Yn aml, nid ydym yn clywed y rhagenw ar lafar:

ffrind fi > fy ffrind   i fi > i mi

(iv) Sillafu yn y ffordd gywir (geiriau cyflawn), er enghraifft:

byta	>	bwyta	neud	>	gwneud	whare	>	chwarae
weles	>	gwelais	es i	>	euthum	gwnes	>	gwneuthum
des i	>	deuthum	bydde	>	byddai	falle	>	efallai

Terfyniadau geiriau

gore	>	gorau
bydda	>	byddaf
tre	>	tref
pentre	>	pentref
ata	>	ataf

Dechrau geiriau, er enghraifft 'y'

stafell	>	ystafell
sbyty	>	ysbyty
sgrifennu	>	ysgrifennu

(v) Geiriau llafar/anffurfiol

cwpwl	>	ychydig/un neu ddau/pâr
peint	>	diod
amboiti	>	am/ynghylch
mas	>	allan
ffrind	>	cyfaill
siŵr	>	sicr

(vi) Geiriau Saesneg

watsho	>	gwylio
telefishion	>	teledu

diseido   >   penderfynu
wel   >   [hepgor]
joio   >   mwynhau

(vii) Cymalau

Cymal enwol
Yn y cywair anffurfiol, mae tuedd i gwtogi geiriau yn y cymal enwol, er enghraifft:

Dweud mod i'n dod > Dweud fy mod yn dod
Credu bo' nhw'n mynd > Credu eu bod yn mynd

Sylwch nad oes rhaid defnyddio'r rhagenw, ac felly mae 'yn' yn dilyn 'bod'. Mae'r rhagenw yn dod o'i flaen.

Is-gymalau perthynol
(i)   Dyma'r dyn losgodd y tŷ > Dyma'r dyn a losgodd y tŷ

Mae'r enw yn y cymalau enwol uchod yn oddrych neu'n wrthrych, ac yn y cywair ffurfiol defnyddiwn 'a' i gysylltu'r ddau gymal yn y frawddeg. Mae'n achosi treiglad meddal.

(ii)   Dw i'n nabod y ferch o'dd ei chwaer hi wedi prynu car > Rwyf yn adnabod y ferch y prynodd ei chwaer y car.

Yn yr enghraifft hon, ceir cyfeiriad at yr enw olaf yn y prif gymal, ac 'y' sy'n cysylltu'r ddau gymal yma. Weithiau, defnyddir berf sy'n gysylltiedig ag arddodiad ar ddiwedd brawddeg, er enghraifft: 'Yr wyf yn adnabod y merched y talodd y dyn drostynt.'

Wrth ofyn cwestiwn, rhown 'a' ar y dechrau yn y cywair ffurfiol, er enghraifft:

(iii)   Welsoch chi'r ferch sy' ddim yn gwrtais? > A welsoch y ferch nad yw'n gwrtais?

(viii) Cyffredinol

- Rhaid – cofiwch yr 'yn', er enghraifft: 'Roedd yn rhaid imi fynd' a 'Bydd yn rhaid iddo weld'.
- Yn anffurfiol, defnyddir 'yma' neu 'yna' wrth gyfeirio at enwau, ond yn y cywair ffurfiol dylid defnyddio'r ffurfiau isod. Felly, mae'n rhaid ystyried a yw'r enw yn wrywaidd, benywaidd neu'n lluosog:

'hwn'   –   gydag enwau unigol gwrywaidd
'hon'   –   gydag enwau unigol benywaidd
'hyn'   –   gydag enwau lluosog (a'r haniaethol)

(Defnyddir 'hwnnw'/'honno'/'hynny' pan fydd rhywbeth o'r golwg.)

ADRAN 6: PATRYMAU DEFNYDDIOL

Wrth gyflawni tasgau yn y gweithle, defnyddir amrywiaeth o ferfau, geirfa, ansoddeiriau ac ymadroddion. Mae'r rhestrau o ymadroddion blaenorol yn rhai cyffredinol y gellir eu cyfuno er mwyn creu brawddegau ystyrlon. Isod ceir rhestr o batrymau a ddefnyddir yn aml wrth weithio ar dasg benodol, ond gellir eu hamrywio a'u haddasu yn ôl yr angen.

(i) Hysbysebion swyddi

Mae'r corff yn dymuno penodi . . .
Dylid dychwelyd ffurflenni cais wedi'u cwblhau at Mr Davies.
Cysylltwch â'r rheolwr er mwyn derbyn manylion pellach.
Mae'n cynnig ystod o gyfleoedd pwysig.
Cynhelir y cyfweliadau ar . . .
Cynigir y swydd i'r ymgeisydd . . .
Dylai [+ treiglad meddal] ymgeiswyr wybod a deall yr heriau sy'n gysylltiedig â'r maes.
Dylent [+ treiglad meddal] ddangos eu gallu ym maes . . .
Dylid cynnwys copi o'ch tystysgrifau.
Anfonwch eich ffurflen gais, ynghyd â . . . at . . .
Yn amodol ar ddatgeliad CRB (Swyddfa Cofnodion Troseddol) neu DBS.
Mae'r ganolfan, a leolir yn . . .
Bydd yr ymgeisydd yn gyfrifol am/â chyfrifoldeb am . . .
Byddwch yn meddu ar . . .
Yn ddelfrydol, bydd gan yr ymgeisydd . . .
Mae'n rhaid i'r sawl a benodir . . .

Bydd disgwyl i'r unigolyn ...
Disgwylir i'r person ...
Dylai unigolion ystyried/Dylech ...
Disgwylir i chi ...
Byddwch yn gyfrifol am ...
Bydd y prif ddyletswyddau'n cynnwys ...
Y disgwyliad/gofyniad yw ...
Fe'ch anogir i ...
Mae'n rhaid/Bydd yn rhaid ...
Bydd yn ofynnol i chi ...
A fuasech cystal â llenwi'r ffurflen amgaeedig ... a'i dychwelyd yn yr amlen amgaeedig?
A wnewch chi gadarnhau bod y ffeithiau hyn yn gywir?
Bydd disgwyl i chi gyflawni'r dyletswyddau a ganlyn ...
Mae'n rhaid datgan unrhyw berthynas ag aelod o'r cyngor.
Mae'n rhaid dychwelyd y ffurflen i'r cyfeiriad uchod.
Dymuna'r adran eich hysbysu ...
Bydd y swydd yn parhau ar ôl y cyfnod prawf.
Bydd amodau'r swydd yn parhau yr un fath.
Mae'r swydd wedi ei dynodi'n un ...
Mae'r penodiad yn dibynnu ar ...
Dewch â'ch pasbort ynghyd â dogfennau perthnasol.
A wnewch chi lenwi'r ffurflen sydd yn y pecyn/amlen ... a'i hanfon yn ôl yn yr amlen bwrpasol?
A wnewch chi gywiro unrhyw ffeithiau sy'n anghywir?

Dyma'ch dyletswyddau chi/Dyma'r dyletswyddau y byddwch yn eu gwneud:
Os ydych yn perthyn i aelod o'r cyngor dylech ddweud/nodi hynny.
Dychwelwch y ffurflen atom.
Gallwch gofrestru trwy fynd at ein gwefan a llenwi ffurflen ar-lein.
Gallwn ddod o hyd i swyddi gwag a fydd yn defnyddio eich cymwysterau a'ch profiad.
Gall graddedigion ddod o hyd i'r wybodaeth ar ein gwefan.
Gallant e-bostio neu gysylltu â'r swyddfa.
Gallaf ailwampio'r daflen a'i gwneud yn ddwyieithog.
Rydym wrthi'n trefnu cyfweld â myfyrwyr gradd, a hoffem eich gwahodd i gwrdd â ni ddydd Gwener nesaf.
A wnewch chi gwblhau'r ffurflen a'i dychwelyd ataf?

(ii) Llythyr cais

1. Parthed swydd y swyddog presenoldeb a hysbysebwyd yn *Y Cymro* yr wythnos ddiwethaf ...
2. Ysgrifennaf atoch parthed y swydd rheolwr a hysbysebwyd yn y *Western Mail* heddiw.
3. Rwy'n meddu ar sgiliau rhyngbersonol ardderchog/rhagorol.
4. Rwy'n hoffi gweithio fel rhan o dîm, ond rwy'n gallu bod yn flaengar hefyd.
5. Mae gen i brofiad helaeth o weithio gyda phlant.
6. Rwyf wedi mynychu nifer o gyrsiau hyfforddiant TG ac yn gyfarwydd ag amrediad/ystod eang o feddalwedd.
7. Fel y gwelwch ar fy CV, rwyf yn berson cymdeithasol.
8. Teimlaf fy mod yn barod am her newydd.
9. Rwyf yn eiddgar/awyddus i gaffael sgiliau newydd.
10. Rwy'n gobeithio y byddwch yn ystyried fy nghais am y swydd uchod.
11. Mae gennyf ddiddordeb/brofiad ...

F'enw i ydy ... / ... ydy f'enw i.
... ydw i
Gwelais eich hysbyseb ...
Gwelais yr hysbyseb ...
Darllenais eich hysbyseb ...
Myfyriwr/wraig ydw i yn ...
Rydw i'n astudio ym Mhrifysgol ...
Rydw i'n astudio gradd mewn ...
Fy hoff fodiwl/fodiwlau ydy ...
Rydw i'n gallu ...
Rydw i'n dda gyda ...
Rydw i'n gallu defnyddio ...
Mae ... gyda fi

Rydw i'n gallu . . .

Rydw i'n dda gyda . . .

Rydw i'n gallu defnyddio . . .

Mae . . . gyda fi

Es i ar brofiad gwaith gyda'r brifysgol ym mis . . .

Roedd yn . . .

Rydw i'n berson . . . /Person . . . ydw i

Gallaf fod yn . . .

Yn ôl fy athrawon/fy rhieni/fy ffrindiau, rydw i'n . . .

Hoffwn i gael y swydd oherwydd . . .

Rydw i eisiau gwaith rhan-amser oherwydd . . .

Bydd gwaith rhan-amser yn dda imi oherwydd . . .

Rydw i eisiau ennill profiad.

Bydd yn brofiad.

Bydd yn helpu gyda gwaith yn y dyfodol.

Hoffwn i ddysgu sgiliau newydd.

Bydda i'n gwneud ffrindiau newydd.

Y Ffair Gyrfaoedd

Ffair Gyrfaoedd y De-ddwyrain

Ffair Gyrfaoedd De-ddwyrain Cymru

Y Pennaeth

Pennaeth yr Adran

Pennaeth Adran Gyrfaoedd y Coleg

Pennaeth Adran Gyrfaoedd Prifysgol . . .

(iii) Llythyrau yn ymateb i gais am swydd

Diolch am eich cais/am fynychu'r cyfweliad ...
Hoffwn eich gwahodd/Hoffwn gynnig y swydd ...
Bydd disgwyl i chi/Disgwylir i chi ...
Gofynnir i chi ...
Testun y cyflwyniad yw ...
Dylech/Dylid ...
A fyddech mor garedig ...
Cawsom nifer o geisiadau.
Nid oedd eich cais yn llwyddiannus.
Byddwn yn cadw eich manylion.
Dymunaf bob llwyddiant ...
Bydd cytundeb i ddilyn.

(iv) Y ferf amhersonol – hysbysebion swyddi

1	Penodir ymgeisydd addas yr wythnos nesaf.
2	Pwysleisiwyd eu bod yn chwilio am rywun sydd â sgiliau trosglwyddadwy.
3	Cyhoeddwyd hysbyseb yn y *Western Mail* yr wythnos ddiwethaf.
4	Lleolir yr adeilad ym mhen pellaf y campws.
5	Cynhelir cyfweliadau yr wythnos nesaf yn adeilad Morgannwg.
6	Disgwylir i ymgeiswyr weithio'n agos gyda'r rheolwr marchnata.
7	Penderfynwyd y byddent yn penodi ymgeiswyr sy'n meddu ar ddoethuriaeth yn unig.
8	Trafodwyd y cyfleoedd am hyfforddiant mewn swydd.
9	Cyhoeddir dyddiad cychwyn deiliad newydd y swydd erbyn diwedd y mis.
10	Datgelir cyfarwyddwr newydd y cwmni yn y cyfarfod yfory.

(v) Cyfarfod busnes – cyffredinol

Bwriedir symud pan fydd y gwaith adeiladu wedi'i orffen.
Mae angen clirio cypyrddau cyn i'r trydanwr ddod i'r adeilad.
Mae'n rhaid gosod popeth mewn blychau nes i'r symud ddigwydd.
Bydd angen taflu pethau diangen rhag ofn iddynt gael eu symud/ cludo yn ddiangen.
Bydd cyfle i newid systemau cyfrifiaduron a chael offer newydd.
Bydd wythnos heb waith, oherwydd bod y symud yn mynd i gymryd wythnos.
Collir swyddi oherwydd y cyfle i aildrefnu gweithlu.
Cynigiodd pennaeth yr Adran Gyllid y dylid cychwyn y cynllun yn syth.
Cynigiwyd cychwyn y cynllun yn syth.
Etholodd y pwyllgor gadeirydd newydd.
Etholwyd cadeirydd newydd.
Penderfynwyd penodi'r swyddogion am gyfnod o flwyddyn yn y man cyntaf.
Derbyniwyd y cynnig â diolch.
Eiliwyd y cynnig gan y trysorydd.
Yn y cyfamser, lluniwyd strategaeth dros dro.
Trafodwyd y pwnc a chytunwyd i ohirio'r penderfyniad tan yr hydref.

Anfonwyd yr ateb yn uniongyrchol at brif weithredwr y cyngor.

Cynhelir y cyfarfod am ddau o'r gloch yn yr ystafell bwyllgor.

Bydd yn rhaid i arweinydd y prosiect lunio adroddiad erbyn y cyfarfod nesaf.

Bydd yn rhaid i swyddogion y fenter drafod y cynllun â'r is-gadeirydd.

Byddwn yn llunio rhaglen o weithgareddau.

Byddwn yn trafod gweithgareddau'r flwyddyn flaenorol.

Bydd yn rhaid i'r ysgrifennydd drefnu'r cyfarfod nesaf mewn swyddfa arall.

Cynhelir gweithgareddau amrywiol ar gyfer pob oedran.

Hoffwn drafod y mater rywbryd arall.

Hoffwn weld adroddiad y cadeirydd yn gyntaf.

Hoffwn drefnu cyfarfod rhywle yn y gogledd.

Dylem gynnal cwrs hyfforddi ar gyfer ein swyddogion iechyd a diogelwch.

Bydd yn rhaid llunio polisi hawliau cyfartal cyn ceisio am ddyfarniad Buddsoddwyr Mewn Pobl.

Dylai'r swyddog marchnata drafod cyllid â phennaeth yr adran.

Dylid cynnal cyfarfod disgyblu.

Dylid anfon y ffurflenni at bennaeth yr adran bersonél.

Dylid cynnal cyfarfod staff unwaith yr wythnos.

Hoffem gyflogi rhagor o staff o gefndir ethnig.

Os oes gweithwyr yn tangyflawni, bydd yn rhaid trafod hyn gyda nhw yn y man cyntaf.

Hoffai'r adran farchnata gynnal Ffair Cynnyrch Cymru yn yr haf.

Mae'n rhaid sicrhau gweithlu medrus ac effeithlon.

Cynhelir cwrs technoleg gwybodaeth ar gyfer staff gweinyddol yn unig, ddydd Mercher nesaf yn yr ystafell hyfforddi ar yr ail lawr.

Cynhelir y cyfarfod nesaf am dri o'r gloch ddydd Mawrth.

Cynhelid cyfarfodydd yr adran ar ôl y gwaith am flynyddoedd, ond nawr maen nhw'n cael eu cynnal ar fore dydd Llun.

Cynhaliwyd yr Eisteddfod Genedlaethol yng Nghasnewydd yn 2004.

Rwy'n cytuno/anghytuno'n llwyr â ...

Cyfarfod busnes – cofnodion

Croesawodd y cadeirydd yr aelodau i'r cyfarfod.
Estynnwyd croeso cynnes i bawb a oedd yn bresennol.

Derbyniwyd ymddiheuriadau gan:
Cadarnhawyd bod cofnodion y cyfarfod diwethaf yn gywir.

Tynnwyd sylw at bwynt 2(a), a phenderfynwyd ei ddiwygio fel a ganlyn. Derbyniwyd y cofnodion.

Gofynnwyd am adroddiad cryno ar lafar.
Cyflwynwyd adroddiad manwl gan ...

Cadeirio cyfarfod

Croeso i'r cyfarfod a diolch am ddod.
Hoffwn estyn croeso arbennig i aelodau newydd.

Yr eitem gyntaf ar yr agenda yw ...
A gawn ni symud ymlaen i'r eitem nesaf ar yr agenda?

Rydym wedi derbyn ymddiheuriadau gan ...

A ydy pawb wedi derbyn cofnodion y cyfarfod diwethaf? A ydyn nhw'n gywir? A oes materion yn codi?

Rydym yn falch iawn o groesawu . . . , sydd am roi adroddiad/diweddariad i ni.

Y cynnig/Yr enwebiadau yw ... A oes rhywun am eilio?
A gawn ni bleidleisio? Pawb o blaid/yn erbyn ...
Mae'r cynnig wedi ei dderbyn/ei wrthod.

Hoffwn ddiolch i'r cyfrannwr am ei waith/adroddiad/ddiweddariad, a diolch i bawb sy'n bresennol am gyfarfod buddiol.
Byddwn yn cadarnhau dyddiad a lleoliad y cyfarfod nesaf trwy e-bost.

(vi) Llythyrau ffurfiol

Llythyr cwyno

Ysgrifennaf atoch i gwyno am . . .
Ysgrifennaf atoch i fynegi fy siom ynghylch . . .
Ysgrifennaf atoch mewn perthynas â . . .
Cwyn sydd gennyf – a hwnnw'n un difrifol.
Mynd at lygad y ffynnon
Fel y gwyddoch, o bosibl . . .
Fel y crybwyllais yn ystod ein sgwrs ffôn . . .
Mae'n ddrwg gennyf orfod eich hysbysu . . .
Mae'n ddrwg gennyf ddweud nad yw'r sefyllfa wedi gwella o gwbl.
Mae hyn yn codi fy ngwrychyn.
Mae hyn yn dân ar fy nghroen.
Mae hyn yn boendod o'r mwyaf.
Mae hyn yn peri cryn anghyfleustra.
Mae'n peri cryn ofid i ni.
Rydw i wedi cyrraedd pen fy nhennyn.
Yn peri cryn anesmwythyd i . . .
Mae'n codi ofn ar . . .
ar bigau'r drain

Mae'n torri fy nghalon i weld . . .
mynd â'i ben iddo
Mae'n ddrwg calon gen i.
cau pen y mwdwl
mynd at graidd y mater
Da chi, ewch i'r afael â'r sefyllfa . . .
Digon yw digon!
o fore gwyn tan nos
nawr ac yn y man
Byddwn yn ddiolchgar pe bai modd i chi fynd i'r afael â'r broblem.
Mae'r sefyllfa'n gwbl annerbyniol.
Pam ar wyneb y ddaear?
wedi hen flino ar . . .
Mae'r sefyllfa yn ein digalonni'n ofnadwy.
Mae'n hen bryd rhoi diwedd ar hyn.
mynd o ddrwg i waeth
Edrychaf ymlaen at glywed gennych/Gan edrych ymlaen at dderbyn eich ymateb . . .
Diolchaf i chi ymlaen llaw am eich cydweithrediad caredig.

Llythyr ymddiheuro

Diolch am eich llythyr dyddiedig . . . / a ddaeth i law.
Hoffwn gydnabod derbyn eich llythyr ddoe.
Ysgrifennaf yn rhinwedd fy swydd fel pennaeth cyfathrebu'r cwmni.
Roedd yn flin iawn gennyf glywed am . . .
Roedd yn ddrwg calon gennyf glywed am . . .
Gyda gofid y darllenais am eich sefyllfa.
Siom oedd deall . . .
Ymddiheuraf yn ddiffuant am . . .
Ymddiheuriadau mawr am y camddealltwriaeth.
Ymddiheurwn o waelod calon am . . .
Hoffwn ymddiheuro am unrhyw anghyfleustra a achoswyd i chi gan hyn.
Hoffwn eich sicrhau y byddwn yn ymchwilio i'r mater.
Byddwn yn gweithredu ar y mater cyn gynted â phosibl/ ag sy'n bosibl.
Byddwn yn cadw llygad fanwl ar y sefyllfa.
Rydych yn llygad eich lle.
Nid yw ymddygiad o'r fath yn dderbyniol i ninnau chwaith.

Rydym eisoes wedi ceisio mynd i'r afael â'r problemau, ond nid da lle gellir gwell.
Gobeithio y bydd hyn yn tawelu'ch meddwl ac yn dderbyniol i chi.
Hyderaf y bydd hyn o gysur i chi/yn helpu i ddatrys y sefyllfa.
Yn y cyfamser
Mae croeso i chi gysylltu â mi eto os byddwch yn dal i fod yn anfodlon.

Geiriau eraill yn lle 'ofnadwy':

dychrynllyd
enbyd
erchyll
atgas
ffiaidd
arswydus

Llythyr canmol

Cefais y fraint o fod yn bresennol yn ...
Pleser pur oedd gweld ...
Braint o'r mwyaf oedd cael bod yn bresennol ...
Cefais fodd i fyw yn y digwyddiad neithiwr.
Rhaid oedd ysgrifennu i'ch llongyfarch ...
yn syth bin
Roedd yn gyngerdd heb ei hail.
o'r safon uchaf
Cafodd y perfformwyr hwyl garw arni.
Roedd brwdfrydedd y perfformwyr yn heintus.
canmol i'r cymylau
a dyna galon y gwir
Gyda chymaint o ladd ar bobl ifanc, braf oedd gweld criw mor hwyliog wrthi ...
Nid ar chwarae bach y mae cynnal y fath ...
Mae si ar led fod ...
Edrychaf ymlaen yn eiddgar at ...
Diolchaf yn ddiffuant am noson mor wefreiddiol ac am waith diflino ...

Diolch o waelod calon.
Byddwn yn ddiolchgar iawn pe baech yn estyn fy llongyfarchion i bawb a fu ynghlwm â'r ...
caboledig
â sglein arni
gwefreiddiol
llwyddiant ysgubol

Ansoddeiriau

campus
syfrdanol
ardderchog
penigamp
rhagorol
anhygoel
gwych
neilltuol
godidog
di-guro
bendigedig
eithriadol

(vii) Arfarnu/gwerthuso

Llwyddais i ...
Achubais/Bachais ar y cyfle ...
Gwelais gyfle i ...
Rwy'n gwerthfawrogi'r cyfle ...
Rwy'n atebol i ...
Fy uchelgais yn y dyfodol yw ...
Datblygais gynllun newydd ...
ymgymerais â/ymdrin â/peidio â/cydymffurfio â
Cyflawnais ...
Cwblhawyd ...
Rwy'n awyddus i ...
Byddaf yn ymdrechu hyd eithaf fy ngallu/Ymdrechaf ...
Byddaf yn gweithio tuag at ...
Bwriadaf gyflawni/Fy mwriad yw ...
Rwy'n cynrychioli/Cynrychiolaf ...
Rwy'n parhau i/Parhaf...
Rwy'n rhagweld/Rhagwelaf ...
Er na chyflawnwyd hyn, sicrhawyd bod ...

Mae gwendid yn systemau . . .
Dylwn/Dylai'r sefydliad/Dylid . . .
Teimlaf/Credaf . . .
Rwyf wedi datblygu perthynas gadarnhaol iawn gyda'r myfyrwyr/ gyda'r staff eraill/cwsmeriaid.
Dangosodd y rhanddeiliaid eu bod yn hapus iawn â'm perfformiad.
Roedd fy mhennaeth/rheolwr llinell yn fodlon iawn ar sut . . .
O ystyried y sefyllfa bresennol . . .
Gan fod . . . yn effeithio ar . . .
Roedd hyn yn golygu . . .
Roedd fy nyletswyddau'n cynnwys . . .
Mae'n bleser gweld . . .
Amcanion/Nodau a osodwyd/nodwyd . . .
Ceir nifer o elfennau diddorol . . .
Nid yw'n adlewyrchiad cywir . . .
Mae gennyf gyfrifoldebau ychwanegol . . .
Gwn . . .
Yn ystod y flwyddyn ddiwethaf . . .
Yn ystod y cyfnod dan sylw . . .
Golygai hyn . . .

ADRAN 7: SGILIAU

Isod ceir rhestr o sgiliau amrywiol sy'n addas ar gyfer gwahanol swyddi. Wrth gwblhau ymarferion asesu sgiliau fel rhan o'r broses ymgeisio am swydd, gellir gosod y sgiliau yn y categorïau hyn:

Hanfodol
O fantais
Ddim yn angenrheidiol
Digonol
Gwella

addasu
arwain
brwdfrydedd dros y Gymraeg
creadigol/creadigrwydd
crynhoi
cwestiynu
cydweithio
cyfarwyddo
cyfathrebu'n hyderus
cyfieithu
cyflwyno
cymdeithasol
cynllunio
cywirdeb iaith
dadansoddi
dadlau
datrys problemau
dehongli
dwyieithog
dysgu o gamgymeriadau
golygu
gweithio'n annibynnol
gwneud penderfyniadau
gwrando
gwybodaeth am y diwylliant Cymraeg

holi
hyblygrwydd
hyder cymdeithasol
meddwl yn feirniadol
parchu barn eraill
perswadio
rheoli amser
rheoli prosiect
rhesymu
rhifedd
rhwydweithio
rhyngbersonol
technoleg gwybodaeth
trin a thrafod testunau
trosi
wynebu
ymchwilio
ysgrifennu'n safonol

MYNEGAI